Edgar Bonjour

Geschichte der schweizerischen Neutralität

Kurzfassung

Helbing & Lichtenhahn
Basel und Stuttgart 1978

ISBN 3 7190 0736 7

© 1978 by Helbing & Lichtenhahn Verlag AG Basel

Vorwort

Schon längst ist von verschiedenen Seiten der Wunsch nach einer kurzen Geschichte der schweizerischen Neutralität geäußert worden, da nicht jedermann die Muße hat, ein ausführliches Werk über dieses wichtige Thema der helvetischen Vergangenheit zu lesen; das vorliegende Buch soll diesen Wunsch erfüllen. Die Darstellung wurde bis in die Gegenwart fortgeführt und um der leichteren Lesbarkeit willen von allen Anmerkungen entlastet. Wer sich über eine besondere Frage näher informieren will, sei an die im gleichen Verlag erschienene neunbändige Bearbeitung desselben Gegenstandes mit ihren reichen Quellen- und Literaturangaben verwiesen. Zu danken hat der Verfasser den Dres. E. Merz für das Mitlesen der Korrekturen und W. Meyrat für die Erstellung des Registers.

Inhalt

1. Entstehung und Wachstum der eidgenössischen Neutralität 7
2. Inhalt der altschweizerischen Neutralität 14
3. Mittel zur Behauptung der Neutralität 20
4. Neutralität in den Veränderungen des europäischen Gleichgewichts 23
5. Verletzung der Neutralität durch das revolutionäre Frankreich .. 26
6. Scheinneutralität zur Zeit der Helvetik und Mediation 30
7. Bruch der Neutralität 33
8. Europäische Anerkennung der immerwährenden Neutralität 36
9. Einschränkung der Neutralität unter der Kontrolle der Großmächte 43
10. Bedrohung der Neutralität durch innerschweizerische Kräfte ... 48
11. Verteidigung der Neutralität im Kampf um die Bundesreform .. 52
12. Wahrung der Neutralität während der nationalen Freiheitskriege in Europa 56
13. Differenzierung der Neutralität infolge auswärtiger Kriege 61
14. Bedeutung der Neutralität im Zeitalter des Imperialismus 68
15. Bewaffnete Neutralität im Ersten Weltkrieg 73
16. Episoden der differentiellen Neutralität 79
17. Behauptung der Neutralität gegenüber Deutschland 83
18. Wahrung der Neutralität gegenüber Italien 91
19. Rückkehr zur absoluten Neutralität 96
20. Verteidigung der Neutralität gegen innen 103
21. Vollständige Neutralität in der Vorkriegszeit 109
22. Maßnahmen zum Schutze der Neutralität im Kriegsfall 113
23. Neutralität bei Kriegsausbruch 116
24. Widerstand 123
25. Verhältnis zum Ausland 129
26. Defaitismus 135
27. Militärische Abwehrbereitschaft 144
28. Pressekontrolle und Pressekrieg 151
29. Beziehungen zum Ausland 157
30. Gestörtes Verhältnis zur Sowjetunion 165
31. Flüchtlings- und Internierungspolitik 169
32. Friedensförderung und Schutzmachttätigkeit 174
33. Wandel der Neutralitätsauffassung 180
34. Kriegswirtschaftliche Beziehungen zur Achse 184
35. Blockade; Wirtschaftsverhandlungen mit den Alliierten 189
36. Mehranbau 195

37. Mehrproduktion, Rationierung und Sozialhilfe 198
38. Wirtschaftliche Landesverteidigung und Neutralität 202
39. Ausbruch aus der Isolierung 206
40. Neutralität und Vereinigte Nationen 210
41. Aktivierung der Neutralität 214

    Personenregister 222

1. Entstehung und Wachstum der eidgenössischen Neutralität

Die grundsätzliche Neutralität der Schweiz als Staatsmaxime wird gewöhnlich vom Jahr 1674 her datiert. Damals erklärte die Tagsatzung, daß der eidgenössische Körper sich als Neutralstaat verhalten und nach keiner Seite in den allgemeinen Krieg einmischen werde. Vor dem Forum Europas hat damit die Eidgenossenschaft ihr außenpolitisches Prinzip proklamiert. Jedoch darf daraus nun nicht etwa geschlossen werden, das Grundgesetz schweizerischen Staates und Lebens sei durch einen einmaligen Willensakt geschaffen worden. Vielmehr hat sich die Neutralität nur sehr langsam aus der alteidgenössischen Bündnispolitik herausgetastet, ist nur allmählich aus dem Dämmer völkerrechtlicher Verflechtungen zu klarem Bewußtsein ihres Wesens erwacht. Es waren die schmerzlichen Erfahrungen zweier Jahrhunderte nötig, es brauchte die mühsam errungene Einsicht in die Lebensnotwendigkeiten der Eidgenossenschaft und den Verzicht auf weiteres Wachstum, um die Schweiz zur staatlichen Genügsamkeit der Neutralität zu erziehen. Und sie blieb lange Zeit eine elastische Formel, in der die mannigfachsten Möglichkeiten zurückhaltender Außenpolitik einen gleichsam eidgenössischen Ausdruck fanden.

Wir verzichten hier darauf, in der Frühgeschichte der eidgenössischen Bünde die schriftlichen Fixierungen der Neutralität zu registrieren. Man würde staunen über die Länge eines Katalogs solcher Belegstellen. Neutrales Verhalten einzelner Bundesglieder oder des Gesamtbundes reichen bis fast in die Anfänge des Bundeslebens zurück. Der Begriff einer schweizerischen Neutralität ist beinahe ebenso alt wie der Begriff einer schweizerischen Nation. Viele Beispiele beweisen, daß er schon im Spätmittelalter und dann namentlich beim Übergang zur Neuzeit in der Eidgenossenschaft amtlich bekannt war. In schweizerischen Schriftstücken begegnet uns zuerst das deutsche Wort «stillesitzen». Der Terminus «neutralitet» ist erstmals vorkommend für das Jahr 1536 nachgewiesen worden. Während des 17. Jahrhunderts scheint sich dann der Gebrauch des aus dem Mittellateinischen stammenden, international verständlichen Fremdwortes Neutralität in der Schweiz durchgesetzt zu haben.

Beim Forschen nach den Ursachen neutraler Politik stößt man auf eine ganze Gruppe von Gründen. Wir besprechen sie im folgenden, ohne durch die Reihenfolge der Aufzählung eine Rangordnung in bezug auf ihren neutralitätsbildenden Wert aufstellen zu wollen. Seit alters wird die Neutralität von der Schlacht bei Marignano (1515) hergeleitet. Diese Niederlage habe die Eidgenossen an weiterer Expansionspolitik gehindert, worauf sie sich in die Neutralität gerettet hätten. Richtig ist daran, daß tatsächlich der Zusammenbruch ihrer weitausgreifenden Machtpolitik auf den italienischen

Schlachtfeldern die Eidgenossen auf sich selber zurückwarf. Nicht in dem Sinne zwar, als ob ihre Kraft gebrochen worden wäre und sie sich sofort zur außenpolitischen Enthaltsamkeit bekehrt hätten. Die Eidgenossen lieferten noch weiterhin genügend Beweise überschäumender Lebenskraft und vermengten ihre Sache mit derjenigen der Fürsten. Aber die Widerstände, an denen sie im Ausland anprallten, und die Niederlagen, die sie dabei erlitten, hemmten doch den Lauf ihres kriegerischen Draufgängertums und zwangen sie zur Selbstbesinnung. Immer ausschließlicher nahmen die Eidgenossen das Wort des Niklaus von Flüe zur Richtschnur: «Machend den zun nit zu wit ... beladend üch nit frembder sachen.»

Viele Eidgenossen erkannten nun, daß ein so loses Staatenbündel, ein so unfertiger Staat, wie ihn die Eidgenossenschaft jener Jahre darstellte, weder zu einheitlicher Außenpolitik, noch zu zielbewußtem Kriegshandeln die Kraft besaß. Die Erfahrungen in Italien waren ein blutiger Denkzettel. Wenn man in dieser Richtung weiterschreiten wollte, blieb nur *ein* Ausweg: die straffe Zusammenfassung aller Kräfte, die Zentralisation des Bundes. Noch jeder Staat, der sich zu machtvoller Außenpolitik entschlossen hat, ist vorerst diesen Weg zur inneren Vereinheitlichung gegangen, das Frankreich der großen Revolution sowohl als auch die Diktaturstaaten des 20. Jahrhunderts. Für die Eidgenossen am Ausgang des Mittelalters aber hätte dies bedeutet: Verzicht auf Föderation, auf dieses Urprinzip eidgenössischer Staatlichkeit, und Aufgeben örtischen sowie kommunalen Eigenlebens, also Preisgabe all dessen, was man als schweizerische Freiheit bezeichnete. Eine derartige Lösung schien damals ebenso unmöglich wie zu Ende des vorangegangenen Jahrhunderts, als im Stanser Verkommnis die bündische Ordnung siegte. Um des gliedstaatlichen Charakters willen haben die Eidgenossen auf energische Außenpolitik verzichtet und sich der Staatsmaxime der Neutralität genähert, zu einer Zeit, da andere Völker ihre Energien in Eroberungskriegen nach außen wandten oder wagemutig das Weltmeer befuhren und sich ferne Länder erschlossen. Zwischen Freiheit und Neutralität in ihren schweizerischen Ausprägungen besteht eben eine geheime Anziehungskraft. Nicht als ob das hier angegebene Motiv den Zeitgenossen schon ins helle Bewußtsein getreten wäre. Nur dumpf ahnten die meisten wohl die letzten Beweggründe ihres Handelns und deren gegenseitige Bedingtheit.

Mindestens ebensosehr wie der Einsturz der eidgenössischen Machtpolitik hat die Spaltung im Glauben die Bildung der Neutralität gefördert. Man weiß, wie die konfessionelle Zerrissenheit das bereits bestehende territoriale Chaos akzentuierte, den eidgenössischen Nationalzusammenhang auflokkerte, so daß die Schweiz als lebensvoller Organismus beinahe zu atmen aufhörte. Auch diese innere Zersplitterung mußte jede einheitliche außenpolitische Aktion lähmen. Die beiden Konfessionshälften lebten in einem sich gegenseitig neutralisierenden Gleichgewicht. Da jeder Teil es mit den Konfessionsbrüdern im Ausland hielt, durchkreuzte er die Absichten der eidgenössischen Bundesbrüder. Die militärische Parteinahme für ein europäisches Glaubenslager durch die eine eidgenössische Konfessionsgruppe hätte sofort die andere auf den Plan gerufen. Ein verheerendes Übergreifen des europäischen Krieges auf eidgenössischen Boden wäre die Folge gewesen; dies würde zu einer Sprengung der Schweiz geführt und so das nationale Dasein mit Vernichtung bedroht haben.

Es fehlte von Anfang an nicht an Versuchen, die Eidgenossenschaft in die europäischen Konfessionskämpfe hineinzuzerren. Fremde Potentaten und einzelne Eidgenossen beider Bekenntnisse begünstigten eine solche Entwicklung; aber schließlich ist es der politischen Nüchternheit immer wieder gelungen, das Äußerste abzuwenden. Den Religionskriegen des 16. und 17. Jahrhunderts blieb die Eidgenossenschaft fern. Als König Gustav Adolf von Schweden das Bündnis mit den evangelischen Schweizern suchte, gab es in Zürich eine Partei, die mit vollen Segeln dem schwedischen Konfessionsbündnis zusteuerte. Aber trotz der leidenschaftlichen Fürsprache Einzelner erteilte die Obrigkeit dem Schwedenkönig abschlägigen Bescheid.

Als sich später in Europa die Konfessionsgegensätze abstumpften und aufhörten, kriegerische Erschütterungen hervorzurufen, folgte die Eidgenossenschaft dieser Entwicklung nur langsam nach. Noch zu Beginn des 18. Jahrhunderts, in der Morgenröte der Aufklärung, berichteten fremde Beobachter über die Schweiz erstaunt, hier bestimme der Konfessionshader immer noch die innere und äußere Politik. Schließlich verlor auch die eidgenössische Glaubensspaltung an Schärfe. Unverwischbar aber waren die Gegensätze im Geistig-Kulturellen, wo die Konfessionen tiefe Spuren hinterlassen haben. Als Folge der Konfessionsverschiedenheit bildeten sich in der Eidgenossenschaft zwei unterschiedliche Volksphysiognomien heraus, deren Züge den beiden Volksgruppen bis heute eingeprägt geblieben sind. Die evangelische Schweiz berührte sich weiterhin eng mit dem protestantischen Europa. Man vergegenwärtige sich nur den Reichtum an Beziehungen auf allen Lebensgebieten zwischen den evangelischen Kantonen und dem protestantischen Deutschland, dem calvinistischen Holland, dem hugenottischen Teil Frankreichs, dem puritanischen England und dem neugläubigen Polen und Ungarn. Die altgläubige Schweiz unterhielt direkte Fühlung mit dem katholischen Europa, mit Frankreich, Spanien, einzelnen italienischen Staaten, den katholischen Territorien des alten Reiches, und auch hier erwies sich die alte Glaubensgemeinschaft über die Landesgrenzen hinüber als fruchtbare Bindung. Auf diese Weise setzte sich die kulturelle Spannung Europas in der Schweiz fort. Wollten die beiden auseinanderwachsenden Kulturhälften im gleichen Staatsverband leben, mußten sie sich notgedrungenerweise zum außenpolitischen Axiom der Neutralität bekennen. Zwar gelang es der Neutralität nicht, die widerspruchsvollen Kräfte des Gesamtstaates, die fast unübersehbaren Besonderheiten schöpferisch zusammenzufassen; aber sie verhinderte doch das Auseinanderbrechen des Bundes, das heißt die staatliche Auflösung.

Die Zusammensetzung der Eidgenossenschaft aus verschiedenen Volks- und Sprachgruppen wirkte auf die Entstehung der Neutralität kaum ein. Denn damals war ja die offizielle Schweiz deutschstämmig und deutschsprachig. Erst im europäischen Zeitalter der nationalstaatlichen Machtentfaltung, erst in der zweiten Hälfte des 19. Jahrhunderts meldete sich bei den einzelnen Teilen das Bewußtsein der Verwandtschaft mit benachbarten Kulturnationen und entfaltete bekanntlich im Ersten Weltkrieg unseres Jahrhunderts ungeahnte Sprengkraft. Diese jüngste Entwicklung hat – von früheren Geschlechtern freilich nicht vorausgesehen – die Neutralität mit neuem Sinn erfüllt und zugleich wieder frische Kräfte des Zusammenhaltens erzeugt. So gereichte hier ebenfalls das Erbe der Väter den Enkeln zum Segen.

Auch das eidgenössische Bündnissystem war darauf angelegt, die Eidgenossenschaft zu außenpolitischer Zurückhaltung zu nötigen. Sowohl die Schweiz als Ganzes als auch einzelne Gruppen und Glieder waren mit dem Ausland nach allen Richtungen hin Allianzen eingegangen. Die Verpflichtungen widersprachen sich mehrfach und mußten sich im Ernstfall geradezu aufheben. Von Fall zu Fall, durchaus unregelmäßig, hatte sich die Eidgenossenschaft dieses Bündnisnetz gewoben, in dessen Maschen sie sich nun zu verfangen drohte. Hätte sie alle Bestimmungen eines einzelnen Vertrages restlos durchführen wollen, so wäre sie gestrauchelt und würde die Fäden, die sie nach anderen Seiten hin banden, zerrissen haben. Das seltsame Geflecht, aus Schutzbedürfnis und Erwerbsgeist geknüpft, konnte selbst von den geschickten Händen der erfahrenen Tagsatzungsherren kaum mehr entwirrt werden.

Die schicksalswichtigste Verkettung war diejenige mit Frankreich, das damals noch nicht an die Schweiz grenzte. Sie ging zurück auf den Ewigen Frieden und das Schutzbündnis mit Franz I. (1516, 1521). In diesen beiden Verträgen versprachen die Eidgenossen, ihre Kriegsknechte nie gegen den französischen König ziehen zu lassen und seinen Feinden ihre Pässe zu verschließen. Ferner erlaubten sie Frankreich, jederzeit 6000 bis 16000 Söldner im Gebiet der Eidgenossenschaft anzuwerben, aber nur für die defensive Verwendung. Zum Dank dafür verpflichtete sich der König, den Eidgenossen, falls sie angegriffen würden, mit den Spezialwaffen der Artillerie und Kavallerie beizuspringen und jedem Ort namhafte Jahrgelder auszuzahlen. Daneben wurden gegenseitige wirtschaftliche Vergünstigungen vereinbart, wobei aber die Schweiz ausschließlicher und intensiver Nutznießer war. Diese Abkommen machten den französischen König zum bevorzugten Freund der Eidgenossenschaft, jedoch nicht zum Protektor. Frankreich hat seine Vorzugsstellung nie herrisch ausgenützt, aus wohlverstandenem eigenem Interesse. Denn wenn es die Eidgenossenschaft in Konflikt mit ihren übrigen Verbündeten gebracht hätte, würde die Tagsatzung die in französischen Diensten stehenden Truppen heimgerufen und damit die französische Außenpolitik eines ihrer wichtigsten Ausführungsmittel beraubt haben. Deshalb arbeitete die französische Diplomatie immer wieder daran, oft mit starkem Einsatz, das Ausland vom Eingreifen in den innerschweizerischen Glaubensstreit und Parteihader zurückzuhalten, gleich wie sie die Eidgenossenschaft mit Erfolg davon abhielt, sich allzu tief in die Händel Europas einzulassen. Die geringe Zahl schweizerischer Bürgerkriege, trotz der überscharfen inneren Spannungen, und das vollständige Fehlen auswärtiger Kriege sind beredte Zeugen der im Verborgenen wirkenden französischen Staatskunst. Indem Frankreich sich während den gefährlichsten Krisen um den inneren und äußeren Frieden der Eidgenossenschaft bemühte, machte es sich nicht nur um den Fortbestand der Schweiz verdient, sondern förderte, unabsichtlich, das Erstarken der Neutralität.

Vor dem allmächtigen Einfluß Frankreichs, der sich bis in die feinsten Verästelungen des geistigen und kulturellen Lebens auswirkte, mußte der zweite große Bundesgenosse, Habsburg, zurücktreten. Zwar war das Bündnis der Eidgenossen mit Österreich älter, und die österreichischen Diplomaten bedienten sich denn auch immer wieder geschickt dieses Argumentes vor den Tagsatzungsherren, wo Alter und Wertbeständigkeit hoch im Kurse standen. Aber aus vielen Gründen büßte das ehrwürdige Prunk- und Museumsschaustück der Erbvereinigung (1511) viel von seinem Ansehen ein. In diesem Bündnis hatten sich die beiden Partner gelobt, ihre Truppen nicht gegeneinander ins Feld ziehen zu lassen und, wenn ihnen ein Angriff drohe, «getreues Aufsehen» zu üben. Später mußten auch für Österreich-Spanien die Alpenpässe offengehalten werden. Diese Bestimmung und diejenige über die Söldner standen mit zentralen Abmachungen der französischen Allianz in Widerspruch. Den eidgenössischen Staatsmännern oblag es, sich durch diese Unklarheiten und Unstimmigkeiten hindurchzufinden.

Neben und zwischen diesen stärksten Fäden im eidgenössischen Bündnisnetz haben einzelne Kantone oder Kantonsgruppen noch weitere Verbindungen geknüpft. Obgleich Frankreich Einspruch erhob, schlossen die katholischen Kantone ein Bündnis mit dem aufstrebenden Savoyen (1577) und erweiterten zehn Jahre später das bereits bestehende Mailänder Kapitulat in ein Bündnis mit Spanien. Spanien war damals einer der wichtigsten Nachbarn der Schweiz, stieß im Süden – Mailand – und im Westen – Freigrafschaft – direkt an eidgenössisches Gebiet. Bis ins 18. Jahrhundert hinein wurde das Bündnis mit Spanien von den katholischen Orten Uri, Schwyz, Unterwalden, Luzern, Zug, denen sich später noch Freiburg, Innerrhoden und der Fürstabt von St. Gallen anschlossen, immer wieder erneuert. Dem spanischen Bündnispartner versprachen die katholischen Eidgenossen Truppenlieferungen und Offenhalten der Pässe. Das spanische Bündnis begünstigte überdies den Handel mit Mailand, der Freigrafschaft und den Niederlanden. Zwar waren diese Verträge in erster Linie gegen die reformierten Eidgenossen abgeschlossen, richteten ihre Spitze jedoch auch deutlich gegen Frankreich. Die evangelischen Eidgenossen ihrerseits traten in Verbindung mit deutschen Reformierten und mit Venedig. Indessen verschoben sich die Positionen der Vertragspartner seit der Aufhebung des Ediktes von Nantes so sehr, daß die inneren Orte zu Schutzbefohlenen Frankreichs wurden. Die Reformierten dagegen, bisher die treuesten Freunde der französischen Krone, ließen sich mit dem England Cromwells und Wilhelms von Oranien ein, schlossen sogar mit Holland, einem der erbittertsten Gegner Ludwigs XIV., weitgehende Soldverträge ab (1692).

Die stete Gewöhnung der Eidgenossen, schriftlich festgelegte Unvereinbarkeiten in der Praxis auszuebnen und im Widerstreit der Mächte die Mitte zu halten, hat außerordentlich viel dazu beigetragen, sie zur Neutralität zu erziehen. Meisterhaft verstanden sie es, sich von einem Bündnis auf das andere zu berufen und so die Vertragspartner gegeneinander auszuspielen. Fremde Gesandte haben im vertrauten Gedankenaustausch mehrfach ihrer Verwunderung Ausdruck gegeben über die diplomatische Kunst dieser Schweizerbauern. Die enge Verflochtenheit der Eidgenossenschaft in die Politik der Großmächte und die dadurch mitbedingte innere Zerklüftung, vom nationalen Gesichtspunkt aus gewiß ein Verhängnis, hat schließlich die staatserhaltende Neutralität gestärkt und sich so zu einem nationalen Gewinn gewandelt.

Die Ausbildung des europäischen Gleichgewichts fällt mit der Entstehung der schweizerischen Neutralität zeitlich ungefähr zusammen. Das ist kein Zufall, bildet doch der Gleichgewichtszustand der Großmächte geradezu eine wichtige Voraussetzung der schweizerischen Neutralitätspolitik. Sobald in der europäischen Staatenfamilie ein Ordnungsprinzip durchdrang, welches das Übereinander durch ein Nebeneinander ersetzte, ohne die Spannung aufzulösen, konnte sich die Schweiz gesichert fühlen. Noch immer haben ja die Kleinen aus den Gegensätzen der Großen Nutzen gezogen. Die Eidgenossenschaft, wo sich großmächtliche Interessen in einem Maße überschnitten wie kaum in einem zweiten Kleinstaat, lebte lange Zeit von der Eifersucht ihrer großen Nachbarn. Man kann geradezu sagen, daß das rivalisierende Gleichgewicht der Großmächte die Luft ist, in welcher die Neutralität des Kleinstaates gedeiht, während das Übergewicht der einen Macht sein Dasein aufs schwerste gefährdet. Mit welcher konsequenten Politik die Eidgenossen immer die Vorherrschaft einer einzelnen Macht zu hindern versucht haben, zeigt ihre ganze Geschichte, von den Anfängen bis in die neueste Zeit. Stets schlossen sie sich der Gegenseite dessen an, der die Vormacht erstrebte. Wenn sie zum Beispiel in der bekannten Kaiserwahl von 1519 gegen Franz I. und für Karl V. Stellung nahmen, so deshalb, weil die Verbindung der französischen Königskrone mit der deutschen Kaiserkrone für sie eine zu gefahrvolle Machtzusammenballung darstellte. Im folgenden Jahrhundert blieben sie Freunde Ludwigs XIV., bis sein Machtzuwachs Europa zu beschatten begann. Dann aber öffneten sie sich den Ideen Wilhelms von Oranien über die Balance of power; und die englischen Gedankengänge fanden in der Eidgenossenschaft auffallend weites Verständnis. Das eindrücklichste Beispiel, wie todbringend die Beherrschung des Kontinents durch einen Einzelnen der Neutralität werden kann, bietet die napoleonische Epoche. Grell wird die Lage durch Napoleons Ausspruch beleuchtet: «Vis-à-vis de moi, votre neutralité est un mot vide de sens». Um Napoleons Macht zu bekämpfen, haben spanische Schweizerregimenter für die Bourbonen auf der iberischen Halbinsel gefochten. Dank dem Mute des die Schweizertruppen befehligenden Generals Theodor von Reding wurde der erste Sieg über Napoleon bei Baylen (1808) errungen, der in der Welt Sensation machte. Es war später nicht bloß Ressentiment des Radikalismus, das den jungen schweizerischen Bundesstaat gegen Napoleon III. einnahm, sondern der geschärfte Argwohn gegen seine mögliche Weltherrschaft. Ähnliche Gefühle hegte man in der Schweiz gegen Bismarck-Deutschlands Vormachtstellung und gegen den Weltherrschaftsanspruch Hitler-Deutschlands.

Aber nicht nur durch das Übergewicht des Einzelnen wird die schweizerische Neutralität bedroht, sondern auch durch das harmonische Konzert der Großmächte; dies beweist unter anderem die Zeit der Restauration. Die Politik der Heiligen Allianz führte zu so vielen Eingriffen in die schweizerische Staatshoheit und zu einer solchen Mißachtung der schweizerischen Neutralität, wie man ähnliches nur noch unter Napoleons Protektorat erlebt hatte. Und schließlich brachte ja auch nach dem Ersten Weltkrieg des 20. Jahrhunderts die Einigung Europas im Völkerbund der Eidgenossenschaft eine neue Einschränkung ihrer Neutralität.

Auch die geographischen Gegebenheiten haben mitgeholfen, die Neutralität zum überragenden Prinzip schweizerischer Außenpolitik zu erheben. Die Eidgenossenschaft mit ihrer beherrschenden und begehrten Schlüsselstellung im Alpenmassiv, mit ihrer Mittellage in einem übervölkerten Europa, im Zentrum einer sich drängenden Staatengesellschaft und ihrem Druck ausgesetzt, mit zum Teil offenen Grenzen und territorialen Verzahnungen nach so manchem unruhigen Anstößer hin, unterstand Existenzvoraussetzungen, wie sie in ähnlicher Gefährlichkeit wohl nur noch das deutsche Reich aufwies. Während des Dreißigjährigen Krieges wurden den Eidgenossen die ererbten Gefahren einer Mittellage eindrücklich demonstriert: das Hereinbrechen fremder Gewalten auf den deutschen Boden und seine Verwandlung zum Theater europäischer Machtkämpfe. Diesem Verhängnis entgingen die Eidgenossen, indem sie sich in den schützenden Panzer der Neutralität hüllten; er isolierte sie zwar nicht völlig von der Außenwelt, entzog sie jedoch kriegerischen Berührungen. Ein weiterer Grund ihrer Unversehrtheit lag wohl auch in ihrer Armut. Der Mangel an Bodenschätzen und Feldfrüchten dämpfte die Begierden des Auslandes, reizte die Mächte nicht zu einem hohen Einsatz.

Innerhalb des eidgenössischen Staatenbundes gab es für einzelne Bundesglieder eine vertraglich festgelegte Neutralität. Seit Beginn des 16. Jahrhunderts mußten alle der Eidgenossenschaft als vollberechtigt beitretende Orte versprechen, in den eidgenössischen Bürgerkriegen «stille zu sitzen», das heißt, keiner Partei zu helfen, sondern eine Vermittlung anzubahnen. Getreu dieser eingegangenen Verpflichtung haben sich die betreffenden Bundesglieder von der Teilnahme an Bürgerkriegen ferngehalten und den Frieden herbeizuführen versucht, oft mit Erfolg. Basels Rolle in der eidgenössischen Politik kann direkt als diejenige einer Vermittlerin bezeichnet werden. Auch die gemeinsamen Untertanenlande waren stets zu neutraler Haltung verpflichtet. Von diesem eigenartigen Zug schweizerischen Bundeslebens ist die Entstehung und die Erhaltung der Neutralität der Gesamtschweiz mitbestimmt worden. In gleichem Sinne mögen ebenfalls die alteidgenössische Theorie und Praxis der unparteiischen, schiedsgerichtlichen Erledigung von Streitfällen gewirkt haben.

2. Inhalt der altschweizerischen Neutralität

Die Auffassung vom Inhalt und von den Grenzen der Neutralität zur Zeit ihrer Entstehung und Ausbildung war eine in wesentlichen Punkten andere als heute; man kann sie als weiter, lockerer, plastischer bezeichnen. Will man eine genaue Anschauung davon gewinnen, muß man sie sich als Ganzes vergegenwärtigen und die beherrschenden Wesenszüge daraus ableiten. Denn weder hat sich die Tagsatzung in offiziellen Verlautbarungen um eine nähere Begriffsbestimmung der Neutralität bemüht, noch holte dies das damals gerade entstehende Völkerrecht nach. Wohl sprachen die Tagsatzungsherren etwa davon, die «hergebrachte Neutralität» sei die «Grundfeste der eidgenössischen Republik», oder sie nannten die Neutralität eine «feste Grundsäule ihres Ruhestandes»; nähere Umschreibungen wurden aber klüglich vermieden. Wohl beschäftigten sich die Völkerrechtslehrer der Zeit – der Holländer Hugo Grotius und der schweizerischen Verhältnissen näherstehende Neuenburger Emer de Vattel – mit der Einordnung der Neutralität in ihre Systeme. Jedoch geschah dies bloß oberflächlich, wobei eidgenössische Verhältnisse nur gestreift wurden. Die Praxis eilte der Theorie voraus. Es ist bemerkenswert, daß die eidgenössische Neutralitätspolitik sich nach strengeren Grundsätzen richtete als die internationale Lehre vom Völkerrecht; wie denn überhaupt der Gedanke einer reineren Neutralität zuerst in der Eidgenossenschaft konzipiert und verwirklicht worden ist. Man kann die Ausbildung eines deutlichen Neutralitätsbegriffes geradezu als spezifisch schweizerischen Beitrag zum europäischen Völkerrecht betrachten.

Ein wesentlicher Unterschied zwischen einst und jetzt zeigt sich in der Frage des Solddienstes. Im Ancien Régime wurde großenteils nicht daran Anstoß genommen, daß die Eidgenossenschaft trotz ihrer Neutralität ausländischen Mächten Truppen lieferte, sowenig die Schweiz nach der internationalen Anerkennung der immerwährenden Neutralität (1815) davor zurückschreckte, neue Soldverträge mit dem Ausland einzugehen. Es bedurfte ganz anderer Argumente, es brauchte das Aufkommen der Industrie, es war die Ideologie des Radikalismus nötig, um den Solddienst öffentlich zu diskreditieren und die Kapitulationen mit dem Ausland aufzuheben. In einer Zeit, die das Volksheer kaum kannte und in der die meisten Kriege durch Miettruppen ausgefochten wurden, bewertete man das Söldnerwesen der Schweiz viel unbefangener. Daß der Solddienst für die übervölkerte Eidgenossenschaft eine unbedingte wirtschaftliche Notwendigkeit war, übersahen nur von allgemeinen Prinzipien aus denkende Theologen wie Ulrich Zwingli und über das Seinsollende statt über das Seiende spekulierende Utopisten wie der Engländer Thomas Morus. Er hat in seiner «Utopia» nicht ohne die etwas vorschnelle moralistische Überheblichkeit des erasmianischen Pazifisten das Söldnervolk der Zapoleten, das heißt der Schweizer, verächtlich gemacht. Sonst aber äußerten sich nur solche vereinzelte Ausländer wegwerfend über den Solddienst, die bei der Bewerbung um die kriegerische Volkskraft der Eidgenossen zu kurz gekommen oder leer ausgegangen waren. Im ganzen schätzte sich das Ausland glücklich, daß die Schweiz überhaupt Truppen hergab, und hütete sich deshalb, den Solddienst als neutralitätswidrig hinzustellen.

Voraussetzung war allerdings, daß die Schweiz *allen* Parteien, die sie darum angingen, Werbungen bewilligte. Von Anfang an haben denn auch die Eidgenossen die gleichmäßige Begünstigung zum Prinzip erhoben und ließen sich weder durch Lockungen noch Drohungen von diesem Grundsatz abbringen. Als Frankreich das alleinige Verfügungsrecht über die schweizerische Wehrkraft beanspruchte und nicht dulden wollte, daß die Schweiz den Gegnern Frankreichs Truppen gewähre, verboten die Eidgenossen mit seltener Einmütigkeit diesen unstatthaften Übergriff auf die schweizerische Souveränität. Das Ausland hat die Schweiz im Glauben an die Richtigkeit dieser Auffassung stets bestärkt. Demnach lagen die Verhältnisse in der alten Eidgenossenschaft so: Nicht obwohl die Schweiz dem Ausland Söldner lieferte, sondern weil sie es tat, konnte sie an der Neutralität festhalten. Die Abgabe von Kriegern war geradezu die Bedingung, unter welcher das Ausland der Schweiz ihre neutrale Vorzugsstellung einräumte.

Die Auffassung von der Neutralität des Bodens rang sich schwerer durch. Nach den getroffenen Vereinbarungen besaßen Frankreich und Habsburg-Spanien das Recht, für kriegerische Durchzüge Schweizer Pässe zu benützen. Es war klar, daß von diesen militärischen Durchmärschen der schweizerischen Neutralität am meisten Gefahr drohte. Regelmäßig erhitzten sich die beiden Parteien, sobald auf der Tagsatzung von den Durchzügen fremder Armeen die Rede war. In ihrer Praxis der Durchzugsbewilligung konnte sich die Eidgenossenschaft auf den berühmtesten Völkerrechtslehrer der Zeit berufen. Hugo Grotius verteidigte in seinem Werk «De jure belli ac pacis» (1625) das Recht des Durchzugs unter allen Umständen. Er billigte den Neutralen keinen Verweigerungsgrund zu, auch nicht die Furcht vor der Kriegsmacht des Durchziehenden. Die schlimmen Erfahrungen der Eidgenossenschaft im Dreißigjährigen Krieg führten nun aber dazu, daß Katholiken und Reformierte einmütig den Beschluß faßten, «niemandem den Paß durch die eidgenössischen Lande zu gestatten und jeden allen Ernstes davon abzuhalten». Damit rückten die Schweizer von der völkerrechtlichen Theorie des erlaubten Durchmarsches ab. Und sie hielten an diesem ihrem reineren Grundsatz in den folgenden Jahren fest.

Nach dem Westfälischen Frieden (1648) war für die Eidgenossenschaft das allgemeine Durchzugsverbot bereits eine Selbstverständlichkeit. Ging man gegen die eigenen Vertragspartner mit solcher Strenge vor, so durfte man sich gegenüber anderen Staaten nicht laxer zeigen. Die von der Tagsatzung wiederholt betonte Unverletzlichkeit des neutralen Bodens und der deutlich zum Ausdruck gekommene Wille, dafür mit den Waffen einzustehen, genügten jetzt, um die ausländischen Heere auf ihre Durchmarschabsichten verzichten zu lassen. Vereinzelte Grenzschürfungen bei Basel waren geringfügig. Daß man über diese kleinen Vorkommnisse so große Worte machte und sich heftig beklagte, zeugt indessen von der geschärften Empfindlichkeit des Schweizers gegenüber Gebietsverletzungen. Die Achtung vor der Neutralität des schweizerischen Territoriums war überall gewachsen. Wenn man sich die schweizerischen Gebietsverletzungen vom 16. bis 18. Jahrhundert auf einer Karte vergegenwärtigt, so erkennt man, daß es sich eigentlich überall nur um Ritzungen der Grenze handelte. Nie zogen fremde Heere mitten durch die Schweiz oder machten aus dem schweizerischen Boden gar ihren Kriegsschauplatz, wie dann später in der revolutionären und napoleonischen Epoche.

In der Auffassung und Handhabung der wirtschaftlichen Neutralität stellt man eigenartige Verschiebungen zwischen einst und jetzt fest; man ist versucht, die ältere Praxis als die strengere zu bezeichnen. Grotius versagte in dieser Frage, obgleich der steigende internationale Verkehr der Zeit gerade hier Präzisierungen erfordert hätte. So sah sich denn die Eidgenossenschaft auf eigenes Ermessen angewiesen. Die Tagsatzung verbot grundsätzlich, fremde Heere mit Waffen und Munition zu beliefern. Jedoch durften in der Regel ausländische Armeen von der Schweiz verproviantiert werden. Nur achtete man auch hier darauf, die Parteien möglichst gleichmäßig zu begünstigen. An der Freiheit für einzelne Soldaten, auf schweizerischen Märkten Einkäufe zu besorgen, hat die Tagsatzung stets festgehalten. Auch hat sie fast jeder Armee, die sich in der Nähe aufhielt, den Ankauf von Lebensmitteln erlaubt, um sie zu besänftigen und so möglichst jede Gefahr von den Grenzen abzuwenden. In der Praxis scheint sie nicht einmal immer sorgfältig unterschieden zu haben, ob solche Proviantlieferungen durch Private oder einzelne Obrigkeiten geschahen. Zu einer genauen Aufsicht gebrach es ihr an den nötigen Kontrollorganen, wie denn überhaupt der Staat damals die Wirtschaft noch nicht bis in alle Verzweigungen hinein kommandierte. Die reichlich versehenen Schweizer Märkte und das durchgeführte Prinzip des freien Handels waren mit ein Grund, weshalb die Kriegführenden die Neutralität der Eidgenossenschaft achteten.

Neutralität der öffentlichen Meinungsäußerung kannte die Alte Schweiz kaum. Wir verstehen darunter nicht Indifferenz gegenüber dem politischen Geschehen, die es in der alten und neuen Eidgenossenschaft nie gegeben hat, sondern wir meinen freiwilligen Verzicht auf jede leidenschaftliche Parteinahme, Willen zur Gerechtigkeit, das Bestreben, auch dem Andersartigen Verständnis entgegenzubringen. Diese Haltung trifft man weder beim Regierenden noch beim gemeinen Mann an. Der alte Schweizer nahm elementar Partei und gab seiner ungebrochenen Meinung hemmungslos Ausdruck. Das geschah mündlich in der Zunftstube oder im Wirtshaus, wo man im engen Zirkel beisammensaß und das Weltgeschehen besprach. Im größeren Kreis unterhielt man sich etwa auf Messen sowie Märkten mit Landsleuten aus entfernteren Gegenden und rieb sich an Andersdenkenden. Nicht einmal in der Landsgemeinde oder im Ratssaal legte man sich Zurückhaltung auf. Überall gab es eine französische und eine österreichische oder gar noch eine spanische, savoyische, holländische, venetianische Partei. Einzelne führende Familien bekannten sich seit langem als Parteigänger einer bestimmten Großmacht und blieben dieser treu. Oder die Sympathien hefteten sich an hervorragende Kriegshelden. So bejubelte man während des Spanischen Erbfolgekrieges in Bern die Waffentaten des britischen Feldherrn Marlborough wie eigene und empfand im Österreichischen Erbfolgekrieg durchaus «fritzisch». Die eidgenössischen Meinungskämpfe waren oft nichts anderes als der Widerhall der europäischen; denn in Ermangelung eigener großer Diskussionsgegenstände würzte man die heimische Politik mit ausländischem Salz.

Eine Meinungsäußerung durch das gedruckte Wort war, soweit es die Zeitungen betrifft, erschwert. Die Journale standen unter der Aufsicht der Obrigkeit, bildeten oft geradezu ihr Sprachrohr. Es waren bloße Informationsorgane, nicht Gesinnungsblätter. Deshalb gab es auch noch keine von der Presse dirigierte sogenannte öffentliche Meinung. Um so üppiger entfaltete sich das Flugschriftenwesen. Mit dem Mittel der kleinen Broschüre versuchte das Ausland auf den Eidgenossen einzuwirken. Man staunt über die Berge von Druckerzeugnissen dieser Art aus den verschiedensten Epochen, wie sie die Bibliotheken und Archive aufbewahren. Im Hinblick auf die gesamte Produktion dieser Beeinflussungsschriften geht man wohl nicht fehl mit der Annahme, daß das Schauspiel, wie die fremden Mächte literarisch übereinander herfielen, den Schweizer zu vorsichtigerer Beurteilung weltpolitischer Vorgänge bewog. So hat die Kraft der Hetzschriften, die stets das Böse will, in der Schweiz doch auch Gutes geschaffen. Sie erleichterte es den Eidgenossen, sich von den Vorgängen im Ausland ein realeres Bild zu machen und gestützt darauf eine eigene, unabhängig-neutrale Haltung einzunehmen.

Das Asylrecht, diese Nebenerscheinung der Neutralität, wurde in der Eidgenossenschaft schon von früh an ausgeübt, in erster Linie gegenüber Glaubensflüchtlingen, dann aber auch gegenüber politisch Verfolgten. Zwar haben auch andere, unneutrale Länder, wie zum Beispiel England, Vertriebenen Asyl gewährt. Daß aber zwischen Neutralität und Asylrecht eine besondere Affinität waltet, beweisen die vielen Flüchtlingsangelegenheiten in der eidgenössischen Vergangenheit. Kein Staat hat wie die Schweiz so folgerichtig und in so gewaltigem Ausmaß Flüchtlinge aufgenommen, hat dieses christliche Verhalten zur nationalen Aufgabe erklärt und als Dankespflicht für den ungestörten Genuß der Freiheit und des Friedens empfunden. So erklärte schon Ulrich Zwingli in seiner «Vermahnung an die frommen Eidgenossen», daß «alle, so in fernen Landen wider Billigkeit gedrängt wurden, Zuflucht zu den Eidgenossen nahmen».

Was alles von den einzelnen eidgenössischen Orten an Opfern und selbstloser Hingabe aufgewendet wurde – und es ist überwältigend viel – hat in den Annalen der schweizerischen Geschichte eine leuchtende Spur hinterlassen. Manche Episoden sind, weil sie das Allgemeinmenschliche so nahe berühren, dichterisch verklärt worden und haben sich tief in das nationale Bewußtsein gesenkt. Wer kennt nicht die Aufnahme Arnold von Brescias und Giordano Brunos in Zürich, die Bergung aufrührerischer Bauern aus Süddeutschland, die Pflege des kranken Ulrich von Hutten auf der Ufenau, die Gastfreundschaft für die französischen Hugenotten, die Unterstützung des Heldenvölkleins der piemontesischen Waldenser und der südfranzösischen Camisarden, die Betreuung der englischen Katholiken und Puritaner! Und erst die Beschirmung der zahlreichen ausländischen Freiheitskämpfer, Revolutionäre, Emigranten aller Art im Laufe des 19. Jahrhunderts! Ein buntes Gewimmel fremder Obdachloser, die, wegen ihres religiösen oder politischen Bekenntnisses verfemt und verjagt, auf dem schützenden Boden der Schweiz Rettung fanden.

Die Eigenart des eidgenössischen Asylrechtes bestand darin, daß es allen Ausländern gleichmäßig gewährt wurde. Nicht bloß Glaubensverwandte, sondern auch Glaubensfremde, nicht nur politisch Gleichgesinnte, sondern auch politisch Andersdenkende fanden hier Zuflucht. Ein Großteil der europäischen Nationen ist in dem langen Zug der Flüchtlinge vertreten: Deutsche aller Gaue, Franzosen, Italiener, Engländer, Ungarn, Spanier, Polen. Die Unparteilichkeit in der Bewilligung des Aufenthaltes rückt das eidgenössische Asylrecht in nächste Nähe der Neutralität. Man darf in diesem gleichmäßigen Verhalten nicht etwa Gleichgültigkeit sehen, sondern muß es als Ausfluß echten sittlichen Empfindens werten. Hierin äußerte sich christliches Allerbarmen, der Glaube an die Liebe als wirkende Macht in der Gemeinschaft von Brüdern. Man staunt über die Größe der Opfer, die in phrasenlos-stiller Hilfsbereitschaft gebracht wurden, ohne Rücksicht auf die Versorgungslage, auf außen- und innenpolitische Bedrängnis, ohne Seitenblick auch auf mögliche kulturelle Bereicherung durch die Emigration, rein «gewüßenshalber, um der Barmherzigkeit Gottes willen», weil auch die Flüchtlinge «wahre Glieder und Gäste unseres Herrn Jesu Christi» seien. Es gab Kantone, die bis zu einem Fünftel aller öffentlichen Einnahmen für den Unterhalt der Überzeugungsemigration verwendeten und den Bürger unter Strafandrohung zur Flüchtlingssteuer zwangen, von der enormen privaten Wohltätigkeit ganz zu schweigen.

Es überrascht heute, daß dieses doch schon weitausgebaute Asylrecht nicht für flüchtige Truppen galt. Die alte Eidgenossenschaft kannte die Internierung von Armeeangehörigen nicht. Ausdrücklich bestimmte die Tagsatzung (1673): «Ist einhellig beschlossen, daß, wann Flüchtlinge von den Armeen, wer es wäre, kommen würden, man alle abweisen solle.» An dieser Praxis hielt die Eidgenossenschaft bis ins 19. Jahrhundert fest, und die Völkerrechtstheorie stimmte damit überein. Dafür besaß man ja das Recht, abgedrängten Armeeteilen unter gewissen Voraussetzungen einen raschen Durchzug zu gewähren. Der gänzliche Mangel an Bestimmungen über Internierung erklärt sich wohl auch aus der Furcht, das internierte Militär könnte sich im Gastlande erholen und von hier aus einen neuen Angriff auf seinen Feind unternehmen. Wenigstens deuten gewisse Ausführungen Vattels in seinem «Droit des gens», Buch III § 133 in diese Richtung.

3. Mittel zur Behauptung der Neutralität

Die Hoffnung der Alten Eidgenossenschaft, wegen ihrer außenpolitischen Zurückhaltung im ganzen Umkreis ihres Gebietes vom Kriege verschont zu bleiben, konnte nur mit Erfüllung rechnen, wenn ihre Neutralität eine bewaffnete war. Vorerst rafften sich die Eidgenossen nicht zu gemeinsamem Handeln auf; der Grenzschutz blieb Sache derjenigen einzelnen Orte, die sich für gefährdet hielten. Damit fiel die ganze Last auf die Grenzkantone. Vom guten Willen der übrigen Orte hing es ab, ob man sie unterstützen wollte. Dabei spielte immer die Kostenfrage eine ausschlaggebende Rolle. In endloser Reihe ziehen sich durch die Tagsatzungsprotokolle jener Zeit die Hilfsgesuche der Grenzorte und das zögernde Willfahren oder die Ausflüchte der Bundesgenossen.

Gegen Ende des Dreißigjährigen Krieges kam dann endlich ein eidgenössisches Schirmwerk zustande. Das «Defensional von Wyl» wurde abgeschlossen (1647) «zue unsers allgemeinen Standes und Vaterlands nothwendiger beschirmung und erhaltung der von unsern Lieben altfordern so theur erworbenen herrlichen Freyheiten». Es war eine gemeineidgenössische Wehrordnung zum Schutze der Grenzen. Vorgesehen war ein eidgenössisch-paritätischer Kriegsrat, unter dessen Kommando ein erster Auszug von 12000 Mann gestellt wurde, dem beim Herannahen der Gefahr ein zweiter und dritter von eben solchem Umfang folgen sollten, so daß schließlich ein Heer von 36000 Mann zur Verfügung stand. Diese Armee setzte sich zusammen aus den Kontingenten einzelner Orte, welche nach einer genau abgestuften Skala zu stellen waren. Durch schriftlich fixierte Kriegsartikel wurde Offizieren und Gemeinen ein Verhalten vorgeschrieben, das man – obgleich der Ausdruck fehlt – als neutral bezeichnen kann. Das neue eidgenössische Wehrgesetz wurde sofort mit Erfolg gegen die Schweden und Franzosen angewendet. Später genügte die Warnung, das Defensional in

Kraft zu setzen, um fremde Kriegsbanden von der Schweizer Grenze fernzuhalten. Als Ludwig XIV. ein erstes Mal die Freigrafschaft angriff, revidierten die Orte ihr Schirmwerk (1668). Sie dehnten es auch auf die eidgenössischen Zugewandten aus und gaben dem Kriegsrat sogar diplomatische Befugnisse, so daß er jetzt wie die Tagsatzung fremde Gesandte empfangen konnte.

Zur Wahrung ihrer Neutralität stützten sich die Eidgenossen nicht ausschließlich, ja nicht einmal vornehmlich, auf das militärische Sekuritätssystem des Defensionals, sondern suchten ihre Grenzen und Grenzlandschaften auch durch vertragsmäßige Vereinbarungen sicherzustellen. Vom Beginn des 16. bis in die Mitte des 18. Jahrhunderts verfolgte die Tagsatzung mit erstaunlicher Stetigkeit den Ausbau einer eigenartigen Sicherheitskonstruktion, der sogenannten eidgenössischen Vormauern. Es wurde in der Eidgenossenschaft fast zu einem Glaubenssatz, daß man sich am besten durch vorgelagerte neutrale Gebiete beschirmen könne. Ein Gürtel neutralisierter Zonen, in denen jede Kampfhandlung verboten wäre, sollte den helvetischen Staatskörper von allen Seiten schützend umschließen, ansonst «der helvetische Leib gänzlich entblößt und geöffnet» würde. Auf diese Weise glaubte man, in dem Gewühl der europäischen Staatenwelt vor empfindlichen Grenzberührungen geborgen zu sein. Daß die klug rechnenden Tagsatzungsherren in dem steten Ablauf der Generationen während Jahrhunderten an der Schutzvorrichtung des Vormauernrings festhielten, spricht doch wohl für seine tatsächliche Wirkung. Jedenfalls steigerte er das Sicherheitsgefühl in der Eidgenossenschaft. Solche Sekuritätspakte lagen übrigens in den europäischen Gedankengängen des 17. Jahrhunderts; sie standen an der Wiege des jungen Völkerrechts.

Seit der Erbeinigung mit Habsburg (1476) befanden sich die österreichischen Städte Waldshut, Säckingen, Rheinfelden und Laufenburg unter eidgenössischem Schirm. Den fortgesetzten Bemühungen der Tagsatzung gelang während des Spanischen Erbfolgekrieges die Neutralisierung dieser sogenannten Waldstädte, ferner der Stadt Konstanz und des Fricktales. Damit übernahm die Eidgenossenschaft die Wacht am Oberrhein. Von Konstanz durch den Breisgau bis über Basel hinaus war tatsächlich eine, wenn auch nicht ganz lückenlose, Vorwehr errichtet. Daran schloß sich, an der Nordwestfront der Eidgenossenschaft gelegen, das Bistum Basel. Zwar genügte das konfessionelle Bündnis des Bischofs mit den katholischen Orten nicht, sein Gebiet vor Invasionen sicherzustellen. Jedoch hatte Bern den südlichen Teil des Bistums vom Münstertal bis Biel in ein ewiges Burgrecht aufgenommen und somit dieses Jurafelsentor verriegelt. Die Südhälfte des Bistums wurde seither als «eidgenössischer Bezirk» bezeichnet, und das Ausland respektierte diesen Zustand. An den nördlichen Neutralitätskreis grenzte im Westen die Sicherheitszone Burgund und die spanische Freigrafschaft. Für diese Gebiete taucht überhaupt zum ersten Mal in den Schriftstücken der Vergangenheit der Ausdruck Neutralität auf. Schon zu Beginn des 16. Jahrhunderts waren der König von Frankreich und die Regentin der Niederlande unter eidgenössischer Vermittlung übereingekommen, das französische Herzogtum Burgund und die habsburgische Freigrafschaft zu neutralisieren. Der Furcht vor gemeinsamen Grenzen mit Frankreich verdankte das Fürstentum Neuenburg zum großen Teil seine Neutralität. Durch Verburgrechtung mit einzelnen eidgenössischen Orten war auch Neuenburg mit seiner Riegelstellung in das Bollwerk der eidgenössischen Vorwehren eingemauert. Weiter gegen Westen hin dienten die Waadt und Genf, an der Südwestecke der Schweiz Savoyen als Deckung. Auch ein Teil der Südgrenze der Eidgenossenschaft, das langgestreckte Aostatal, ist zu Beginn des 18. Jahrhunderts vom Herzog von Savoyen der Republik Wallis zur Neutralisation angeboten worden; doch zerschlug sich dieses Neutralitätsgeschäft am Widerstand Frankreichs.

Bei der Errichtung dieses Vormauernrings befolgte die Eidgenossenschaft eine alte Maxime ihrer Außenpolitik, das eigene Gebiet an mehrere kleinere, untereinander unabhängige Staaten grenzen zu lassen und zu verhindern, daß dieser Schutzwall unter die Herrschaft einer einzigen Macht falle. Allen den verschiedenen über Jahrhunderte verstreuten Versuchen der Eidgenossenschaft und einzelner Orte, ihre Grenznachbargebiete zu neutralisieren, liegt ein einheitlicher Interessenkern zugrunde: das Bestreben, die Neutralität der Heimat womöglich dauernd sicherzustellen. Der so entstandene lose Kranz von neutralen Distrikten bildete eine Friedenssicherung, die sich nicht auf eine militärische Befestigungsanlage stützte, wie sie etwa der römische Limes geboten hatte, sondern bloß auf ein System von Garantiepakten; ihm war so wenig wie allen ähnlichen völkerrechtlichen Vereinbarungen ewige Dauer gewährt. Immerhin sind solche Garantiepakte in einer Epoche der Ausbildung der Staatsraison, der rücksichtslosen Anwendung des Machtgedankens, über lange Zeiträume hin als allgemein verbindlich, als Bestandteile des europäischen Völkerrechts anerkannt worden. Erst in der Zeit der Französischen Revolution, die von anderen Ideenkräften erfüllt war, überlebte sich dieser Sicherheitsapparat. Die Organisation der eidgenössischen Vorwehren hatte durchaus den Sinn einer defensiven Einrichtung. Das Sicherheitsmotiv, gewiß ein schillernder, vieldeutiger Begriff, ist hier nicht, wie etwa in Frankreich, in einen Vorwand für die Vergrößerungspolitik umgeschlagen, sondern blieb dem Grundgedanken der Neutralität treu als ein völkerrechtlich durchaus berechtigter Anspruch. Daß später einige neutralisierte Grenzgebiete tatsächlich der Schweiz angegliedert wurden – Fricktal, Bistum Basel, Neuenburg, savoyische Gemeinden –

lag im Lauf einer natürlichen Entwicklung und rechtfertigt noch hinterher die weitsichtigen Bemühungen der Tagsatzung.

Vom unbedingten Neutralitätswillen der Eidgenossenschaft zeugt ebenfalls, daß sie sich je und je weigerte, internationale Garantieversprechen zu übernehmen. Sie fürchtete von derartigen Verpflichtungen mit Recht, diese könnten der Neutralität schädlich werden und die Eidgenossenschaft in fremde Händel verstricken. Völlige Enthaltsamkeit von allen Garantien wurde ihr zum Prinzip. Die Eidgenossenschaft mischte sich in die Angelegenheiten auswärtiger Mächte nur um Frieden zu stiften. Solche Ermahnungen zum «Universalstillstand» der Waffen und Friedensvermittlungen wurden unausgesetzt unternommen. Dabei ließen sich die Eidgenossen nicht etwa vornehmlich von Erwägungen des eigenen Staatsinteresses leiten, obgleich dieses stets gebieterisch den Frieden erheischte; Christenpflicht und menschliches Mitleid waren vorherrschend.

Es ist nicht möglich, abschließend genau anzugeben, welches von den Mitteln zur Handhabung der Neutralität sich als das wirksamste erwiesen habe. Derartige Ermessensfragen führen leicht zu willkürlichen Antworten. Sicher aber ist, daß nicht eine einzige, sondern nur die Kombination aller dieser Schutzmaßnahmen das allgemeine Sicherheitsgefühl in der Schweiz gesteigert und den Erfolg der Neutralitätspolitik bestimmt hat.

4. Neutralität in den Veränderungen des europäischen Gleichgewichts

Das 18. Jahrhundert, das heißt die Zeit vom Abschluß des Spanischen Erbfolgekrieges bis zur Entfesselung der Französischen Revolution, gilt gemeinhin für die Schweiz als eine Epoche außenpolitischer Windstille. Die großen geistigen Leistungen hervorragender Eidgenossen werfen auf das ganze Zeitalter einen Abglanz, der leicht das Trugbild sorgenfreier Beschaulichkeit hervorzaubert. Jedoch stimmt dies weder für die innere noch für die äußere Lage der Schweiz. Wohl konnte der Frieden mit den Nachbarn erhalten werden. Aber die nördlichen Außenposten – Basel und Schaffhausen – spürten die direkten Wirkungen der mitteleuropäischen Erbfolgekriege empfindlich, und mehrmals fühlte die Schweiz den begehrlichen Blick mächtiger Nachbarn auf sich gerichtet. Es brauchte schon die erprobte diplomatische Kunst der alten Regenten, um die Eidgenossenschaft in territorialer Unversehrtheit inmitten der steten europäischen Wandlungen zu erhalten.

Der Solddienst, der in der ersten Hälfte des Jahrhunderts um das Doppelte zugenommen hatte, tat jetzt der Neutralität so wenig Abbruch wie früher. Im Gegenteil ließen es sich die fremden Beobachter unseres Landes sehr angelegen sein, die wirtschaftliche Notwendigkeit des Solddienstes zu begründen. In- und Ausland stimmten darin überein, er sei der Neutralität förderlich. Während des 18. Jahrhunderts senkte sich denn auch die Idee der schweizerischen Neutralität tief ins Bewußtsein nicht nur der Eidgenossenschaft, sondern ganz Europas.

Das Verhältnis zum Ausland schien indessen etwas gestört, seit das alte französische Bündnis endgültig erloschen war (1723) und alle Versuche, die Allianz zu erneuern, sich am innerschweizerischen Zwist zerschlagen hatten. Direkt gefahrvoll entwickelte sich die Lage, als der Polnische Erbfolgekrieg ausbrach (1733). Französische Heere rückten in Savoyen und im Elsaß gegen die habsburgische Macht Karls VI. vor, so daß die Schweiz im Süden und im Norden vom Krieg umbrandet wurde. Am gefährlichsten war die Nordwestecke. Basel ragte mit seinem Gebiet wie ein Keil zwischen die beiden Hauptgegner am Rhein. Sowohl vom französischen Sundgau als auch vom österreichischen Fricktal her konnte es unter wirtschaftlichen Druck gesetzt werden. Ausgangspunkt der militärischen Pression bildete einerseits die französische Festung Hüningen, andererseits die österreichische Garnison Rheinfelden; dieser Doppeldruck, schon in Friedenszeiten lästig, wurde in Kriegsläufen geradezu unerträglich. Doch gelang es der Tagsatzung, durch «die Observanz einer vollständigen exakten Neutralität gegen die sämtlichen kriegenden hohen Mächte» der Unantastbarkeit des Schweizer Bodens Respekt zu verschaffen. Das gleiche läßt sich auch für die Zeit des Österreichischen Erbfolgekrieges (1741-1748) sagen, der die schweizerische Öffentlichkeit intensiver beschäftigte und deshalb auch zu eingehenderen Beratungen der Neutralitätsfrage führte.

In beiden Kriegen ist der Grundsatz neutraler Wirtschaftspolitik mit aller Entschiedenheit gehandhabt worden: Es sei einem neutralen Stand jederzeit erlaubt, «Victualien oder anderes, das er entbehren kann, einer jeden Partei zukommen zu lassen». Auch hat man immer wieder die Schaffung eines sogenannten Neutralitätsdistriktes erwogen, in einer Breite von drei Meilen der schweizerischen Nordgrenze entlang, worin alle Kriegshandlungen verboten wären. Von einer solchen kriegsfreien Zone versprach man sich in der Schweiz ganz besonderen Schutz der Neutralität; doch ging der Plan infolge äußerer Widerstände nicht in Erfüllung.

Daß in außenpolitischen Dingen nichts Bestand hat, auch nicht alterprobte Freundschaften, wußten die erfahrenen eidgenössischen Staatsmänner wohl. Und wie wenig absolute Herrscher, mochten sie in der allgemeinen Achtung Europas noch so hoch stehen, sich an völkerrechtliche Verträge hielten, zeigte eklatant das Verhalten Friedrichs II. gegenüber Österreich. Wohl berührte der Siebenjährige Krieg (1756–1763) das Gebiet der Eidgenossenschaft nicht, so daß sie nicht einmal ihre Grenzen zu besetzen brauchte. Das Erstarken Preußens und sein Eintritt in das Konzert der Großmächte verlagerte den Schwerpunkt mitteleuropäischer Entscheidungen nach dem Norden und schien damit den außenpolitischen Druck, der seit langem auf der Schweiz lastete, zu verringern. Jedoch brachte eben dieses Eingreifen Preußens in die Weltpolitik eine neue starke Gefährdung der schweizerischen Ruhe: den Zusammenschluß der beiden großen Nachbarn Frankreich und Österreich. Bisher hatte die schweizerische Neutralität gerade von der Rivalität dieser beiden Nachbarn gelebt; in ihrem Kraftfeld war sie gediehen. Nun verschwand dieser traditionelle Faktor des europäischen Gleichgewichtes und machte neuen, unbekannten und beunruhigenden Gruppierungen Platz.

Durch den unerwarteten Zusammenschluß der beiden größten Festlandmächte, Frankreich und Österreich, sah sich die Eidgenossenschaft von vielen Seiten umlagert, von der Südwestecke Genf zum Rheinknie Basel, dem Rhein entlang zum Bodensee bis hinauf zum Stilfserjoch und im Süden vom Comer- bis an den Langensee; es fehlten nur noch wenig Glieder in diesem Kettenring. Was wäre da näher gelegen, als daß dem «nordischen» König Friedrich von Preußen alle Unterstützung der Schweiz zugeflossen wäre? Aber obgleich sich die evangelischen Eidgenossen für seine Taten begeisterten, hielten sie am Werbeverbot für Preußen fest und vermieden laute Sympathieäußerungen. Es war Frankreich, das eine Neutralitätskrise herbeiführte (1747), indem es, entgegen den Kapitulationsbestimmungen, ein Berner Regiment zur Offensive in Deutschland verwendete. Doch verklang dieser Transgressionszwischenfall schließlich ohne großen Lärm.

Nach dem Erschöpfungsfrieden von Hubertusburg ging das diplomatische Spiel unter der Decke der Stabilität politischer Verhältnisse weiter. Die Begehrlichkeit der großmächtlichen Absolutisten richtete sich jetzt vor allem auf die Kleinstaaten, auf diese stehengebliebenen Reste der alten Feudalwelt. Man darf es nicht vergessen: Der großen Länderbörse Napoleons ging ein kleinerer, aber um nichts edlerer Länderschacher im letzten Drittel des 18. Jahrhunderts voraus. Die Nachricht von der ersten Teilung Polens (1772) war eine furchtbare Mahnung für die eidgenössische Republik, die man so oft mit der polnischen Republik zusammen genannt und mit ihr verglichen hatte, wenn schon die Unterschiede größer als die Ähnlichkeiten waren. Fast allgemein mißtraute man dem Nachbarn im Osten, dem alten Erbfeind Österreich. Von dem jungen, rührigen, lorbeerhungrigen Habsburger Josef stand das Schlimmste zu befürchten. Er galt als derjenige, der in erster Linie gegen Polen getrieben hatte. Als Bürger eines Staates, der mitten im Kraftfeld der Großmächtepolitik lag, sah der Schweizer Historiker Johannes von Müller den Zerfall des europäischen Staatensystems mit geschärftem Blick und empfahl den Bedrohten, dem Übergewicht des Habsburgers durch Zusammenschluß Gegengewichte zu schaffen. Europa und die Schweiz schienen in gleichem Maße am europäischen Gleichgewicht interessiert, und deshalb propagierte Müller dieses Prinzip unablässig in seinen Schriften.

Tatsächlich wurden in einzelnen Kabinetten der Großmächte Projekte über eine mögliche Amputation der Schweiz erwogen. Wie ernsthaft ihre Verwirklichung diskutiert wurde, steht dahin. Sicher jedoch ist, daß man von ihnen in der Schweiz Kunde hatte und sich sehr stark ängstigte. Es war eben so, daß die Eidgenossenschaft alle Erschütterungen des europäischen Gleichgewichtes sofort zu spüren bekam. Die Eidgenossen begannen in ihrem mächtigen Alliierten Frankreich den sichersten Schutz gegen Restitutionsgelüste Österreichs zu sehen. Frankreich hatte ja seit dem Aufkommen Preußens seine überragende Stellung eingebüßt. Es schien nun nicht mehr so unbedingt überlegen, daß ein Bündnis mit ihm die Eidgenossenschaft in ein Abhängigkeitsverhältnis gebracht hätte.

Ein Mittel der neuen französischen Außenpolitik bestand darin, die kleinen Staaten um Frankreich zu gruppieren, um so das gesunkene Ansehen Frankreichs gegenüber den aufstrebenden Großmächten zu heben. In dieses System gehörte auch ein Bündnis Frankreichs mit der Schweiz, nicht bloß zur Regelung beidseitiger Interessen, sondern als Glied einer großen europäischen Konzeption. Aus Furcht vor Österreich ging man in der Schweiz auf das Bündnisangebot Frankreichs ein und erneuerte mit großem Pomp die französische Allianz (1777). Artikel VI enthielt eine Art Erklärung der prinzipiellen Neutralität: «et comme le présent traité absolument défensif ne doit préjudicier ni déroger en rien la neutralité des parties...». Noch einmal waren durch dieses französische Bündnis die verschiedenen eidgenössischen Stände dem Ausland als geschlossene Staatsnation gegenübergetreten und hatten sich feierlich zur Neutralität bekannt.

5. Verletzung der Neutralität durch das revolutionäre Frankreich

Beim Ausbruch der Französischen Revolution stand für die Eidgenossenschaft die Frage der Neutralität zunächst nicht im Vordergrund. Erst als die Revolutionsheere über die französischen Grenzen fluteten und mit Europa in Konflikt gerieten (1792), stellte sich der Schweiz praktisch die Frage der

Neutralität. Natürlich konnte damals schon von einer Neutralität der Gesinnung nicht im mindesten die Rede sein. Die örtischen Obrigkeiten und mit ihnen diejenigen Bevölkerungsschichten, aus denen sie stammten, nämlich die politisch, gesellschaftlich und wirtschaftlich führenden Familien, ferner alle irgendwie privilegierten Bürger, Handwerker, Gewerbetreibende und Berufsoffiziere in fremden Heeren, hielten es mit dem alten monarchischen Frankreich. Die Freunde der Revolution machten in der Eidgenossenschaft zunächst nur eine kleine Minderheit aus. Sie rekrutierten sich vorzugsweise aus jüngeren Aufklärern der Haupt- und Landstädte.

Für die Neutralitätspolitik der Eidgenossenschaft war indessen die Tagsatzung verantwortlich. Zwei Dinge besonders haben die französisch-schweizerischen Beziehungen in jener Epoche belastet: Einmal die revolutionäre Propaganda, die mit ihren Schriften von Paris aus die Schweiz überschwemmte und der gegenüber sich vor allem die welschen Gebietsteile wenig immun zeigten. Und sodann die französische Emigration. Die französischen Emigranten setzten sich vornehmlich in den Grenzorten Solothurn, Freiburg, Neuenburg fest und warteten hier auf ihre Rückkehr, was die französische Regierung als eine ständige Bedrohung auffassen mußte.

Aber trotz dieses Giftstoffes, der das Verhältnis der Schweiz zu ihrem alten Alliierten trübte, faßte die Tagsatzung einstimmig den Neutralitätsbeschluß in der üblich gewordenen Formel. Fraglos billigte das Volk in seiner großen Mehrheit den Tagsatzungsentscheid. Dieser wurde den kriegführenden Mächten und ihren in der schweizerischen Nachbarschaft kommandierenden Heerführern übermittelt. An die gefährdete Basler Grenze schickte die Tagsatzung 1300 Mann. Ebenfalls einstimmig beschloß die Tagsatzung, das Fürstentum Neuenburg, das Fürstbistum Basel und die Stadt Genf in die eidgenössische Neutralität aufzunehmen, womit die Westgrenze der Eidgenossenschaft in einen besseren Verteidigungszustand gestellt und eine alte Unterlassungssünde gutgemacht wurde.

Bei dieser offiziellen Neutralität blieb es, auch als die schweizerisch-französischen Beziehungen einer ihrer stärksten Belastungsproben ausgesetzt wurden. Der Pariser Pöbel mordete im Tuileriensturm die Schweizergarde als die Beschützerin des Thrones (7. August 1792). Ferner dankte die französische Regierung die im Lande herum stationierten Schweizersöldner vertragswidrig ab und schickte sie ohne Sold heim. Jetzt wäre die Stimmung verwundeten Stolzes die günstigste Voraussetzung dafür gewesen, die Eidgenossenschaft ins Lager der Koalition hinüberzutreiben. Die Diplomatie der Verbündeten ließ es denn auch an Überredungskünsten nicht fehlen. Aber wiederum behielt der nüchterne, realpolitische Sinn der eidgenössischen Staatsmänner die Oberhand: Die Tagsatzung wiederholte ihre Neutralitätserklärung (September 1792).

Frankreich hat im Krieg gegen die Koalition die eidgenössische Neutralität anfänglich streng geachtet. Als General Custine ins Fürstbistum Basel eindrang, besetzte er nur *den* Teil des Landes, der zweifellos zum Reiche gehörte und in welchem sich auch Reichstruppen befanden, nämlich das Pruntruter Gebiet. Überall auf dem Kontinent drang damals die Französische Revolution siegreich vor. Warum hat denn dieses kraftgeschwellte Frankreich nicht auch die Eidgenossenschaft überrannt? Weil es dessen Neutralität bitter nötig hatte, besonders in wirtschaftlicher Beziehung. Die koalierten Mächte bildeten um Frankreich herum einen wirtschaftlichen Blockadering, der einzig an der Schweizer Grenze eine Öffnung aufwies. Da Frankreich wirtschaftlich sich selber nicht genügte, suchte es sich in der Schweiz mit dem Fehlenden zu versorgen. Als die schweizerischen Vorräte erschöpft waren, kauften eidgenössische Lieferanten und Spekulanten die fehlenden Waren in Österreich, Schwaben, Italien, Ungarn auf und führten sie durch die Schweiz Frankreich zu. Aus diesem neutralen Zwischenhandel, für den es noch keine völkerrechtlich gültigen Vorschriften gab, zog die schweizerische Kaufmannschaft beträchtliche Gewinne. Hätte die Tagsatzung diese neutralitätswidrigen Handelsdienste für Frankreich untersagt, würde sie damit heftigste Reaktionen des französischen Wohlfahrtsausschusses ausgelöst haben. Denn hier wußte man sehr wohl, daß die Revolution für ihre Verproviantierung auf das schweizerische Transitland während einiger Jahre geradezu angewiesen war. Die Einsicht, daß Frankreich aus der schweizerischen Neutralität großen wirtschaftlichen Gewinn ziehe und dazu den strategischen Vorteil eines Flankenschutzes auf langgestreckter Grenze genieße, bewog Robespierre, seine sensationelle außenpolitische Rede über die guten Beziehungen zur Eidgenossenschaft zu halten, worin er eine förmliche Anerkennung der schweizerischen Neutralität verkündete.

Unter dem nachhaltigen Eindruck der politischen und wirtschaftlichen Vorgänge vollzog sich in der Eidgenossenschaft eine gründliche Abklärung und kontradiktorische Stellungnahme der Geister. Regierende und Volk schieden sich in eine Kriegs- und in eine Neutralitätspartei. An der Spitze der ersteren stand der energische Berner Schultheiß N. F. von Steiger. Er vertrat von Anfang an die feste Überzeugung, die Schweiz müsse aus moralischer Pflicht, nicht nur um der Selbsterhaltung willen, ihre traditionelle Neutralität verlassen und sich dem Kreuzzug Europas gegen die französische Revolution anschließen. Die Neutralitätspartei fand ihre Stütze vor allem in Zürich und Basel. Unter dem mächtigen Einfluß des eidgenössischen Vorortes schloß sich ihr die gesamte Ostschweiz an. Sie wollte die traditionelle Neutralität unter allen Umständen aufrecht erhalten, selbst auf Kosten neuer entwürdigender Konzessionen an den von kriegerischer Kraft überschäumenden Nachbarn. Der Kampf um die richtige Interpretation der Neutralität wurde auch in Flugschriften ausgefochten.

Die Machthaber in Paris fühlten sich vor allem dadurch verletzt, daß die Steigerpartei dem Treiben des englischen Gesandten Schutz gewährte. Immer mehr rückte das britische Inselreich zum Hauptgegner der französischen Revolution auf. Die konservative Inselmacht England warf sich der revolutionären Kontinentalmacht Frankreich entgegen und kämpfte mit ihrer jahrhundertealten Nebenbuhlerin um die Meere, die Erdteile, die Weltherrschaft. Da der britische Premier Pitt die französische Armee auf dem Festland nicht besiegen konnte, versuchte er, die Gegenrevolution in Frankreich auszulösen, indem er die bestehende und stets anwachsende royalistische Strömung unterstützte. Solche Unternehmungen ließen sich am besten von der Schweiz aus bewerkstelligen. Von hier aus konnten am leichtesten Verschwörungen im Innern Frankreichs angezettelt und militärisch unterstützt werden.

Pitt fand in William Wickham den Diplomaten, der die kontinentalen und eidgenössischen Verhältnisse genau kannte und dessen Betriebsamkeit, Findigkeit und Verschlagenheit eine so schwere Aufgabe übertragen werden durfte. Der schweizerische Boden war zudem ein ausgezeichneter Beobachtungsposten und erlaubte einen günstigen Informationsdienst über den ganzen Kontinent. Wickham arbeitete von Bern aus mit der royalistischen Agentur in Paris, bestach abfallslustige Generäle, schaffte gegenrevolutionäre Propagandaschriften nach Frankreich hinein, häufte Kriegsmaterial längs der Juragrenze an; hier nahm die innere mit der äußeren Gegenrevolution Kontakt. Für die Gesamtschweiz war kompromittierend, daß Bern die neutralitätswidrige Verschwörertätigkeit Wickhams deckte. Solches Verhalten erklärt sich nur aus den Sympathien der Steigerpartei für Englands Sache.

Das französische Direktorium war entschlossen, Wickhams Umtriebe nicht länger zu dulden und auch die schweizerische Neutralität nur so lange zu achten, als sie Frankreich Nutzen brachte. Als die direktorialen Heere in Süddeutschland und Oberitalien immer neue Waffenerfolge errangen und die Schweiz schon fast ganz umklammert hielten, schraubte das Direktorium seine Forderungen dementsprechend in die Höhe. Schließlich stellte es das Verlangen nach Ausweisung Wickhams und tastete damit die schweizerische Neutralität schwer an. Um den eidgenössischen Staatsmännern nicht noch größere Verlegenheiten zu bereiten, verließ der britische Gesandte freiwillig die Schweiz. Am rücksichtslosesten aber sprang Frankreich mit der Neutralität der Eidgenossenschaft an deren Südgrenze um. Seit Napoleon Oberitalien erobert hatte und hier unumschränkt gebot, hörten in den ennetbirgischen Vogteien Grenzverletzungen und Projekte eines Attentats auf die Integrität eidgenössischen Gebietes nicht auf. Schließlich dekretierte Napoleon, daß es den drei bisher bündnerischen Provinzen Valtellina, Chiavenna und Bormio freistehe, sich mit der Republik Cisalpinien zu vereinigen. Der Verlust dieser Talschaften bedeutete für die Gesamtschweiz eine empfindliche strategische Schwächung und damit eine größere Verwundbarkeit der Neutralität.

Hinter diesen wiederholten Schlägen Frankreichs erkannte man unschwer den Willen der neuen Direktoren, sich nötigenfalls über die schweizerische Neutralität hinwegzusetzen. Es gab weite Kreise in der Schweiz, die das Verhängnis, die Hände im Schoß, erwarteten, wie man einer unabwendbaren Naturkatastrophe entgegensieht. Einige jedoch haben, sei es aus verwundetem Stolz, sei es aus verletzter Eitelkeit, die Franzosen zur bewaffneten Intervention ermuntert und ihnen sogar Winke erteilt, wie der Einmarsch geschichtlich mit Präzedenzfällen zu begründen sei. Der bernische Oberst Weiß dagegen versuchte in einer Flugschrift «Réveillez-vous, Suisses, le danger approche!» das französische Direktorium von der Invasion in die Schweiz abzuhalten: Die schweizerische Neutralität liege im Interesse Frankreichs, ja ganz Europas, ihre Verletzung werde das Signal zu langen, verderblichen Kriegen werden. Natürlich umsonst. Im Jahr 1799 brach der große Kampf um das zentralgelegene Alpenland aus und demonstrierte damit ganz Europa, was eine Vernichtung der schweizerischen Neutralität zur Folge haben konnte.

6. Scheinneutralität zur Zeit der Helvetik und Mediation

Nach der Revolutionierung der Eidgenossenschaft durch Frankreich wünschte das französische Direktorium, um das Band mit der helvetischen Republik enger zu knüpfen, die Erneuerung der alten Allianz. Seit Beginn des 16. Jahrhunderts stand die Eidgenossenschaft mit dem monarchischen Frankreich im Defensivbündnis. Dieses sicherte der Schweiz so viel Bewegungsfreiheit, daß sie an der französischen Kriegspolitik nicht Teil zu haben brauchte. Nun aber verlangte die französische Republik von der Schweiz den Abschluß eines Offensivbündnisses, wodurch sie in die Kriegspolitik der imperialen Revolution eingespannt werden mußte. Obgleich sich das helvetische Direktorium heftig dagegen sträubte, mußte es schließlich auf französische Drohungen hin den von Paris diktierten Vertrag unterzeichnen. Dieser bestimmte gegenseitige Hilfe, verpflichtete die helvetische Republik, den Franzosen zwei Heeres- und Handelsstraßen offen zu halten und beraubte die Schweiz des Asylrechtes. Das alles kam schließlich einer Preisgabe der Neutralität gleich.

Die Gefahr, die von den Gegnern der Offensivallianz befürchtet worden war, zog unmittelbar nach dem Abschluß herauf, beim Ausbruch des zweiten Koalitionskrieges (1799). Gemäß dem Bündnis mußte die Schweiz 18000 Mann Hilfsbrigaden im französischen Sold und 20000 Milizen auf eigene Kosten stellen. Da die gegnerischen Hauptheere in Süddeutschland und Oberitalien Position bezogen hatten, wurde die Schweiz mit ihren Alpenübergängen zu einer begehrten Stellung und zum Schauplatz des europäischen Kriegstheaters wie noch nie seit ihrem Bestehen. Die fremden Kriegerscharen hinterließen ein verwüstetes Land und ein völlig erschöpftes Volk. Durch Raub, Brand, Einquartierung, Zwangslieferung stieg der Schaden ins Unermeßliche.

Das enttäuschte Schweizervolk begann die Regierung anzuklagen, sie habe durch die Verabschiedung der Neutralität die furchtbaren Leiden über das Land gebracht. In verschiedenen Landesteilen erhoben sich die Bürger mit den Waffen. Als aber die Tagsatzung sogar mit England, Österreich und Rußland in Verbindung trat, griff der französische Konsul Napoleon blitzschnell ein. Durch eine Proklamation nötigte er der Schweiz seine Vermittlung auf und befahl die Auflösung der schweizerischen Heere. Da ihn England an das Selbstbestimmungsrecht der Eidgenossenschaft erinnerte und die Tagsatzung ihm passiven Widerstand entgegensetzte, ließ er die Schweiz militärisch besetzen (1802).

Die Epoche der Mediation begann also, was die Neutralität der Schweiz betrifft, nicht gerade unter günstigen Auspizien. Wie sich Napoleon das zukünftige Verhältnis der Schweiz zu Frankreich dachte, zeigen seine Worte: «Ich werde niemals einen anderen Einfluß in der Schweiz dulden als den meinigen, sollte es mich auch 100000 Mann kosten.» Napoleon hatte die Mediationsakte auf seine Bedürfnisse zugeschnitten. Sie sollte die Schweiz schwach und in dauernder Abhängigkeit von Frankreich erhalten. Er zwang die Schweiz zum Abschluß eines Militärvertrages, womit er den besten Teil der eidgenössischen Truppen in seine Hand bekam. Vollends illusorisch wurde die schweizerische Neutralität dadurch, daß Napoleon die Schweiz auch außenpolitisch band. Er erlaubte ihr nur, mit ihm befreundeten Mächten weitere Soldverträge abzuschließen. Damit sollte Napoleons Hauptgegner England auch in Spanien getroffen werden, dessen Schweizersöldner gerade damals ihren höchsten Stand erreichten. Die Schweiz sah sich bald ganz von Napoleons Reich und seinen Satelliten eingeschlossen. Für sie war jetzt jede Möglichkeit einer selbständigen Außenpolitik, jede Verbindung mit dem unbesiegbaren England ausgeschlossen.

Daß Napoleon sogar auf der Höhe seiner Macht die schweizerische Neutralität zeitweise sehr wohl brauchen konnte, zeigt sein Krieg gegen Österreich (1805). Die Neutralität des Schweizer Bodens ist damals von den Kriegführenden nicht verletzt worden, während Preußen, das sich auch neutral erklärt hatte, den Durchzug französischer und russischer Truppen über sich ergehen lassen mußte. Napoleon sah diesmal seinen Vorteil nicht darin, durch die Schweiz zu marschieren, sondern darin, Frankreich durch die bewaffnete Schweizer Neutralität vor Angriffen Österreichs zu schützen.

Die beste Interpretation der schweizerischen Neutralität zur Zeit der napoleonischen Vorherrschaft hat der französische Imperator selber gegeben, nämlich im Krieg gegen Österreich (1809). Wie immer hatte die Tagsatzung auch diesmal wieder eine Neutralitätserklärung erlassen und eine Grenzbesetzung verfügt. Um von Frankreich eine bestimmte Anerkennung der schweizerischen Neutralität zu erlangen, eilte Landammann Hans Reinhard nach Regensburg. Hier fand jene berühmte Unterredung mit dem siegreichen Kaiser statt, worin Napoleon seine Meinung über die schweizerische Neutralität hemmungslos äußerte: Sie sei ihm gegenüber ein Wort ohne Sinn.

Auch durch Gebietsabtretungen hat Napoleon die schweizerische Unabhängigkeit und Neutralität stark bedroht. So tauschte er vom preußischen König das Fürstentum Neuenburg gegen Hannover und süddeutsche Gebiete ein (1806). Was die wachsame Eidgenossenschaft zu Beginn des 18. Jahrhunderts verhütet hatte, trat nun ein: Französische Truppen konnten ungehindert über den Jura bis in die Nähe Berns vorrücken. Im Anschluß an die Einverleibung des Kirchenstaates und der Nordseeküsten machte Napoleon auch der Scheinselbständigkeit des Wallis ein Ende, indem er es zu Frankreich schlug (1810). Im gleichen Jahr ließ er durch einen brutalen Gewaltakt ohne jede Warnung den Kanton Tessin und das bündnerische Misox mit italienischen Truppen besetzen.

Dem Wirtschaftsleben der Schweiz gestand Napoleon ebenfalls keine Neutralität zu. Wie sehr die Eidgenossenschaft Frankreich ausgeliefert war, bekam sie von Anfang an zu spüren, als die gegen England gerichtete Zollerhöhung auf Baumwollwaren auf sie angewendet wurde. Napoleon forderte die Schweiz auf, sich der englischen Einfuhr zu verschließen. Erschreckt durch französische Massenkonfiskationen unterzog sich die Tagsatzung selber der Blockade. Die vergewaltigte Wirtschaft der Schweiz litt unter der Kontinentalsperre furchtbare Not.

Nach der Entscheidungsschlacht bei Leipzig erklärte die Tagsatzung, «sich in dem gegenwärtigen Krieg vollkommen neutral zu verhalten und diese Neutralität gewissenhaft und unparteiisch gegen alle hohen kriegführenden Mächte zu beobachten» (1813). Trotz gegenteiliger Behauptungen einiger zeitgenössischer Blätter kann mit Gewißheit gesagt werden, daß über den Grundsatz der Neutralität im Schoße der Tagsatzung nicht gestritten wurde. Schwieriger war es, in der Frage Einheit zu erzielen, wie man die Neutralität verteidigen wolle. Zwar sagte sich die Tagsatzung vom Kontinentalsystem los, was einen weiteren Schritt zur Neutralität zurück bedeutete. Aber sie konnte sich nicht dazu aufraffen, die Regimenter im französischen Dienst zurückzurufen. Und sie traf ganz ungenügende militärische Vorbereitungen. Das kleine Aufgebot machte die schweizerische Neutralität in den Augen der Alliierten geradezu verdächtig.

7. Bruch der Neutralität

Die Neutralitätserklärung der Tagsatzung löste besonders in Deutschland bitterste Enttäuschung aus. Glichen diese neutralen Schweizer noch den alten Eidgenossen, die man den Kämpfern von Leipzig als wahre deutsche Helden hingestellt und denen man nachzueifern empfohlen hatte? Die schweizerische Befreiungssage war in Deutschland romantisch übersteigert und so stark aktualisiert worden, daß Wilhelm Tell schließlich wie ein Schutzgeist der deutschen Armeen erschien; im deutschen Bewußtsein begannen die Grenzen zwischen der schweizerischen und deutschen Nation zu verschwinden. Vom eidgenössischen Brudervolk nahm man ohne weiteres an, es werde tatkräftige Unterstützung leisten.

Es ist bei diesen Erwartungen verständlich, daß unmittelbar nach der Schlacht bei Leipzig die Frage der schweizerischen Neutralität im öffentlichen Schrifttum Deutschlands heftig diskutiert wurde. In allen schriftlichen Äußerungen, die sich mit der Eidgenossenschaft befaßten, vom Brief und Zeitungsaufsatz bis zum wissenschaftlichen Werk, kam die Unzufriedenheit über das Neutralitätsmanifest zum Ausdruck. Den Hauptangriffspunkt der schweizerischen Haltung bildeten die Soldkapitulationen. Während die internationale Völkerrechtswissenschaft der Zeit das Gewähren von Soldtruppen mit Neutralität vereinbar erklärte, billigte das völkerrechtliche Schrifttum Deutschlands jetzt dem Verhalten der Schweiz nur das Kennzeichen einer unvollständigen Neutralität zu. Noch weiter gingen die deutschen Publizisten. Mit vorwiegend moralisierenden Gründen polemisierten sie leidenschaftlich gegen die Aufrechterhaltung der schweizerischen Neutralität. Den Deutschen, die für die höchsten Güter der europäischen Menschheit zu kämpfen meinten, erschien die schweizerische Neutralität wie ein Verrat an unzerstörbaren, zeitlosen Werten, überdies noch als ein Verrat an der Natur, weil sie dem deutschen Volkstumsgedanken widerspreche. Die letzten Folgerungen, die aus dieser Germanenidee gezogen wurden, gipfelten in der Forderung des Anschlusses der Schweiz an Deutschland. Diese Pläne haben nicht nur in den Köpfen von ein paar Literaten gespukt. Es ist erwiesen, daß auch bedeutende Staatsmänner derartige Projekte ernsthaft diskutierten. Alle dahingehenden Absichten und Wünsche aber brachen sich an der abweisenden Haltung Metternichs wie auch später Talleyrands, deren konservativer Legitimismus in der Welt der politischen Wirklichkeit jener Epoche ausschlaggebend war. Metternich wollte das bisherige französische Übergewicht in der Schweiz durch ein österreichisches ersetzen, nicht aber durch ein allgemein-deutsches.

Wenn man die diplomatische Korrespondenz der Zeit durchgeht, so ergibt sich mit voller Eindeutigkeit, daß Metternich den Bruch der schweizerischen Neutralität aus politischen und militärischen Gründen wünschte und mit den raffiniertesten Mitteln seiner diplomatischen Kunst auf die Verwirklichung dieser Absichten hinarbeitete. Ferner erhellt aus einer Untersuchung des diplomatischen Briefwechsels, daß Zar Alexander und Kaiser Franz sich anfangs mit aller Energie dem Plan einer Verletzung der schweizerischen Neutralität widersetzten. Der wohlmeinende König von Preußen jedoch erklärte der schweizerischen Gesandtschaft, die im Hauptquartier der Verbündeten die Neutralitätserklärung überreichte: «Neutralität ist ein Wort, das ganz in Mißkredit gekommen ist; ich selbst habe die Erfahrung gemacht, wie schwer solche zu handhaben ist, und ich für meine Person könnte mich nie von der Nützlichkeit derselben überzeugen; vielmehr glaube ich, daß es der wahre Vorteil der Schweiz wäre, gemeinschaftliche Sache mit uns zu machen.» Und Metternich munterte direkt auf, die Schweiz möge tätigen Anteil am Kriege nehmen.

Aber die eidgenössische Regierung ging auf die Wünsche des Kanzlers nicht ein. Da erhielt dieser von unerwarteter Seite Hilfe. Es erreichte ihn ein Bericht seiner in die Schweiz geschickten Geheimagenten, der eine Besprechung mit General von Wattenwyl wiedergab: Der General verlange nur noch, über die zu beobachtenden Formen eines Rückzugs von der Rheinlinie zu kapitulieren, um seine Verantwortlichkeit zu decken. Auf Grund dieser Nachrichten vermochte Metternich seinen Kaiser so weit umzustimmen, daß dieser dem Generalstab erlaubte, vorbereitende Maßnahmen zur Besetzung des schweizerischen Territoriums zu treffen. Die verbündeten Monarchen nahmen wohl in guten Treuen an, sie handelten in Übereinstimmung mit dem eidgenössischen Oberkommando.

Auf ein Ultimatum der Verbündeten hin fertigte man im schweizerischen Hauptquartier sofort die Rückzugsbefehle aus. Der Platzkommandant von Basel schloß noch eine schriftliche Übereinkunft ab, nach welcher die Verbündeten den ungestörten Rückzug aller auf der Rheinlinie stehenden eidgenössischen Truppen mit Kriegsehren, Waffen und Bagage, mit Artillerie und Munition zusagten und auch die möglichste Sicherung Basels gegen Unternehmungen von französischer Seite versprachen. Aus all diesen Verfügungen geht hervor, daß der General die Verteidigungsstärke der schweizerischen Armee für vollkommen ungenügend hielt. Von Schaffhausen bis Basel lagen etwa 15 Bataillone mit ein wenig Artillerie in der Stärke von kaum 8000 Mann an der Grenze verzettelt, das Ganze nicht viel mehr als eine militärische Demonstration gegen eine eindringende Armee von 200000 Mann.

Die Passivität, mit der man den Bruch der versprochenen Neutralität hinnahm, bedeutet für den Nachfahr ein überaus belastendes Erbe. Ob einige Schüsse vom schweizerischen Ufer aus nicht den ganzen Metternichschen Plan hätten zerstören können? Sowohl der russische Zar als auch der österreichische Kaiser wollten ja nur als Freunde und Bundesgenossen in die Schweiz kommen. Jedenfalls hat bewaffnete Verteidigung noch immer dem Gegner Achtung abgenötigt und in die Zukunft gewirkt. Die Verantwortung für das klägliche Versagen der Schweiz fällt in abgestuftem Maß auf ihre Führer. Die Eidgenossenschaft erlag dem übermächtigen äußeren Druck und den zersetzenden Kräften im Innern, dem Mangel an Opfermut eines durch lange Fremdherrschaft zermürbten Volkes sowie der Eifersucht und der Unfähigkeit seiner politischen und militärischen Leitung. Des Verrates jedoch haben sich weder der Landammann noch der General schuldig gemacht.

Am Tage, da die Verbündeten in Basel einmarschierten, überreichten sie dem Landammann eine schriftliche Erklärung, worin die Neutralitätsverletzung begründet wurde. Sie anerkannten das Recht der Schweiz auf vollkommene Unabhängigkeit, diese erste Bedingung der Neutralität; bloß von Napoleon sei sie unterdrückt worden, solle aber, wie die Unabhängigkeit anderer europäischer Staaten, bald wieder hergestellt werden. Und sodann versprachen die Alliierten feierlich, ihre Waffen erst niederzulegen, wenn sie der Schweiz die von Frankreich entrissenen Gebiete gesichert hätten. Im selben Augenblick also, da die Verbündeten die schweizerische Neutralität verletzten, gelobten sie in aller Form, sie wieder herzustellen, sobald die Schweiz vom fremden Einfluß befreit sei.

Vorerst jedoch kümmerten sich die Verbündeten überhaupt nicht um die Erfüllung ihrer Versprechungen. Sie durchzogen das schweizerische Mittelland, passierten Bern, Solothurn, Neuenburg, Freiburg und gelangten bis nach Genf, wo sie die Schweiz wieder verließen. Seitenkolonnen bogen schon vorher über den Jura nach Frankreich ein. Wiederum war die Schweiz mit fremdem Kriegsvolk angefüllt; wenn sie nicht wie damals direkt als

Kriegsschauplatz diente, so litt sie doch durch die ständige Anwesenheit des vielen Militärs sehr stark. Dem Durchmarsch der Hauptarmee folgten bis Ende des Krieges Nachschübe aller Art. Die Einquartierung der riesigen Truppenmassen fiel auf die Bevölkerung als schwere Last, denn der Quartiergeber mußte die einquartierten Truppen auch ernähren. Am meisten aber litt die Bevölkerung durch die Einschleppung von Seuchen. Vielerorts mußten Militärspitäler errichtet werden. Typhus und Flecktyphus verbreiteten sich auch unter der Bevölkerung.

Eine erste Folge des Durchzugs der Verbündeten war der Sturz des Vermittlungswerkes. Bevor noch die Anarchie in der Schweiz einreißen konnte, trat eine eidgenössische Versammlung zusammen; sie schaffte die Mediationsakte als ein Werk Frankreichs ab und garantierte den ehemaligen Untertanenländern ihre Selbständigkeit. Eine zweite Folge des alliierten Einmarsches war die Rückgewinnung der an Frankreich verloren gegangenen Gebiete. Damit erfüllten die Alliierten ein in ihrer Proklamation von 1813 gegebenes und seither oft wiederholtes Versprechen. Übrigens widersprachen ihre eigenen Interessen ihren laut verkündeten Prinzipien keineswegs. Es war ihr Ziel, alle kleinen Staaten zwischen Frankreich und Zentraleuropa zu stärken, um diese gegen ein möglicherweise wieder offensiv gewordenes Frankreich als Puffer benützen zu können. Aus diesem Grunde vereinigten sie Belgien mit Holland, Genua mit Sardinien, und aus den gleichen Motiven sollte auch die Schweiz arrondiert werden. Man gestattete ihr die Aufnahme von Neuenburg, Genf und Wallis in ihren Staatsverband. Mit der Einverleibung dieser drei Kantone in die schweizerische Eidgenossenschaft war wenigstens *eine* Bedingung für die Wiederherstellung der absoluten Neutralität erfüllt: Die Schweiz hatte bessere, das heißt verteidigungsfähigere Grenzen erhalten.

8. Europäische Anerkennung der immerwährenden Neutralität

Die eidgenössische Gesandtschaft an den Wiener Kongreß war unglücklicherweise aus Vertretern der alten und der neuen Schweiz zusammengesetzt, die einander gegenseitig hemmten und jedes einheitliche Handeln sowie energische Auftreten unmöglich machten, weil sich ihre Wünsche fast ausschließlich auf kantonale Verfassungen und Grenzregulierungen bezogen. In *einem* Punkte indessen hörte jede eidgenössische Meinungsverschiedenheit, aller interkantonale Streit auf, in der Frage der Neutralität. Die Anerkennung des eidgenössischen außenpolitischen Prinzips zu verlangen, wurde der schweizerischen Gesandtschaft in ihrer Instruktion eingeschärft, und hiefür setzten sich alle schweizerischen Vertreter ohne Hintergedanken ein. Mit ungewöhnlichem Nachdruck verweilt die Instruktion auf der Neutralitätsfrage; sie nennt die Neutralität «von jeher die Hauptbasis der schweizerischen Politik»; ganz Europa finde in der neutralen und friedlichen Schweiz ein Unterpfand seiner Sicherheit und eine der ersten Bedingungen des wiederherzustellenden politischen Gleichgewichts.

Der Wiener Kongreß ließ die Schweizer Angelegenheit durch ein besonderes Komitee des Vierbundes studieren. Dieser mit hervorragenden Männern von weltgeschichtlichen Namen besetzte Schweizer Ausschuß befaßte sich vorerst ausschließlich mit Fragen der Grenzverbesserungen und der innerschweizerischen Gebietsveränderung. In einem Schlußbericht wurden der Fortbestand und die Integrität der neunzehn Kantone als die Grundlage des politischen Systems der Schweiz bezeichnet. Daraufhin erließen die acht Kongreßmächte eine Deklaration über die schweizerische Neutralität (20. März 1815). Darin wurde der Eidgenossenschaft die Annahme des Konferenzvorschlages zur Bedingung der Anerkennung ihrer Neutralität gemacht. Und sodann verwendete dieses Schriftstück zum ersten Mal offiziell den Ausdruck «neutralité perpétuelle». Dieser Begriff ist also nicht von der Schweiz, sondern vom Ausland ins Völkerrecht eingeführt worden. Man übersetzt ihn wohl am besten nicht mit ewig, sondern mit dem bescheideneren Wort immerwährend. Die Tagsatzung akzeptierte die von den Mächten gestellten Bedingungen und dankte für das Versprechen «de reconnaître et de garantir la neutralité perpétuelle que l'intérêt général de l'Europe réclame en faveur du corps helvétique».

Nachdem die Verhandlungen über das Schicksal der Schweiz sich sehr in die Länge gezogen hatten, waren sie nun unerwartet rasch abgeschlossen worden. Der Grund hiefür lag in der plötzlichen Rückkehr Napoleons aus Elba. Auch auf die schweizerischen Staatsmänner wirkten die Landung Napoleons in Südfrankreich und sein Siegesmarsch gegen Paris einigend. Die Tagsatzung verfügte bei der steigenden Gefahr im Westen die Pikettstellung des Bundeskontingents von 30000 Mann.

Es war nun die große Frage, wie sich die Eidgenossenschaft in dem allgemeinen Kampf gegen Napoleon verhalten solle. Die Kongreßmächte Großbritannien, Rußland, Österreich und Preußen hatten ihr altes Bündnis erneuert mit der Verpflichtung, je 150000 Mann gegen das «gallische Raubtier» anrücken zu lassen. Nun aber versicherte Napoleon feierlich, daß er die Ruhe Europas nicht mehr stören und daß er die Selbständigkeit der anderen Nationen unbedingt achten werde. Angesichts dieser Lage traten die schweizerischen Demokraten, ganz besonders einhellig derjenigen Kantone, die früher Untertanenlande gewesen waren und ihre Selbständigkeit der Revolution verdankten, lebhaft für Festhalten an der Neutralität ein.

Es war schon so, wie der englische Sondergesandte nach London schrieb: «Die vorwiegende Neigung des Volkes geht auf die Neutralität.» Obgleich einige Aristokraten eifrig den Anschluß an die Koalition betrieben, wäre die Schweiz von sich aus nicht von dem Wege strenger Neutralität abgewichen. Es brauchte dazu eines ganz besonders starken außenpolitischen Druckes.

Während die Alliierten im Jahre 1813 der schweizerischen Neutralität gegenüber zunächst noch geschwankt hatten, dachten sie jetzt von Anfang an nicht daran, sie zu achten. Ihre Aufforderung an die Schweiz, der Koalition beizutreten, hatte den Sinn, die Schweiz möge ihre starre Neutralitätsauffassung für eine kurze Zeit aufgeben, um desto sicherer die immerwährende Neutralität zu bewahren. Man versprach Respektierung des Neutralitätsprinzips und forderte nur eine zuverlässige Verteidigung der Grenze gegen Frankreich. Natürlich ging es den Großmächten in erster Linie nicht um die Unterstützung durch die kleine schweizerische Wehrmacht, sondern um die Öffnung der Schweiz als Durchgangsland für die Alliierten. Nur unter Überwindung schwerster Bedenken schweizerischerseits kam eine Konvention zustande. Diese Übereinkunft stellte ein sonderbares Kompromiß dar zwischen Festhalten an der traditionellen Neutralität und Übergang zu den Alliierten.

Durch eine Proklamation gab die Tagsatzung dem schweizerischen Heere Kenntnis von der Verbindung mit den Alliierten; deren Truppen seien als Freunde und Waffenbrüder anzusehen. Kurz nach Abschluß der Konvention kam die Kunde von der Schlacht bei Waterloo und der Abdankung Napoleons. Jetzt hätte die Eidgenossenschaft ohne Schaden einen Teil ihrer Armee demobilisieren können. Da erfolgte ganz unerwartet eine einstündige Beschießung Basels von der Festung Hüningen aus. Der Schweizer General Bachmann zog seine Truppen zusammen und traf Anstalten, diesen Überfall zu rächen. Die Tagsatzung jedoch wies ihn kühl an, das Defensivsystem «heilig» zu beobachten. Dann aber brachten einige kleine französische Angriffe auf schweizerische Grenzpatrouillen die Tagsatzung doch in Wallung. Sie beschloß mehrheitlich, dem General Vollmacht zu geben, auf französischem Boden Posto zu fassen. Er überschritt mit 22000 Mann die Grenze, half das Fort Blamont zur Kapitulation zwingen, besetzte das Doubstal bis Morteau und ließ die Garnison von Basel mit Geschütz sowie Mannschaft an der Belagerung Hüningens teilnehmen. Der Tagsatzung scheint es bei diesem Offensivabenteuer nie ganz wohl gewesen zu sein. Wie richtig sie handelte, wenn sie den Eifer des alten Generals zügelte, zeigen erschreckend klar verschiedene Vorfälle von Meutereien. Gewisse Truppenabteilungen widersetzten sich dem Vormarsch mit der Begründung, man dürfe sie nur zur Verteidigung des Heimatbodens verwenden. Diese Ereignisse deuten doch darauf hin, wie wenig populär in breiten Schichten des Schweizervolkes der Feldzug nach Hochburgund war.

Nach Ludwigs XVIII. Rückkehr in seine Hauptstadt hatte jedes Vorgehen der Schweizer in Frankreich seinen Sinn verloren. General Bachmann, der sich den Bourbonen von früher her tief verpflichtet fühlte, trat mit seinen Truppen den Rückzug an. Mag man der Meinung sein, die Schweiz habe wegen außenpolitischen Druckes nicht anders handeln können als sich den Alliierten anzuschließen, so muß doch beklagt werden, daß sie ihre defensive Haltung, wenn auch nur für kurze Zeit, aufgab. Diese Versündigung am angestammten Prinzip der Neutralität hat übrigens praktisch keine Früchte getragen – man wolle denn die Schleifung der Festung Hüningen als einen im Hinblick auf die gebrachten Opfer jedoch mageren Erfolg dieser Politik bezeichnen.

Seitdem die Schweiz die an die Wiener Deklaration geknüpften Bedingungen akzeptiert hatte (1813), hoffte sie auf eine definitive Ausfertigung einer offiziellen Urkunde über die Anerkennung der schweizerischen Neutralität. Die Mächte jedoch liehen den wiederholten Gesuchen der Tagsatzung kein Gehör, sondern zögerten mit der endgültigen Redaktion der Anerkennungsakte, bis Napoleons Kaiserreich der hundert Tage zusammengebrochen war. Bei den Verhandlungen zum Zweiten Pariser Frieden versuchte die Schweiz nun, endlich ans Ziel zu kommen. Sie schickte den überaus gewandten und sehr zuverlässigen Genfer Pictet de Rochemont als ihren Vertreter nach Paris. Seine Instruktion enthielt als ersten Punkt das Verlangen nach der versprochenen Ausstellung der feierlichen Anerkennungsurkunde der immerwährenden Neutralität.

Aber wie schon in Wien, so war jetzt auch in Paris nicht die Neutralität Hauptgegenstand der Verhandlungen mit der Schweiz, sondern die Frage der Grenzverbesserungen. Um seiner Heimatstadt Genf eine direkte Landverbindung mit der Schweiz zu sichern, beharrte Pictet namentlich auf der Abtretung von Versoix, was ihm zugestanden wurde. Auch gelang es ihm, von Sardinien die zur Desenklavierung Genfs unumgänglich notwendigen Gemeinden zu bekommen. Sardinien stellte für diese Abtretung zur Bedingung, daß die savoyischen Provinzen Chablais und Faucigny sowie das ganze Territorium im Norden von Ugine der schweizerischen Neutralität teilhaftig sein sollten. Mit dieser Neutralisierung Nordsavoyens, einer eigenartigen Schöpfung des modernen Völkerrechtes, hat sich die Schweiz die Abrundung Genfs erkauft und die Stadt sichern helfen.

Überblickt man die nunmehrige äußere Gestalt der Schweiz und vergleicht sie mit derjenigen der Alten Eidgenossenschaft, so erkennt man, wie sehr viel günstigere Grenzen die Schweiz gewonnen hatte. Das baslerische Gebiet, das ehemals wie eine Zunge zwischen österreichischem Fricktal und französischem Sundgau nach Nordwesten geragt und damit immer wieder Anlaß zu neutralitätsverletzenden Durchmärschen geboten hatte, verbesserte seine exponierte Stellung wesentlich: im Osten durch das der Schweiz angegliederte Fricktal (1802); dieses napoleonische Geschenk brauchte die Schweiz jetzt dem siegreichen Österreich nicht zurückzugeben. Im Westen fand sich Basel nun zum Teil wenigstens gedeckt durch bischöflich-baslerisches Gebiet, das ebenfalls zur Schweiz geschlagen wurde. Endlich erhielt auch die so sehr gefährdete Südwestecke der Schweiz, Genf, eine direkte Verbindung mit der Eidgenossenschaft. Alle diese Grenzregulierungen sind durch das alteidgenössische Verteidigungssystem der neutralen Vormauern vorbereitet worden; die angeschlossenen Gebiete hatte die Eidgenossenschaft in der Vergangenheit irgendwie einmal in die schweizerische Neutralität einbezogen. Ihr dauernder Anschluß an die Schweiz erscheint so als organische Folge einer langen historischen Entwicklung und erhält davon seine innere Berechtigung. Es war nicht Ausfluß diplomatischer Willkür wie so viele sogenannte Grenzregulierungen der napoleonischen und nachnapoleonischen Länderbörse.

Wenn die Schweiz in Paris ihre territorialen Wünsche auch nicht alle durchzusetzen vermochte, so hatte sie dafür mit ihrer Neutralitätsforderung vollen Erfolg. Ursprünglich war der englische Gesandte in der Schweiz mit der Redaktion der Neutralitätsurkunde beauftragt worden. Da er trotz einer Frist von zwei Monaten nichts ausrichtete, ersuchten der englische und der russische Bevollmächtigte den schweizerischen Bevollmächtigten in Paris, Pictet de Rochemont, selber die Deklaration aufzusetzen. Es war ein unerhörter Glücksfall, daß die Neutralitätserklärung von einem Schweizer redigiert und den Mächten gleichsam in den Mund gelegt wurde; denn so ließ sich schon in der Formulierung alles vermeiden, was der Schweiz irgendwie schädlich hätte sein können. Der Pictet'sche Entwurf wurde nur in ganz unbedeutenden Einzelheiten abgeändert. Am 20. November unterzeichneten die fünf Großmächte Österreich, Frankreich, Großbritannien, Preußen, Rußland, später dann auch Portugal, die Deklaration. Man kann nachempfinden, von welchem Alp sich die schweizerischen Staatsmänner befreit fühlten. Nach einer bald zwanzigjährigen Periode fortgesetzter Neutralitätsbrüche, die einer zeitweiligen Aufhebung der Neutralität gleichkamen, feierte der durch Jahrhunderte hochgehaltene außenpolitische Grundsatz der Alten Eidgenossenschaft frohe Auferstehung, gereinigt und gefestigt durch eine völkerrechtliche Anerkennung.

Die Neutralitätsurkunde gibt zuerst die näheren Verhältnisse an, aus denen sie herauswuchs. Sodann enthält sie in ihrem Hauptteil eine völkerrechtlich hochwichtige Deklaration, daß nämlich die Unterzeichner «eine formelle und authentische Anerkennung der immerwährenden Neutralität der Schweiz vornehmen und ihr die Unversehrtheit sowie Unverletzlichkeit ihres Gebietes in den neuen Grenzen gewährleisten».

Seit Jahrhunderten hatte die Eidgenossenschaft an dieser außenpolitischen Maxime festgehalten, mehr oder weniger rein, aber immer den jeweils geltenden Satzungen des Völkerrechts entsprechend, manchmal sogar ihnen vorauseilend. Durch die Anerkennung von seiten der Mächte wurde der bisherige gewohnheitsrechtliche Zustand der Neutralität jetzt zu einem völkerrechtlichen. Damit haben die Mächte die Neutralität der Schweiz nicht etwa geschaffen, wie zum Beispiel die Neutralität Belgiens in den Jahren 1831 und 1839. Hier war von Anerkennung nicht die Rede. Die fünf Großmächte erklärten Belgien, das seit dem Wiener Kongreß mit Holland im gleichen Staatsverband gelebt hatte, zum selbständigen Staat und garantierten gleichzeitig seine Neutralität. Belgiens Neutralität unterschied sich von der schweizerischen dadurch, daß sie bisher keine traditionelle Staatsmaxime des Landes gewesen war; vielmehr hatte Belgien als Teil bald dieser, bald jener Großmacht in den europäischen Auseinandersetzungen mit den verschiedensten Parteien gekämpft. Die dauernde Neutralität wurde von den Mächten durch einen Willkürakt geschaffen und dem belgischen Staate diktiert. Belgien mußte ausdrücklich dazu angehalten werden, die ungern übernommene Neutralität gegenüber allen Ländern zu beobachten, während die Schweiz umgekehrt die Mächte dringend bestürmte, ihre jahrhundertealte Neutralität endlich in aller Form anzuerkennen.

Die ausgesprochene Garantie bezieht sich auf die Unversehrtheit des schweizerischen Bodens; sie soll ihn vor Angriffen anderer Staaten sicherstellen. Wird das schweizerische Gebiet verletzt – dies ist der Sinn –, so verpflichten sich die Garanten, seine Unverletzlichkeit wieder herzustellen. Eine Verletzung des schweizerischen Gebietes stellt zugleich eine Verletzung der Neutralität dar; denn die Unversehrtheit des Bodens gehört zur Substanz der Neutralität. Also erstreckt sich eine Garantie des Gebietes auch auf eine Garantie der Neutralität.

Aus der Garantie der Neutralität hat die Schweiz stets ein Anrecht auf Hilfe gegen den Neutralitätsbrecher abgeleitet. Dieser Anspruch ist ihr nie ernstlich bestritten worden. Lange ungeklärt blieb bloß die Frage, ob die Mächte aus der übernommenen Garantie ein Recht zu selbständigem Eingreifen vindizieren können. Eine solche Möglichkeit wurde durch den schweizerischen Bundesrat auf das entschiedenste verneint (1917). Die Regierungen Frankreichs, Englands und der Vereinigten Staaten von Amerika hatten an die Anerkennung der schweizerischen Neutralität Vorbehalte knüpfen wollen. Da antwortete ihnen der Bundesrat grundsätzlich: «Die Eidgenossenschaft nimmt für sich allein das Recht in Anspruch, darüber zu entscheiden, ob und unter welchen Bedingungen es ihr angezeigt erscheinen würde, die Hilfe fremder Mächte anzurufen.» So hat also die Schweiz den Garanten kein Recht eingeräumt, ohne Befragung der Schweiz oder gar gegen ihren Willen Maßnahmen zum Schutze der schweizerischen Neutralität zu treffen. Von Anfang an hat die Schweiz konsequent den Standpunkt vertreten, die Mächte könnten aus der Übernahme der Garantie kein Recht ableiten nachzuprüfen, ob die Neutralität, zu deren Schutz sie sich verpflichteten, auch wirklich von der Schweiz aufrechterhalten werde. Ein solches Recht würde ja auf eine ständige Kontrolle der Schweiz durch die Mächte hinauslaufen und den Garanten Anlaß zu fortwährender Einmischung in die inneren Verhältnisse der Eidgenossenschaft bieten.

Einer der wichtigsten Sätze der Neutralitätsakte ist der, daß die Neutralität sowie die Unverletzlichkeit und Unabhängigkeit der Schweiz in dem wahren Interesse ganz Europas liege. Man versteht die Tragweite dieses Passus nur aus seinen historischen Voraussetzungen. Während vieler Jahre war die Schweiz unter dem ungebührlich starken Einfluß Frankreichs gestanden, was einer Aufhebung ihrer Neutralität gleichkam. Darauf hatten die Alliierten erklärt, volle Unabhängigkeit von fremdem Einfluß sei Vorbedingung für eine wahre Neutralität und Anerkennung derselben (1813). Nach dem Sieg über Napoleon versuchte nun aber Metternich immer hartnäckiger, den bisher überwiegenden französischen Einfluß in der Schweiz durch einen österreichischen zu ersetzen. Das hätte für die Schweiz die Vertauschung des französischen mit einem österreichischen Protektorat bedeutet. Um einer solchen Entwicklung, die Pictet befürchtete, den Riegel zu schieben, um überhaupt mögliche zukünftige Übergriffe zu verhindern, führte er den erwähnten Satz in seinen Entwurf ein; er ist denn auch gegen den Willen Metternichs definitiv aufgenommen worden.

Der Satz hat – wenn schon er nur aus den geschichtlichen Gegebenheiten heraus verstanden werden kann – nicht bloß für die Verhältnisse zur Zeit des Wiener Kongresses Bedeutung und Geltung. Er ist seinem Charakter nach eine Aussage über eine politische Erfahrungstatsache und findet seine Bestätigung in einer vierhundertjährigen Geschichte der schweizerischen Neutralität. Die alte Erfahrung, so dachte man, besitze ihre Wahrheit auch für die Zukunft; eine Verletzung der schweizerischen Neutralität würde zum Schaden der gesamten europäischen Staatenwelt ausschlagen. In der Überzeugung von der europäischen Notwendigkeit dieses schweizerischen Neutralitätsprinzips liegt für die Eidgenossenschaft eine viel größere Sicherheit als in noch so feierlichen Garantien. Dies gilt ganz besonders für Epochen, in denen das Völkerrecht, die Heiligkeit internationaler Verträge, nicht hoch im Kurse steht.

9. Einschränkung der Neutralität unter der Kontrolle der Großmächte

Mit der Neutralitätsurkunde hatte die Schweiz ihr außenpolitisches Programm aufgestellt. Daß die Leiter der Eidgenossenschaft die Richtlinien schweizerischer Außenpolitik genau erfaßten, zeigt die Rede, womit der Präsident die erste Tagsatzung eröffnete (1816). Darin wies er dezidiert ein mögliches Protektorat der Großmächte zurück. Das schien gerade jetzt um so nötiger, als die Schweiz vor die große Entscheidung gestellt wurde, ob sie dem internationalen Versicherungsvertrag der Heiligen Allianz beitreten wolle. Es ist überaus charakteristisch, daß in England und in der Schweiz die Bedenken gegen einen Beitritt am lautesten geäußert wurden. In beiden Ländern widersprach es der Tradition, sich an einem gesamteuropäischen Bunde zu beteiligen und sich damit auf unbestimmte Zeit außenpolitisch festzulegen. Großbritannien widerstrebte solchen Bindungen, weil diese die Unabhängigkeit seiner herkömmlichen Politik der splendid isolation zu beeinträchtigen schienen, die Schweiz, weil sie davon eine Übernahme weitwirkender Verpflichtungen und deshalb eine Einschränkung ihrer überlieferten Neutralität befürchtete. Erst nachdem der Schweiz zugesichert worden war, sie dürfe ihre Neutralität vorbehalten, erklärte sie ihren Beitritt in überaus vorsichtigen, zurückhaltenden Worten (1817). Denn die schweizerischen Staatsmänner wollten das Kleinod der Neutralität, kaum war es endlich errungen, nicht gegen das Linsengericht eines vagen europäischen Bundes hergeben; sie waren keineswegs gewillt, die absolute Neutralität gegen eine differentielle einzutauschen.

Die Befürchtungen, die Schweiz könnte als Mitglied der Heiligen Allianz zu militärischer Hilfe verpflichtet und dadurch in internationale Händel verstrickt werden, erwiesen sich als gegenstandslos. Jedoch sollte die Befürchtung, der heilige Bund könnte zur Intervention des Auslandes in schweizerischen Angelegenheiten führen, in hohem Maße sich als richtig erweisen. Das Orchester der Großmächte spielte nach 1815 zunächst so unisono, daß der Schweiz keine besondere Tonart anzustimmen erlaubt wurde. Der geschlossenen Front der Großmächte gegenüber war ein Widerstand ebenso unmöglich, wie er es gegenüber der europäischen Allmacht Napoleons gewesen war. Als die Großmächte sich immer durchgängiger auf eine bestimmte staatliche Form und eine bestimmte Staatsgesinnung festlegten, wurde es für die Schweiz stets schwerer, an ihrer angestammten politischen Sonderart und ihrer unabhängigen Außenpolitik festzuhalten. Erst als sich England von der Heiligen Allianz abwandte und Frankreich auf seine Seite hinüberzog, erst als Europa sich in je einen Block der Westmächte und der Ostmächte aufspaltete, konnte sich die schweizerische Neutralität wieder unbehindert entfalten.

Unter den Nachbarmächten der schweizerischen Eidgenossenschaft kam zunächst den Beziehungen zu Österreich die größte Wichtigkeit zu; denn Österreichs leitender Staatsmann dirigierte zugleich auch das europäische Konzert. Metternich hat der neutralen Schweiz in seinem europäischen System eine ganz bestimmte Rolle zugewiesen. Sie sollte vermöge ihrer geographischen Lage Österreich vor einem neuen Angriff des französischen Imperialismus militärisch schützen helfen, sollte als Pufferstaat die ersten Stöße auffangen. Überdies aber sollte die Eidgenossenschaft Süddeutschland und Österreich von den revolutionären Ideen der Unruhezentren Frankreich und Italien abriegeln, sollte Mitteleuropa von der Ansteckung durch revolutionäre Bazillen isolieren. Aus dieser ihr zugedachten, von der Schweiz aber in keiner Weise übernommenen Verpflichtung heraus leitete Metternich das Recht der Großmächte ab, in der Schweiz zu intervenieren, falls die einzelnen Kantone gegen die internationale Verschwörung der Revolutionäre auf ihrem Boden nicht scharf genug vorgingen. Europa gegenüber sei die Schweiz verantwortlich. Der österreichische Staatskanzler machte geradezu seine Anerkennung der schweizerischen Neutralität von einer bestimmten Haltung der Eidgenossenschaft abhängig. Damit gab er den Verträgen von 1815 eine völkerrechtlich ganz unhaltbare Auslegung. Denn durch ihre Neutralitätserklärung hatten die Großmächte die schweizerische Neutralität anerkannt, ohne sie an Bedingungen zu knüpfen. Frankreich folgte jetzt in seiner europäischen Politik den Direktiven Österreichs, vertrat jedoch in der Schweiz einen besonderen französischen Standpunkt. Zu seinem Bedauern war an eine Wiederaufnahme der Allianz im alten Umfang nicht zu denken. Das hätte gegen die inzwischen international anerkannte Neutralität der Schweiz verstoßen. So begnügte sich denn Frankreich, mit der Schweiz wenigstens Militärkapitulationen zu errichten; seit dem Tuileriensturm wußten die Bourbonen, was für einen Hort von Treue Schweizergarden für sie bedeuteten. Während erst noch die Ostmächte den einseitigen Abschluß von Soldbündnissen mit Frankreich als neutralitätswidrig bezeichnet hatten, sahen sie jetzt im gleichen Faktum nichts, was der schweizerischen Neutralität abträglich sein könnte. Dieser Meinungswechsel liegt darin begründet, daß auch ihnen an der Festigung des bourbonischen Thrones viel gelegen war. Noch mit andern Mächten schlossen die Kantone Militärkapitulationen ab, so vor allem mit Holland. Im holländischen Dienst hatten sich die reformierten Eidgenossen von jeher wohlgefühlt. Nun aber kapitulierten sogar katholische Kantone mit dem Königreich der Niederlande, weil seit 1815 auch das altgläubige Belgien zu diesem Staatsverband gehörte. Den wiederhergestellten Oraniern hatte die Schweiz fortan über 10 000 Mann zu stellen. Ferner standen immer noch, freilich in viel geringerer Zahl, Schweizersöldner in spanischen, päpstlichen, neapolitanischen und englischen Diensten.

Dem österreichischen und dem französischen Einfluß in der Schweiz die Waage zu halten, war die Aufgabe, die sich die deutsche Nordmacht Preußen und England stellten. Tatsächlich nahm der preußische Gesandte in der Schweiz eine überragende Mittlerstellung ein. Das hing einmal mit seinem persönlichen Ansehen sowie mit dem Prestige Preußens aus der Zeit Friedrichs II. zusammen. Man wußte, daß Preußen infolge seiner entfernten Lage in der Eidgenossenschaft keine selbstsüchtigen Zwecke verfolgte. Sodann stand es infolge der Krongewalt über Neuenburg mit der Tagsatzung in besonders engen Beziehungen. Eine beinah ebenso große Bedeutung kam der britischen Gesandtschaft zu, und zwar aus ähnlichen Gründen. Auch von England nahm man an, daß es der Schweiz gegenüber keine egoistischen Hintergedanken hege, und auch der englischen Gesandtschaft stand eine Persönlichkeit von hervorragendem Ausmaß vor: Stratford Canning. Man spürte in der Schweiz schon jetzt, wie England sich von der Politik der Heiligen Allianz langsam loslöste, wie es auf dem Kontinent die liberalen Tendenzen zu schützen begann und damit der Schweiz eine unschätzbare Rückendeckung gegen Österreichs Ansprüche gewähren konnte.

England und Preußen sahen ein, daß die schweizerische Neutralität eine bewaffnete sein müsse, wenn sie Beachtung finden wolle. So unterbreitete denn Stratford Canning schon 1815 der eidgenössischen Kommission für die Reform des Militärwesens ein ausführliches Gutachten, worin er die Notwendigkeit der Gründung einer schweizerischen Militärschule, einer permanenten Militärbehörde und eines eidgenössischen Kriegsfonds auseinandersetzte. Auch der preußische Gesandte ermahnte die Schweizer zur Reorganisation ihres Wehrwesens. Erst als auf diese Impulse hin das «Allgemeine Militärreglement» von der Tagsatzung angenommen wurde (1817), war die schweizerische Neutralität kein papierenes Wort mehr.

Wie gering aber die schweizerische Neutralität im Ausland immer noch geachtet wurde, zeigt ein Ausfall des Generals Sebastiani in der französischen Kammer (1820). Er erklärte dort, die Zeit sei vorbei, wo man die Verteidigung der französischen Ostgrenze einer Macht zweiten Ranges überlassen dürfe; im Fall eines Krieges müsse man die Schweiz sofort besetzen. Man begreift, daß die öffentlich ausgeführte und in Frankreich unwidersprochen gebliebene Anschauung in der Schweiz Entrüstung hervorrief. Eine Reihe namhafter schweizerischer Diplomaten und Militärschriftsteller erörterten in Broschüren das Wesen der schweizerischen Neutralität und erinnerten das Ausland an ihre Unantastbarkeit, so Pictet de Rochemont, César de la Harpe, General Jomini und Oberst Johannes Wieland. In diesen Diskussionen manifestierte sich deutlich der Wille der Schweiz, an der mühsam errungenen Neutralität unter allen Umständen festzuhalten, und es wurde von kompetentester Seite der Glaube gestärkt, die Schweiz sei fähig, mit bewaffneter Hand ihre Neutralität zu verteidigen.

Das war eben jetzt um so nötiger, als die Gesandten der reaktionären Mächte in der Schweiz immer herrischer auftraten. Es bot ein eigenartiges Schauspiel, wie das ausländische diplomatische Korps sich in der Eidgenossenschaft stets üppiger entfaltete und wie es mit allen Mitteln einer gehobenen Gesellschaftskultur die eidgenössischen Magistraten zu gewinnen suchte. Gegenüber der großen Diplomatenwelt in Bern nahm sich die Vertretung der Schweiz im Ausland mehr als bescheiden aus. Aus Sparsamkeitsgründen unterhielt die Eidgenossenschaft nur in Paris und Wien einen Vertreter, und zwar bloß einen Geschäftsträger. Das hatte einmal zur Folge, daß die Schweizerbehörden von der hohen Politik, die in den europäischen Hauptstädten gemacht wurde, bloß ganz ungenügend Kenntnis hatten und deshalb auf die Information durch einen ausländischen Gesandten angewiesen waren. Und ferner verlieh diese einseitige diplomatische Vertretung den fremden Gesandten in Bern eine außergewöhnliche Bedeutung, weil alle Geschäfte durch ihre Hände liefen und die schweizerischen Behörden nur durch sie mit den fremden Regierungen verkehren konnten.

Die schweizerischen Tagsatzungsherren wurden nicht mehr wie in früheren Jahrhunderten von den fremden Gesandten umworben, damit sie ihnen Truppen gewährten oder dem Feinde verweigerten. Jetzt hatten die Gesandten die Aufgabe, den schweizerischen Kleinstaat dem Willen ihrer großmächtlichen Heimatstaaten gefügig zu machen. Um leichter ans Ziel zu kommen, traten die Gesandten wenn immer möglich vereint auf; denn erfahrungsgemäß wich die Schweiz gemeinsamen Vorstellungen rascher. In Anwendung dieser Methode wurde die Eidgenossenschaft in den 1820er Jahren unter so starken Druck gesetzt, daß die schweizerische Unabhängigkeit ernstlich Schaden litt. Es begann für die Eidgenossenschaft eine Epoche großmächtlicher Bevormundung, wobei mit der bisherigen Selbständigkeit auch die ihr so eng verwandte Neutralität in Mitleidenschaft gezogen wurde.

Diese Bevormundung nahm ihren Ausgang von den leitenden Staatsministern. Wie im vorangehenden Jahrhundert nach dem spanischen Erbfolgekrieg (1715), so wurde auch jetzt versucht, den europäischen Frieden durch periodische Zusammenkünfte der führenden Staatsmänner der fünf Großmächte zu erhalten. Mit Hilfe solcher Kongresse versuchte Metternich, seinem sozial-konservativen Prinzip überall Geltung zu verschaffen. Eine der übelsten Seiten dieser Restaurationspolitik war die Unterdrückung alles geistigen und politischen Freiheitsdranges, welche die Schweiz besonders in der Form der Demagogenverfolgung durch Deutschland und Österreich kennenlernte.

Metternichs Angst vor Revolution war nicht ganz unbegründet. Es ist keine Frage, daß die deutsche akademische Jugendbewegung in republikanisches Fahrwasser geriet, daß man in diesen Kreisen mit dem Gedanken des Tyrannenmordes und der gewaltsamen Volksbefreiung spielte. Als man in Deutschland gegen die Mitglieder des Jünglingsbundes mit Verhaftungen vorging, flüchteten viele in die Schweiz. Enthüllungen über deren demagogische Umtriebe gaben den Mächten Veranlassung, unter dem Scheine des beleidigten Rechtes gegen die Schweiz vorzugehen.

Einige Kantonsschulen und die Universität Basel stellten deutsche Flüchtlinge als Lehrer an, die hier als liberaler Sauerteig wirkten. Den betreffenden Kantonsregierungen war es in erster Linie darum zu tun gewesen, tüchtige Jugenderzieher zu gewinnen. Dabei mochte wohl auch Mitleid mit den Heimatlosen und bisweilen sogar Sympathie für die unerschrockenen Verteidiger der Freiheitsideen mitgespielt haben. Die Annahme aber, die Kantonsregierungen hätten sich mit den Ideen ihrer angestellten Lehrer solidarisch gefühlt, heißt den Geist der kantonalen Regierungen gröblich verkennen. Ein solcher Irrtum, wie ihn das Ausland beging, konnte nur entstehen aus der maßlosen Demagogenangst, hervorgerufen durch übertriebene, entstellende Berichte von Spionen und Lockspitzeln über das Flüchtlingstreiben. Man begriff in der Schweiz nicht, was für eine große Gefahr die paar Flüchtlinge, die man als ehrenwerte Männer schätzte, für den Bestand der Großmächte darstellen sollten.

Metternich mahnte zuerst den Tagsatzungspräsidenten an die Solidarität aller Regierungen gegen die Revolution (1820). Als dies nichts fruchtete, ließ er durch eine gemeinsame Intervention Österreichs, Preußens und Rußlands dem eidgenössischen Vorort zwei geharnischte Noten überreichen. In der ersten forderten die Mächte die sofortige Ausweisung aller Flüchtlinge, die der piemontesische Aufstand in die Schweiz gespült hatte. In der zweiten Note wurde die schweizerische Presse aufs heftigste angegriffen: Sie habe unter dem Deckmantel kantonaler Pressefreiheit beleidigende Entstellungen und perfide Verleumdungen ausgestreut. Nach dem Kongreß von Verona scheint die Stimmung gegen die Eidgenossenschaft ihren Höhepunkt erreicht zu haben. Sie fand ihre Entladung in einer Verbalnote Metternichs, worin der Schweiz die unerlaubte Duldung «verbrecherischer Gesellschaften» und «militärischer Banden» vorgeworfen wurde, deren unverzügliche Ausweisung man kategorisch verlangte. Wenn die Schweiz diesem Ersuchen nicht willfahre, werde sie sich der Gefahr aussetzen, «ihre Rechte auf die Neutralität zu verlieren». Hier war die neue Interpretation der schweizerischen Neutralität gegeben, an der die Mächte fortan festhalten sollten. Nach den Ausführungen Metternichs beruhte die schweizerische Unabhängigkeit lediglich auf der Gnade der Großmächte. Verscherzte sich die Schweiz diese Gunst, so konnte sie nicht weiter auf die Anerkennung ihrer Neutralität durch die Garanten ihrer Unabhängigkeit zählen, eine überaus gefährliche Folgerung für das schweizerische Asylrecht, dessen Handhabung hiemit ganz in das Belieben der Mächte gestellt wurde.

Unter dem Druck dieser Drohungen faßte die Tagsatzung trotz lebhafter Erinnerung an die Geschichte der tapferen Behauptung des schweizerischen Asylrechts Beschlüsse, die als Preß- und Fremdenconclusum in die Geschichte eingegangen sind (1823). Jetzt mußte sich der eidgenössische Vorort zu einer schärferen Handhabung der Fremdenpolizei und der Pressezensur herbeilassen. Agitierende Flüchtlinge wurden ausgewiesen, überlaute Redaktoren zum Schweigen gebracht, vereinzelt sogar widerspenstige Zeitungen unterdrückt. Jedoch stellten die Conclusa nicht etwa eine Aufhebung der Pressefreiheit und des Asylrechts dar, sondern nur eine Beschneidung. Es geht nicht an, der Generation, die dafür verantwortlich ist, Mangel an nationalem Rückgrat vorzuwerfen. Die Tagsatzung hatte allen Grund anzunehmen, man werde mit einer Selbstbeschränkung von Pressefreiheit und Asylrecht einer bewaffneten Intervention der Großmächte zuvorkommen. Im übrigen hatten die Kantone gegenüber den Vorwürfen der Mächte gar kein so gutes Gewissen, wie man es ihnen später andichtete. Sie wußten sehr wohl, daß manche Flüchtlinge gegen das Ausland politisch agitierten und daß gewisse Blätter sich gegen das Ausland Ausfälle gestatteten, welche die Grenzen der Pressefreiheit überschritten. Nur durch kräftige Einwirkung auf die Kantone vermittels allgemein bindender Beschlüsse konnte das eidgenössische Staatsschifflein durch die Fährnisse des hohen außenpolitischen Wellenganges hindurchgelotst werden. Und dieser Zweck ist denn auch vorerst ohne zuviel Opfer an nationaler Würde erreicht worden. Die allgemeine Stimmung beruhigte sich so sehr, daß die Tagsatzung vom Preß- und Fremdenconclusum zurücktreten konnte, ohne daß das Ausland hierauf offiziell reagierte (1829).

10. Bedrohung der Neutralität durch innerschweizerische Kräfte

Noch im Jahre 1827 beruhigte der österreichische Gesandte in der Schweiz seinen Staatskanzler, der innere Zustand der Schweiz werde unverändert bleiben, es sei denn, daß starke außenpolitische Erschütterungen einträten. Mit der Pariser Revolution war die große europäische Veränderung da. Aber die Julirevolution wirkte auf die Schweiz nicht bloß innenpolitisch, sondern auch außenpolitisch, berührte somit ebenfalls, und zwar in stärkstem Maße, ihre Unabhängigkeit und Neutralität. Dies in dreifacher Hinsicht:

Einmal war der Viermächteblock gesprengt; durch Hinneigen Frankreichs nach England entstand wieder so etwas wie ein europäisches Gleichgewicht, eine Gewichtsverteilung, wie sie der schweizerischen Neutralität gut bekam. Sodann hat die im Gefolge der französischen Umwälzung ausgelöste Regeneration das eidgenössische Selbstbewußtsein, das schweizerische Nationalgefühl gestärkt; nicht zuletzt waren es diese Impulse, welche die Führer der Liberalen bewegten und ihnen starke Durchschlagskraft sicherten. Schließlich aber hat die europäische Revolution in der Schweiz selbst der Neutralität Feinde erweckt, eine Gefahr, welche für den Bestand der Schweiz mindestens ebenso groß war wie die vorgängige Bevormundung durch die Großmächte.

Die ärgste Bedrohung der Neutralität ging von einer besonders durch Flüchtlinge genährten Auffassung aus, die Schweiz habe im Kampfe Europas um der Menschheit große Gegenstände Partei zu nehmen. Sie dürfe in diesem Streit zwischen Volkssouveränität und Despotie – so sah man den Gegensatz zwischen Liberalen und Hochkonservativen – nicht beiseite stehen. Ihre freiheitliche Staatsform verpflichte sie, den Völkern gegen ihre Regierungen zu helfen. Dieser Gedankengang führte schließlich in ungebrochenem Doktrinarismus zu der Forderung, die Schweiz müsse zugunsten einer internationalen Demokratie ihre Neutralität aufgeben. Man sieht dieser Theorie ihre Herkunft aus dem Emigrantentum an, aus jenen verfolgten und entwurzelten Intellektuellen, wie sie die europäische Revolutionswelle in so großer Zahl auf den rettenden Strand des schweizerischen Asyls geworfen hatte. Aber sogar bis in den äußersten Flügel der Liberalen hielten sich die Schweizer von diesem ihren nationalen Bestand auflockernden Dogmatismus fern, ja wandten sich heftig gegen ihn, auch dann noch, als er sich im Gewand eines aufgeklärten Nationalismus anbot. Auf diese Weise versuchte etwa der große Verschwörer Mazzini in völliger Verkennung schweizerischer Denkungsart seine interventionistische Doktrin den Eidgenossen schmackhaft zu machen. Aber die Schweizer erkannten sehr wohl den Wolf im Schafspelz.

Unaufhörlich predigten die Emigranten das Evangelium einer revolutionären Mission der Schweiz. Dieselben Leute, welche ihr Asylland beschimpften, es leiste den monarchischen Mächten Schergendienste, wollten es als Handlanger der internationalen Revolution mißbrauchen. Aus der journalistischen Hetze gegen die schweizerische Neutralität ragt als wichtigster Angriff Mazzinis Schrift «Neutralità» heraus (1835). Darin erweist sich der Italiener mit seiner rein aprioristisch-deduktiven Denkweise als völlig außerstande zur induktiven Erfassung der organisch gewachsenen Neutralität: Diese sei nicht bloß widersinnig, sondern unmoralisch, schrieb er. In maßloser Übersteigerung der Bedeutung der Schweiz hoffte er, eine Kriegserklärung der Eidgenossenschaft an das monarchische Europa werde die Revolution in Deutschland und Italien hervorrufen.

Die Flüchtlinge ließen es aber nicht bei literarischen Angriffen auf die schweizerische Neutralität bewenden. Auf dem sicheren Boden der Schweiz konspirierten sie gegen das Ausland und faßten bewaffnete Einfälle in die monarchischen Nachbargebiete ins Auge, um dort die bestehenden Regierungen zu stürzen. Eine erste Handhabe hiezu bot ihnen die polnische Emigration. Es ist bekannt, wie nach Unterdrückung des Aufstandes von Warschau die polnischen Flüchtlinge sich wie Wildbäche nach dem Westen Europas ergossen, überall Unruhe verbreitend und Schaden stiftend, von den Regierungen der Gastländer nur mit Mühe eingedämmt. Unter den in Ostfrankreich internierten Polen tauchte das Projekt auf, die deutschen Republikaner bei einem Aufstandsversuch in Frankfurt zu unterstützen. Sie brachen heimlich auf, erfuhren jedoch während des Marsches, daß der Frankfurter Wachensturm mißlungen sei. Da sie durch revolutionäre Proklamationen die Brücken hinter sich abgebrochen hatten, traten sie kurz entschlossen auf Schweizergebiet über, ihrer ungefähr fünfhundert, fast ausschließlich Offiziere.

Aus den Kreisen der schweizerischen Radikalen strömte eine Welle der Sympathie den «unglücklichen Opfern des Despotismus» entgegen. Die Polen merkten sofort die starke Stellung, die ihnen dadurch in der schweizerischen Öffentlichkeit verschafft wurde. Bern übte eine weitherzige Asylpraxis, vermied alle unnötigen Härten. Da erlagen die Polen dem Zauber Mazzinis. Er sah in den Polenflüchtlingen eine nie wiederkehrende Gelegenheit zur Verwirklichung seiner Absichten. Ihren Führern machte er klar, daß eine Revolutionierung Europas mit der Revolutionierung Sardiniens beginnen müsse, und gewann sie so für seinen Plan eines bewaffneten Einfalls ins Piemont. Im Januar 1834 sammelten sich die Polen heimlich und versuchten, in zwei Kolonnen von Nyon und Genf aus in Savoyen einzufallen. Aber die Expeditionen verliefen kläglich, ja fast lächerlich-schändlich. Nach längeren Verhandlungen verstand sich Bern dazu, die Flüchtlinge wieder aufzunehmen.

Damit war indessen die Angelegenheit für das Ausland noch nicht erledigt. Österreich wollte den anstößigen Savoyerzug dazu benützen, um die Schweiz erneut unter scharfe Kontrolle zu nehmen und von allen Flüchtlingen zu säubern. Metternich ließ in Paris den Vorschlag unterbreiten, die Schweiz mit einem militärischen Cordon zu umstellen, bis sie alle Proscribierten vertrieben habe. Aber weder London noch Paris stimmten zu. Ohne Verständnis für die Schwierigkeiten der schweizerischen Lage verlangte nun ein von Österreich angefachter Notensturm, an dem sich Baden, Württemberg, Bayern, Österreich, Sardinien und sogar das entfernte Neapel beteiligten, von der Schweiz in barschem Tone die Austreibung der Flüchtlinge. Der Vorort verbat sich in seiner Antwort jeden Tadel, die völkerrechtlichen Pflichten vernachlässigt zu haben oder sogar am Savoyer Zug mitbeteiligt gewesen zu sein. Das waren im Verkehr mit dem Ausland neue Klänge eines erwachten Selbstbewußtseins, wie man sie während der Restaurationsepoche nie vernommen hatte.

Nun verlangte Metternich gar noch Garantien für die Zukunft, daß sich so etwas wie das Attentat auf Savoyen nicht wiederholen werde. Es scheint, daß die Erneuerung solcher Forderungen den Vorort schließlich mürbe gemacht haben würde, wenn er nicht Rückhalt an England und Frankreich gefunden hätte. Der britische Premier ließ überall seine Mißbilligung des österreichischen Schrittes verbreiten, und Frankreich verteidigte das schweizerische Direktorium gegen seine äußeren sowie inneren Feinde. Nun endlich legte sich das diplomatische Gewitter, an dessen Ausbruch die Schweiz durch eine gewisse Nachlässigkeit gegenüber den Flüchtlingen mitschuldig gewesen war. Aber sie hatte den Sturm überstanden, unter Wahrung ihres traditionellen Rechtes auf Asylgewährung, ja ohne sich dem Ausland gegenüber auf eine genaue Definition und Interpretation dieses schwankenden Begriffes festzulegen.

Bisher war Metternich in seiner Politik der Bevormundung der Schweiz stets auf den offenen oder versteckten Widerstand des französischen Juli-Königtums gestoßen. Mitte der 1830er Jahre begann nun aber die Regierung Louis-Philippes, geängstigt durch republikanische Aufstände, ihren liberalen Kurs zu verlassen und einen hochkonservativen zu steuern. Das führte in der Außenpolitik zu einer Annäherung an das System Metternichs. Nachdem sich der Großmächtering um die Schweiz erst vor ein paar Jahren gelockert hatte, drohte er sich jetzt wieder zu verengern, was für die schweizerische Neutralitätspolitik nur nachteilige Folgen zeitigen konnte.

Zum erstenmal bekam die Schweiz die Richtungsänderung der französischen Politik in der Angelegenheit der Badener Artikel zu spüren. Das war ein von sieben Kantonen aufgestelltes liberales Kirchenprogramm. In diese innerschweizerische Angelegenheit mischte sich Frankreich taktlos ein und verletzte so das gestärkte schweizerische Nationalgefühl. Als der schweizerische Liberalismus in der Affäre eines französischen Lockspitzels diplomatische Rache nehmen wollte, schickte Louis-Philippe Truppen an die Grenze und verhängte eine scharfe Sperre gegen die Schweiz. England legte sich versöhnlich ins Mittel, indem es in Paris an die Verpflichtung der Mächte erinnerte, die Unabhängigkeit und Neutralität der Schweiz zu respektieren. Die schwerste Attacke gegen die schweizerische Neutralität ritt Louis-Philippe, als er von der Eidgenossenschaft die Ausweisung des im Thurgau als Emigrant lebenden Prinzen Louis-Napoléon verlangte und wieder ein französisches Armeecorps an der Schweizergrenze aufstellte. Der Prätendent verließ die Schweiz freiwillig, um sie vor weiterem Ungemach zu bewahren. Diese wiederholten Anfechtungen der schweizerischen Unabhängigkeit haben in der Eidgenossenschaft den Sinn für reine Neutralität geschärft. Daß nach Österreich nun auch der alte Freund Frankreich die schweizerische Selbständigkeit antastete, ließ die Einsicht in die Notwendigkeit einer illusionslos nüchternen Neutralitätspolitik reifen. Die militärischen Bedrohungen der Schweiz demonstrierten allen sowohl die Gefährlichkeit internationaler Parteipolitik als auch den zweifelhaften Wert der Neutralitätsgarantien von 1815. In der Schule dieser bewegten Außenpolitik legte der Liberalismus seine jugendliche Wirklichkeitsfremdheit ab und lernte mit den realen Mächten der europäischen Politik rechnen. Das schweizerische Neutralitätsempfinden ging geläutert und gestärkt aus den Kämpfen der 1830er Jahre hervor.

11. Verteidigung der Neutralität im Kampf um die Bundesreform

In gleichem Maße wie die Forderung nach Revision der Bundesverfassung Fortschritte machte, steigerte sich das übliche Mißtrauen gegenüber der Schweiz. Die Mächte waren darin einig, daß die Schweiz am überlieferten Föderativsystem festhalten müsse. Nicht etwa deshalb, weil sie ehrlich überzeugt gewesen wären, daß die föderale Struktur dem eidgenössischen Staatswesen am besten entspreche, sondern weil die Vereinheitlichung der Schweiz von den Liberalen angestrebt wurde und man von einer in diesem Geiste geleiteten Zentralgewalt unangenehme Widerstände befürchtete. Eine feste eidgenössische Bundesregierung, so nahm man mit Recht an, würde sich gegen die Protektion durch das Ausland besser zur Wehr setzen können. Wäre es den Mächten um eine strengere Handhabung der schweizerischen Neutralitätspolitik gegangen, so hätten sie die Zentralisierung des Bundes befürworten müssen; denn es konnte ihnen nicht entgehen, daß eine stärkere Bundesgewalt widerspenstige Kantone besser unter das Neutralitätsprinzip der Eidgenossenschaft zu beugen imstande war.

Jetzt begannen sich die Mächte auf die Behauptung zu versteifen, im Wiener Vertrag von 1815 hätten sie nur die Staatsform des Bundesvereins garantiert. Ändere die Schweiz von sich aus diese eidgenössische Verfassung, so falle auch die Anerkennung ihrer Neutralität dahin, eine ganz widersinnige Verkoppelung zweier nicht zusammengehörender Dinge, welche die Schweiz konsequent bekämpfte. Widerspruchsvoll wie die Argumentation war auch die Politik der Großmächte. Statt den Bundesvertrag, für den sie warm eintraten, zu stärken, haben sie ihn durch ihre wiederholten Interventionen in den Augen der Eidgenossen schwer diskreditiert. Selbst Föderalisten, denen aber der Sinn für das Ganze des Vaterlandes nicht abging, erstrebten nun aus Gründen der nationalen Würde und Selbstbehauptung einen einheitlichen Bundesstaat mit festerer Exekutivgewalt. Denn nur auf dem Weg einer Bundesrevision könne jene berühmte Stelle in der Neutralitätserklärung, welche die Unabhängigkeit der Schweiz von fremdem Einfluß betone, endlich Wirklichkeit werden.

Immer wieder erinnerte Metternich die Schweiz daran, die Unverletzlichkeit und garantierte Neutralität gälten nur so lange, als der Bundesvertrag von 1815 unangetastet bleibe; falle diese Voraussetzung dahin, so nähmen die Mächte ihre Zustimmung zur Wiener Erklärung zurück. Von diesem Standpunkt aus behandelte Metternich sowohl die Frage der Klösteraufhebung im Aargau als auch die Angelegenheit der Freischarenzüge. Diese Angriffe bewaffneter radikaler Banden auf die föderalistisch-katholische Urschweiz waren gewiß eine innereidgenössische Angelegenheit. Als massive Bedrohung der öffentlichen Ruhe, die in chaotische Wirrnis ausarten konnte, zog sie aber auch die Stellung der Schweiz zum Ausland in Mitleidenschaft; allein schon die Aufrechterhaltung der Neutralität war durch den bewaffneten Parteihader in Frage gestellt. Für Metternich handelte es sich in der Schweiz um eine grundsätzliche Angelegenheit, die auch eine grundsätzliche Lösung erforderte. Mit der Unschädlichmachung des bösen Prinzips des Radikalismus hoffte er zugleich auch eine Säuberung der Schweiz von den Flüchtlingen zu bewerkstelligen.

Auf Metternichs Antrieb übergaben die drei Ostmächte dem Vorort Bern übereinstimmende Noten, worin sie als Bedingung weiterer freundschaftlicher Beziehungen die unverbrüchliche Aufrechterhaltung des Bundesvertrages von 1815 bezeichneten. Tagsatzungspräsident Ochsenbein antwortete, der Vorort müsse sich jeden allfälligen Einmischungsversuch verbitten. Diese kühne Sprache konnte sich Ochsenbein gestatten, weil er die Großmächte uneinig wußte. Inzwischen aber vollzog der französische Premierminister Guizot in der Außenpolitik seine große Schwenkung zu Österreich hin, die seinem neuen, konservativen System der Innenpolitik entsprach. Es ist mehr als zweifelhaft, ob die Schweiz sich gegenüber dieser seltenen Verbindung ihrer beiden mächtigsten Nachbarn selbständig hätte behaupten können, wenn England jetzt nicht angefangen hätte, sich für die schweizerische Angelegenheit als Teil der zentraleuropäischen Verhältnisse zu interessieren. Ohne den starken Rückhalt an Großbritannien – das sei hier vorweggenommen – hätte die Schweiz nicht so relativ unbehelligt ihre Bundesreform durchführen können.

Englands Außenpolitik wurde damals ausschließlich vom Premier Palmerston bestimmt. Man würde ihr nicht gerecht werden, wollte man sie schlechtweg als liberal bezeichnen; sie war realpolitisch-opportunistisch. Es wäre allzu sentimental gedacht, Palmerstons Unterstützung der Schweiz in einer weitgehenden Übereinstimmung seiner innenpolitischen Anschauungen mit denjenigen der Schweizer Radikalen zu sehen. Wenn ein Unterton der Sympathie in den Beziehungen der beiden Völker zueinander auch nicht weggeleugnet werden soll, so blieb für Palmerstons Einstellung doch die reine Interessenabwägung in erster Linie maßgebend. England brauchte für das Gedeihen seiner Wirtschaft den Frieden in Mitteleuropa. Bot die Schweiz Anlaß zu bewaffneter Intervention Österreichs und Frankreichs, so konnte daraus leicht ein großer Konflikt in Mitteleuropa entstehen. Diese latente Gefahr verschwand am ehesten, wenn die schweizerische Bundesgewalt sich stärkte und jedem fremden Einfluß entwuchs. Nur als unabhängiges, unantastbares Land konnte die Schweiz die ihr zugewiesene Rolle als Pufferstaat zwischen Österreich und Frankreich übernehmen. Dies war der Wert, den die Selbständigkeit und Neutralität der Schweiz für Palmerstons System hatte. Aus den gleichen Gründen wandte er sich so zähe gegen alle Versuche der Einmischung in schweizerische Verhältnisse. Da hinter Palmerstons Außenpolitik die ganze britische Nation stand, wirkte sich seine spezielle Schweizerpolitik oft auch als ein Parteinehmen der englischen Öffentlichkeit für die Eidgenossenschaft aus.

Ochsenbeins sensationelle Rede, womit er die Julitagsatzung 1847 eröffnete, war zugleich auch eine Antwort auf die fremden Auslegungen der schweizerischen Neutralität. Während die Festlandmächte über die Herausforderungen Ochsenbeins tief empört waren, ließ ihm Palmerston sein Kompliment übermitteln. Er vermied es, sich den Mächten gegenüber in der Schweizer Angelegenheit festzulegen; allen Zugriffen wich er aus, sicherte sich aber allmählich durch eine geschickte, fast abenteuerlich gewagte Politik die Leitung des ganzen diplomatischen Betriebes. Durch Depeschen und Sondermissionen bemühte sich Palmerston bei der Tagsatzung um eine friedliche Beilegung des Konfliktes: Bürgerkriege seien für jedes Land etwas vom Schlimmsten; ein Angriff auf den Sonderbund würde eine Intervention der Mächte heraufbeschwören.

Tatsächlich plante der französische Ministerpräsident Guizot eine diplomatische Intervention der Großmächte und unterbreitete ihnen hiefür eine Note, worin das Recht zum Einschreiten unter anderem mit der Neutralitätsgarantie begründet wurde. Palmerston legte einen Gegenentwurf vor, wonach man sich schließlich auf eine gleichlautende Note einigte. Dieser Endredaktion zufolge sollte der Sonderbund selber den Heiligen Stuhl um die Zurückziehung der Jesuiten aus der Schweiz bitten; ferner sollte die Souveränität der Kantone gewährleistet und der Bundesvertrag nur mit Zustimmung aller Kantone geändert werden. Palmerston hat sich zudem noch ausbedungen, daß eine Ablehnung dieser Vermittlung von den Mächten nicht mit bewaffneter Intervention geahndet werden dürfe.

Über diesen diplomatischen Unterhandlungen verstrich viel Zeit. Im sonderbündischen Lager mußte man alle Hoffnungen auf eine rechtzeitige Intervention der Mächte begraben. Die erwartete österreichische und französische Waffenhilfe blieb aus. Dafür handelte die eidgenössische Armee rasch und zielbewußt, so daß die militärischen Entscheidungen Schlag auf Schlag fielen: Freiburg und Luzern kapitulierten, ohne daß die Mächte gemeinsam eingeschritten wären. Palmerstons überlegener Staatskunst war es gelungen, das gemeinsame Einschreiten der Mächte zu verzögern.

Mit der Überreichung der Vermittlungsnote hatte Palmerston seinen Vertrauensmann Stratford Canning in außerordentlicher Mission betraut. Als dieser aber in Bern ankam, war der Bürgerkrieg bereits zu Ende, so daß Canning seine Note zurückbehielt. Die Vertreter Frankreichs, Österreichs und Preußens jedoch übermittelten die Note trotzdem. Daß England im letzten Augenblick nicht mitmachte, obgleich man seine mäßigenden Vorschläge angenommen hatte, wurde von den intervenierenden Mächten mit Empörung hingenommen. Die abgegebene Note hätte kaum in schneidenderem Widerspruch zur Wirklichkeit stehen können und richtete sich damit selber. Denn weder existierte der Kriegsrat des Sonderbundes, an den sie sich wandte, noch bestand die prätendierte Übereinstimmung der fünf Mächte, noch gab es überhaupt kriegerische Konflikte beizulegen. Damit war der Tagsatzung die Antwort leicht gemacht. Mit fast beleidigendem Spotte dankte sie für das Vermittlungsangebot, das auf der nicht mehr zu Recht bestehenden Voraussetzung des Kriegszustandes beruhe; und zudem widerspreche eine Mediation des Auslandes der durch Verträge festgelegten Stellung der Schweiz in Europa sowie der Bundesverfassung.

Die im Tone des Siegers gehaltene Antwort vermied es immerhin, sich über die durch Österreich und Frankreich begangenen Neutralitätsverletzungen zu beschweren. Jedoch wurden sie im Schoße der Tagsatzung stark gerügt. Neutralitätswidrig waren ja schon in der Tat die engen Verbindungen der Mächte mit dem Sonderbund, ihre steten geheimen Ermutigungen und Ratschläge. Ebenfalls widersprach es der formalen Neutralität, daß Österreich dem Sonderbund ein unverzinsliches Darlehen gewährte, daß es ihm aus den Mailänder Zeughäusern 3000 Gewehre und Munition schickte. Eine Neutralitätsverletzung stellte es auch dar, daß Frankreich aus dem Arsenal von Besançon Kanonen sandte und daß Sardinien Waffen lieferte. Aber bei der allgemein bekannten Parteinahme aller kontinentalen Regierungen für den Sonderbund verlohnte es sich nicht, einzelne Fälle unneutraler Handlungsweise besonders zu erwähnen.

Die Mächte waren jedoch keineswegs gesonnen, die Abfertigung durch die Tagsatzung einzustecken und die vollendeten Tatsachen in der Schweiz anzuerkennen. Sie überreichten der eidgenössischen Zentralbehörde eine neue Note, worin sie noch immer die Unantastbarkeit der Kantonalsouveränität verlangten; der Bundesvertrag dürfe nur mit einstimmiger Genehmigung aller Glieder, welche den Bund bildeten, geändert werden. Das Recht zu dieser Forderung leiteten die Mächte aus den Verträgen von 1815 her. Ein neues Mal wurde in belehrendem Tone Metternichs These vorgetragen, wonach die Mächte der Schweiz ihre damaligen Gebietserweiterungen und die immerwährende Neutralität nur im Hinblick auf den abgeschlossenen Bundesvertrag gewährt hätten.

Indessen verloren die Mächte infolge der Revolution in ihren eigenen Ländern jede Lust zur Intervention in der Schweiz. Die Art und Weise, wie sich die Schweiz neu konstituierte, nahm ihnen vollends jeden plausiblen Grund zur Dazwischenkunft. Denn die Stärkung der Zentralgewalt versprach eine konsequentere Handhabung des Asylrechtes wie überhaupt eine strengere Durchführung der Neutralitätspolitik. Unter den Händen des mit der Abfassung der Antwort an die Mächte betrauten Zürcher Bürgermeisters Furrer wuchs sich diese zu einer Staatsschrift aus, die an diplomatischem Takt, Klarheit der Gedankenführung und sachlicher Überzeugungskraft im diplomatischen Schrifttum der Schweiz kaum ihresgleichen hat. Zum erstenmal wurde von politisch verantwortlicher Stelle aus die Neutralitätsakte in historischer und rechtlicher Hinsicht so allgemeingültig interpretiert. Dieses bedeutsame Schriftstück schloß eine Epoche trüben, unklaren Neutralitätsempfindens sowie ununterbrochener Bedrohung, ja Verletzung der schweizerischen Selbständigkeit und eröffnete zugleich den Weg zu einer entschiedeneren, reineren Neutralitätspolitik.

12. Wahrung der Neutralität während der nationalen Freiheitskriege in Europa

Noch bevor sich der Bundesstaat konstituiert hatte, trat an die siegreiche Tagsatzung von allen Seiten die Versuchung heran, im Sinne ihrer bisher vertretenen Ideale der Völkerfreiheit und Völkersolidarität in die ringsum brandende Revolution der Nachbarländer einzugreifen. Da ist es denn von höchster Bedeutung, daß die Tagsatzung, trotz ihrer Siegesstimmung, strengste Enthaltsamkeit zu üben wußte und schon jetzt für den künftigen Bundesstaat die außenpolitischen Richtlinien festlegte. Diese gingen durchaus in der Richtung strenger Neutralität und humaner Asylgewährung, was praktisch der Nichtintervention gleichkam. Es zeugt für die tiefe Verwurzelung des alten politischen Lebensprinzips im schweizerischen Volksbewußtsein, daß es sich auch in den Gewitterstürmen des Völkerfrühlings von 1848 erhalten konnte. Die radikalen Führer sahen die staatserhaltende Notwendigkeit dieses Grundsatzes ein und verzichteten ihm zuliebe auf die Verwirklichung von Ideen, zu denen sie sich bisher nicht nur im vertrauten Gedankenaustausch, sondern auch in der Öffentlichkeit bekannt hatten. Sie brachten dieses Opfer ihrer Lieblingswünsche aus besserer Einsicht in die Lebensnotwendigkeiten des Landes und aus gesteigertem Verantwortungsgefühl gegenüber dem Staatsganzen, dem sie vorstanden. Diese staatsmännische Anschauung wurde mit aller wünschbaren Deutlichkeit vom Vorort Bern in einem Kreisschreiben an die Kantone ausgesprochen.

Kaum hatte der eidgenössische Vorort die Neutralität als das Axiom schweizerischer Außenpolitik erneut aufgestellt, als die Tagsatzung sich anhand eines Bündnisangebotes zu erklären hatte, ob sie diese Richtschnur als allgemein verbindlich betrachte. König Karl Albert von Sardinien, der an die Spitze des lombardischen Aufstandes gegen Österreich getreten war, ließ der Schweiz den Abschluß eines Schutz- und Trutzvertrages anbieten. Mit einem in honigsüßen Worten abgefaßten und von groben Schmeicheleien durchsetzten Schreiben suchte der sardinische Gesandte die Schweizer zum Aufgeben der Neutralität zu bewegen. Da entspann sich im Schoße der Tagsatzung eine lebhafte, von hohen Gedanken getragene Diskussion über schweizerische Neutralitätspolitik. Eine ansehnliche Minderheit bekämpfte starres Festhalten am traditionellen Neutralitätsbegriff: Im gegenwärtigen europäischen Ringen gehe es um Prinzipien, um den Kampf des Absolutismus gegen die Demokratie. Die demokratische Freiheit sei von der Schweiz ausgegangen; wenn die Schweiz nicht den für ihre Freiheit kämpfenden Völkern helfe, setze sie sich mit sich selbst in Widerspruch. Sie müsse schon aus eigenem Interesse Partei nehmen, um später auf dem kommenden europäischen Kongreß ihrer Stimme Gewicht zu geben.

Gegenüber diesem propagierten gelegentlichen Aufgeben der Neutralität zugunsten eines höheren Menschheitsideals und zugleich doch auch im schweizerischen Interesse hielt die Mehrheit der Tagsatzung unentwegt an der überkommenen prinzipiellen, das heißt dauernden Neutralität fest. Der Rausch des Sieges hatte dem Großteil der Radikalen nicht den Blick getrübt für die wahre Einschätzung der europäischen Größenverhältnisse, und er hatte sie nicht vergessen lassen, daß in der Politik die Parteileidenschaft von der kühlen Überlegung und von der Erwägung des Staatswohles gezügelt werden muß. Es zeugt für ihr unverschüttet eidgenössisches Bewußtsein, daß sie das Heil der Schweiz immer noch in außenpolitischer Enthaltsamkeit und territorialer Wunschlosigkeit sahen, und es spricht für ihr Rechtsempfinden, daß sie es ablehnten, aus dem Unglück der Nachbarstaaten Vorteil zu ziehen. Mit nüchternem Auge durchschauten sie die Fragwürdigkeit der piemontesischen Politik, für die ihnen die schweizerische Vergangenheit übrigens genügend Beispiele bot. Wie diese Männer aus der Geschichte zu lernen verstanden, zeigt auch ihre vollständige Illusionslosigkeit in bezug auf die Wahrung der Neutralität; diese werde nicht so sehr durch Zusicherung fremder Mächte als namentlich durch eigene Kraft erhalten.

Während die Schweiz gegenüber Sardinien-Piemont neutral blieb, ist vom Kanton Tessin zugunsten der italienischen Revolutionäre die Neutralität gebrochen worden. In dem der Lombardei benachbarten gleichsprachigen und gleichstämmigen Kanton zündete die republikanische Freiheitsbewegung so stark, daß sich die neutrale Politik der eidgenössischen Zentralregierung nicht ganz durchsetzen konnte. Schon seit langem bildete der Kanton für die revolutionären Lombarden das bevorzugte Asylland. Hier wurde die Überzeugungsemigration nicht bloß bereitwillig aufgenommen, sondern fand aus den Kreisen der Tessiner Radikalen wirksame Unterstützung. Lugano wurde geradezu als Mittelpunkt der revolutionären lombardischen Propaganda betrachtet.

Als der lombardische Aufstand ausbrach, zogen etwa 700 tessinische Freischärler in kleinen Gruppen über die Grenze nach Mailand (März 1848). Nach der Niederlage der Sardinier bei Custozza flohen Teile der geschlagenen Armee auf bündnerischen und tessinischen Boden. Die Zahl der Flüchtlinge mag im ganzen etwa 20 000 betragen haben. Obgleich vorläufig keine schwerwiegenden Grenzverletzungen mehr vorkamen, wies der österreichische Oberkommandierende Radetzky im September alle Tessiner aus der Lombardei aus und brach die Handels- sowie Postverbindungen mit der Schweiz ab. Die scharfen Maßnahmen stellten zur Hauptsache eine Reaktion dar gegen die Teilnahme von Tessiner Freiwilligen am Mailänder Aufstand. Sie erregten im Tessin übergroße Erbitterung und haben auf lange hinaus die Beziehungen zu Österreich vergiftet. Diese Stimmung hat mitgeholfen, den Flüchtlingen eine neue Neutralitätsverletzung zu ermöglichen. Schon seit langem hatte Mazzini von Lugano aus eine zweite Erhebung der Lombardei vorbereitet. Sie brach verfrüht los, worauf ihr zahlreiche Emigranten auf Schleichwegen zu Hilfe eilten.

Das führte zu einer schweren Krise zwischen der eidgenössischen Zentralbehörde und dem Kanton Tessin. Eidgenössische Truppen rückten in das Tessin, so daß man dort den Eindruck hatte, wie ein militärisch okkupiertes Land behandelt zu werden. Eine nationalrätliche Kommission bestätigte die von den eidgenössischen Repräsentanten getroffene Verordnung, wonach die italienischen Flüchtlinge aus dem Kanton Tessin entfernt und im Innern der Schweiz interniert werden sollten. So zwischen den österreichischen Hammer und den eidgenössischen Amboß geraten, unterwarf sich der Kanton Tessin knirschend vor Widerwillen den Beschlüssen der Bundesversammlung. Der Staatsrat wies die über achtzehn Jahre alten Flüchtlinge männlichen Geschlechts aus dem Kanton und gestattete Neuankommenden den Aufenthalt nur für die Dauer einer Woche.

In den folgenden Jahren haben die Tessiner nicht aufgehört, an den italienischen Freiheitsbewegungen lebhaft teilzunehmen, was zu dauernden Konflikten mit Österreich führte. Keinem schweizerischen Kanton ist es so schwer gefallen wie dem Tessin, sich der außenpolitischen Führung des Bundesrates zu unterstellen, und keiner hat denn auch die bundesrätliche Neutralitätspolitik so sehr gestört. Wenn der Bundesrat großmächtlichem Druck, besonders von seiten Österreichs, auch zeitweise nachgab, so hat er doch *eines* beharrlich verweigert: die Auslieferung von revolutionären Flüchtlingen an ihren Heimatstaat.

Mindestens ebenso sehr wie im Süden war die schweizerische Neutralität im Norden gefährdet. Auch hier sympathisierte die eidgenössische Bevölkerund mit den Freiheitsbestrebungen des stammverwandten Volkes jenseits der Grenze. Seit Jahren bestanden Beziehungen zwischen den deutschen und schweizerischen Liberalen, die durch politische Flüchtlinge während der Revolutionszeit immer enger geknüpft wurden. Als sich nun 1848 im benachbarten Großherzogtum Baden republikanische Aufstände vorbereiteten, erinnerte der Vorort an die strenge Neutralität. Die Grenzkantone boten Militär auf, nicht nur gegen den Übertritt geschlagener Truppenteile, sondern vor allem auch gegen den geplanten Einmarsch deutscher Revolutionäre aus dem Elsaß und ihren Einfall von Schweizer Boden aus nach Deutschland. Tatsächlich hat man in Baden mit bewaffnetem Zuzug aus der Schweiz gerechnet. Dem ersten badischen Aufstand sind aber nur einige hundert deutsche Arbeiter aus der Schweiz zu Hilfe geeilt, deren geschlossenen und bewaffneten Übertritt die schweizerischen Grenztruppen verhinderten. Die Neutralität war gewahrt worden; wohl hatte, namentlich von Baselland aus, ein Waffenschmuggel nach Baden stattgefunden. Sobald aber die eidgenössischen Truppen solche Waffentransporte entdeckten, haben sie sie beschlagnahmt.

Der zweite badische Aufstand verpuffte so rasch, daß die Eidgenossenschaft gar keine Grenzbesetzung anzuordnen brauchte. Dagegen wurde der schweizerischen Neutralität die dritte badische Revolution und der sich anschließende Aufruhr in der bayrischen Pfalz vom Mai 1849 gefährlich. Denn einmal kam es in der Nähe der Schweizer Grenze zu kriegerischen Auseinandersetzungen zwischen den Aufständischen und Reichstruppen; und sodann zogen wiederum mehrere hundert Deutsche aus der Schweiz den badischen Insurgenten zu Hilfe. Angesichts der heraufziehenden großen

Gefahr ließ der Bundesrat die Schweizer Nordgrenze mit 5000 Mann eidgenössischer Truppen besetzen. Nach der Niederlage der Badener Demokraten traten über 9000 Mann geschlagene Truppen mit Kriegsmaterial aller Art auf Schweizer Boden über. Die stärkste Bedrohung der Schweizer Neutralität aber lag in der Anwesenheit eines großen siegreichen preußischen Heeres nahe der Schweizergrenze. Man befürchtete in der Schweiz nicht ohne Grund, Preußen könnte seinen Sieg über die badische und pfälzische Revolution dazu benützen, nun auch noch gleich die neuenburgische Revolution zu ersticken und hier die Monarchie wieder zu errichten. Wie wir heute wissen, war die Gefahr einer preußischen Intervention drohender, als selbst die schwarz sehenden Radikalen damals annahmen. Sie ist nur durch den Einspruch der Großmächte verhindert worden.

Noch bevor Preußen auf einen Waffengang mit der Schweiz verzichtet hatte, verfügte der Bundesrat eine einheitliche eidgenössische Regelung der Flüchtlingsfrage: Er wies die politischen und militärischen Chefs des dritten badischen Aufstandes aus. Als der Beschluß in der Schweiz helle Empörung auslöste, schränkte ihn der Bundesrat etwas ein. Mitten in die Bedrängnisse durch die ungelöste Flüchtlingsangelegenheit fiel eine Neutralitätsverletzung an der Nordgrenze bei der badischen Enklave Büsingen. Das veranlaßte den Bundesrat, die Grenztruppen auf 25 000 Mann zu erhöhen und General Dufour provisorisch mit dem Oberbefehl zu betrauen, worauf der Konflikt friedlich beigelegt wurde.

Die Flüchtlingsangelegenheit jedoch führte zu immer heftigerer Erregung. In Paris fand zu Beginn des Jahres 1850 eine Konferenz der Vertreter Frankreichs, Preußens und Österreichs statt zur Besprechung eines Ultimatums an die Schweiz, worin von dieser unverzüglich Ausweisung aller Flüchtlinge verlangt werden sollte. Bereits kam es in Frankreich und Deutschland zu Truppenverschiebungen an die Schweizergrenze. Allenthalben erwartete man einen Angriff gegen die Eidgenossenschaft; ihre außenpolitische Lage war viel gefährdeter als etwa 1847. Aber die Pariser Konferenzen führten schließlich doch zu keinen bindenden Entschlüssen. Der Bundesrat bemühte sich, für die Flüchtlinge Amnestie in ihren Heimatländern zu erwirken oder ihnen wenigstens die Auswanderung nach England und Amerika zu ermöglichen. So sank die Zahl der Emigranten um die Mitte des Jahres 1851 auf einige Hundert herab.

Zwei Jahre später wurde die Schweiz wieder in einen schweren Konflikt mit Österreich verwickelt, durch den sich der Bundesrat jedoch nicht einschüchtern ließ. Österreich lenkte schließlich ein, unter anderem auch wegen der orientalischen Wirren. Obgleich der Krimkrieg sich in weiter Ferne von der Schweiz abspielte, hielt es der Bundesrat doch für nötig, die Kantone an die strenge Neutralität zu erinnern. Die Radikalen und damit die überwiegende Mehrheit der schweizerischen Bevölkerung nahmen trotzdem heftig für England Partei, was nicht verwundert, wenn man weiß, welche weltanschaulich-ideale Zielsetzung Großbritannien diesem seinem Kriege zu geben wußte und welche freundschaftlich-wohlwollenden Beziehungen es mit dem Bundesrat unterhielt. Unter den Augen der Bundesbehörden warben englische Offiziere rechtswidrig 3500 Mann für die «britische Schweizerlegion» an; sie gelangte allerdings nicht mehr auf den Kriegsschauplatz. Daß außer England auch Frankreich etwa 700 Mann anwerben ließ, stellte keine Neutralitätsverletzung dar, weil dies private Unternehmungen waren. Eine Einladung des Pariser Kongresses, sich an einer Konvention über die Verhütung künftiger Konflikte zu beteiligen, nahm die Schweiz nicht an, getreu ihrem Grundsatz, sich an Garantieverträgen nicht zu beteiligen.

13. Differenzierung der Neutralität infolge auswärtiger Kriege

Während die Schweiz glaubte, sich nun ganz den dringenden Wirtschaftsfragen zuwenden zu können, geriet plötzlich aus innen- und außenpolitischen Gründen ihre Neutralität in die stärkste Bedrohung durch eine der führenden Mächte Europas, durch Preußen. Dies hing mit dem staats- und völkerrechtlichen Zwitterverhältnis zusammen, in dem der Kanton Neuenburg seit 1815 zur Schweiz stand. Der Kanton war damals der Eidgenossenschaft als gleichberechtigtes Glied einverleibt worden und doch mit dem preußischen Königtum verbunden geblieben. Ein solches Doppelleben konnte so lange unverfänglich sein, als in Europa und in der Eidgenossenschaft konsolidierte Verhältnisse bestanden hatten. Mit dem Aufkommen der demokratischen Bewegung verband sich aber die Tendenz nach Loslösung von Preußen. Als die Februarrevolution von 1848 in Frankreich ausbrach, nahmen die Neuenburger Demokraten als erste den Stoß auf und proklamierten die Republik, welche als volles Glied in die neue Schweiz aufgenommen wurde. Friedrich Wilhelm IV. von Preußen indessen verzichtete nicht auf sein Fürstentum. Seine Anhänger erhoben sich zur Gegenrevolution vom September 1856, wurden jedoch nach einem ersten militärischen Erfolg verhaftet. Der König von Preußen forderte ihre Freilassung, die der Bundesrat nur für den Fall in Aussicht stellte, daß Friedrich Wilhelm vorgängig auf Neuenburg endgültig verzichte.

Aus diesem Streit wuchs rasch ein sehr gefährlicher Konflikt heraus, der während des Winters 1856/57 die europäischen Kabinette in Atem hielt. Die Nachbarmächte der Eidgenossenschaft unterstützten Preußen bei seinen

Interventionen insofern, als sie auf Grund der Verträge von 1815 der Schweiz nicht das Recht zubilligten, einseitig das Band zwischen Neuenburg und Preußen zu zerschneiden. Von den Unterzeichnern der Wiener Verträge hat bloß England den Preußenkönig immer wieder auf die garantierte Neutralität der Schweiz hingewiesen. Als Friedrich Wilhelm IV. die preußische Armee auf Pikett stellte und mit den süddeutschen Staaten wegen des Durchmarsches verhandelte, als der Angriffskrieg Preußens gegen die Schweiz unmittelbar bevorstand, setzte das englische Kabinett die preußische Regierung unter unerhörten diplomatischen Druck.

Der Oberkommandierende des aufgebotenen Schweizer Heeres, General Dufour, hatte den kühnen Plan gefaßt, sich nicht auf die Defensive zu beschränken, sondern, um den wegen seiner Lage jenseits des Rheins unhaltbaren Kanton Schaffhausen zu retten, die Grenzen zu überschreiten, dem heranmarschierenden Feind entgegenzuziehen und so den Krieg nach Süddeutschland hineinzutragen. Man sah darin schweizerischerseits keinen Neutralitätsbruch, sondern ein Handeln aus Notwehr zum Schutze der bedrohten Neutralität. Es ist dann schließlich doch nicht zu diesem äußersten Schritte gekommen. Den vermittelnden Mächten England und Frankreich gelang es in letzter Stunde, einen Vergleich zustande zu bringen, wonach die Schweiz die gefangenen Royalisten freigab und der König endgültig auf sein Fürstentum Neuenburg verzichtete.

Die Schweiz hatte den großen Vorteil nicht mit Opfern auf Kosten ihrer Neutralität erkaufen müssen. Eine gefährliche staatsrechtliche Anomalie, die immer wieder zu neutralitätsverletzenden Eingriffen verlockte, war aus dem schweizerischen Staatsverband verschwunden. Vor ganz Europa hatte sich die neutrale Schweiz in Respekt gesetzt. Die freudig-mächtige Volksbewegung, wie sie so einheitlich und restlos geschlossen seit Jahrhunderten nicht mehr aufgewallt war, hatte bewiesen, daß der neue Bundesstaat die Neutralität besser schützen konnte als der alte Bundesverein.

Daß die Einigung Italiens in der Schweiz Sympathien auslösen würde, war vorauszusehen. Jedoch erscheinen die mitschwingenden Gefühle gedämpft im Vergleich zu der Stimmung von 1848. Jetzt ging es nicht mehr um die Errichtung einer demokratischen Republik, sondern eines Königreiches Italien, mehr um einen Kampf der Macht als der Ideen. Geführt wurde er durch den dem Liberalismus abtrünnigen Napoleon III., von dessen ausgreifender Territorialpolitik man für die Schweiz nur Schlimmes erwartete. Sogar die eifrigsten Anhänger des Völkersolidaritätsgedankens betrachteten jetzt strenge Neutralität als die «einzig praktische Politik». Als Cavour in einer Note an den Bundesrat die Erwartung aussprach, die Schweiz möge gegenüber Sardinien eine «wohlwollende Neutralität» beobachten, antwortete der Bundesrat gereizt belehrend: Wenn die italienische Bevölkerung die Begriffe von Neutralität und Konvenienz nicht hinlänglich unterscheide, sollte doch die Regierung diese Verhältnisse würdigen können. Und als eine irredentistische Proklamation in Mailand die Tessiner einlud, «die wunderliche und unförmliche Verbindung» mit der Schweiz aufzulösen, konnte das tessinische Mitglied des Bundesrates gelassen auf die Einheitsfront aller tessinischen Parteien «gegen den gemeinsamen Feind» hinweisen.

Der Kampf sprengte 650 Österreicher in die Schweiz. Nach einer Konvention wurde die aufgenommene Mannschaft entwaffnet und ins Innere des Landes verbracht. Diese Konvention war aufgrund einer eingehenden Instruktion vereinbart worden, worin der Bundesrat sorgfältig alle Möglichkeiten einer Internierung ins Auge gefaßt und das dabei einzuschlagende Verfahren festgesetzt hatte. Dieser Instruktion kommt um so größere Bedeutung zu, als hier zum erstenmal in Europa das Vorgehen bei der Internierung flüchtiger Truppen in internationalen Kriegen bis ins einzelne geordnet wurde. Es ist kein Zufall, daß auch diese Weiterbildung des Völkerrechtes von der Schweiz ausging. Denn hier hatte sich bei der Gewährung des Asyls an politische Flüchtlinge bereits eine differenzierte Praxis ausgebildet, an die sich die Landesregierung als an ein Vorbild halten konnte. Es gelang dem Bundesrat, für diese grundsätzlichen Bestimmungen − Entwaffnung und Verbringung ins Landesinnere − sich die Zustimmung der Mächte zu sichern. Besonders war ihm daran gelegen, die Internierung flüchtiger Truppen als ein freiwilliges Recht des neutralen Staates aufgefaßt zu wissen, nicht etwa als eine ihm auferlegte Verpflichtung. Deshalb sollten seiner Meinung nach die Kosten für den Unterhalt der Internierten dem Staate anfallen, dem die auf neutralen Boden übergetretenen Truppen angehören. Diese bundesrätliche Auffassung hat sich durchgesetzt. Sie wurde von der Brüsseler Konferenz übernommen (1874) und von den beiden Haager Friedenskonferenzen bestätigt (1899 und 1907). Die Mächte anerkannten auch die Forderung der Schweiz, vor Beendigung des Krieges Internierte in ihre Heimat abzuschieben, sofern Garantie geboten war, daß die Heimbeförderten im gleichen Kriege nicht wieder verwendet wurden.

Der italienische Krieg hatte noch eine weitere Differenzierung der schweizerischen Neutralität zur Folge: das Bundesverbot des Eintrittes in fremden Solddienst. Jetzt sahen sich die Schweizerregimenter in Neapel und im Kirchenstaat so heftigen Angriffen ausgesetzt, daß der Radikalismus grundsätzlich jedes Dienstnehmen unter eidgenössisches Verbot stellen wollte. Seit der Aufklärung hatte die Kritik am schweizerischen Fremdendienst nicht mehr aufgehört. Daß sie jetzt wieder so mächtig anschwoll, lag in bestimmten Vorfällen begründet. König Franz II. von Neapel hielt mit Hilfe seiner sogenannten Schweizerregimenter die revolutionäre Bewegung in seinem Reiche darnieder. Und der Papst stützte seine Herrschaft in den

Marken sowie in Umbrien gegen die anstürmende Revolution ebenfalls mit Schweizer Militär. In ganz Italien schäumte die Volkswut auf gegen die fremden Truppen als die gefährlichsten Gegner der «Italia unita». Als unter den Schweizerregimentern, nicht ohne Schuld des Bundesrates, eine Fahnenmeuterei ausbrach, veranlaßte der Bundesrat ihre Abdankung und rief sie heim.

Neben dieser praktischen bemühte er sich aber auch um eine prinzipielle Lösung der Solddienstfrage. Sogar die liberale englische Regierung, auf deren Ansicht der Bundesrat sehr viel gab, ließ ihm sagen, der Solddienst sei der Würde der Schweiz abträglich. Der Gesetzesentwurf des Bundesrates verbot nicht nur das Werben, sondern auch das Sichwerbenlassen. Seine Verteidiger behaupteten, die fremden Dienste gefährdeten die Neutralität, während die Gegner erklärten, es bestehe ein durch Jahrhunderte anerkanntes Recht der Schweiz, daß sie als Staat nicht verantwortlich sei für ihre auswärts dienenden Leute. Mit erdrückendem Mehr wurde das Gesetz wider die passive Werbung angenommen.

Schon zu Beginn des Krieges hatte der Bundesrat die Möglichkeit einer Abtretung Savoyens an Frankreich ins Auge gefaßt. Er ließ der französischen Regierung bedeuten, die militärische Bedrohung, die der Schweiz daraus erwachse, könne nur durch die Abtretung Nordsavoyens an die Schweiz behoben werden, das heißt vor allem der Provinzen Chablais und Faucigny sowie eines Teiles von Genevois. Die Rechte der Schweiz auf Nordsavoyen bestanden nur darin, daß sie im Kriegsfall die 1815 neutralisierte Zone Savoyens militärisch besetzen konnte. Savoyen stand in keinem staatsrechtlichen Zusammenhang mit der Schweiz; diese besaß bloß das Recht zu fordern, daß die Neutralität Savoyens unter jedem Besitzer gewahrt werden solle. Aber man hat damals in der Schweiz bei der an sich nicht großen Klarheit der Verträge aus ihnen weitergehende Folgerungen gezogen; man leitete so etwas wie ein Recht auf Savoyen ab. Es mochte hier eine Furcht hineinspielen, die in Genf seit den Tagen Ludwigs XIV. bestand und die zur Zeit Napoleons ihre Rechtfertigung erfahren hatte: die Furcht, Frankreich könnte sich Genfs bemächtigen.

Napoleon III. erklärte zuerst mündlich, er werde sich ein Vergnügen daraus machen, der Schweiz Chablais und Faucigny zu überlassen. Das wäre in der Linie der Bestrebungen von 1815 gelegen, hätte allen Unklarheiten ein Ende bereitet und Genf die nötige Atemfreiheit gegeben. Aus verschiedenen Gründen kam aber der Kaiser von seiner ursprünglichen Absicht ab. Statt daß man die Angelegenheit mit taktvoller Vorsicht betrieben hätte, wurde in der Schweiz jetzt Rechthaberei Trumpf. Rührige radikale Kreise suchten die öffentliche Meinung zum Krieg fortzureißen: «Gegen Gewalt und Despotie wird sich die Schweiz stets wie ein Mann erheben, sonst hört sie auf, die freie Schweiz zu sein.» Sogar der diesen Kreisen fernstehende Staatsrechtler Carl Hilty aus Chur oder der im allgemeinen sonst zurückhaltende William de la Rive aus Genf rieten zu einer vorsorglichen militärischen Besetzung Nordsavoyens: «Es handelt sich jetzt nicht mehr um ein Stück Land, es handelt sich um Ehre und Freiheit selbst.» Aber sie vermochten keine einheitliche Volksbewegung wie 1857 auszulösen. Im Eifer begann man zu übertreiben und stellte den Wert Nordsavoyens für die gesamtschweizerische Neutralität als so hoch dar, daß man in Frankreich stutzig werden konnte; man mußte sich dort fragen, ob es denn nicht gerade am Platze wäre, Savoyen zu behalten, um damit die Schweiz bei Gelegenheit um so fester in die Gewalt zu bekommen. Ein Protest des Bundesrates an die europäischen Großmächte gegen das Vorgehen Napoleons verhallte ganz wirkungslos.

Um der Annexion von Savoyen den Charakter einer bloßen Besitzergreifung ohne Rücksichtnahme auf den Wunsch der beteiligten Bevölkerung zu entziehen, veranstaltete Frankreich ein Plebiszit. Für Savoyen lag ein kaiserliches Versprechen vor, zugunsten von Nordsavoyen eine zollfreie Zone zu schaffen, die diesen Landschaften die freie Einfuhr von Schweizer Produkten verbürgte. Es handelte sich also darum, ihnen die gleiche Vorzugsstellung einzuräumen, die das Pays de Gex und die kleine sardinische Zone im Südosten des Kantons Genf seit 1815/16 schon besaßen. Die Frage der Abstimmung lautete nicht etwa sachgemäß: Wollt Ihr Frankreich oder der Schweiz angehören?, sondern einfach: Wollt Ihr Frankreich angehören, und zwar unter der Bedingung der Zollbefreiung? Der völkisch-politische Zweck Frankreichs wurde mit dem wirtschaftlichen Vorteil Nordsavoyens verbunden. In größter Deutlichkeit lief der Entscheid im Endergebnis gegen die Schweiz, so daß Frankreich in aller Form vom Lande Besitz nahm (1860). Die Neutralität Savoyens blieb bestehen.

Im nordamerikanischen Bürgerkrieg (1861–67) kämpften auf seiten der Union ungefähr 6000 Schweizer; manche von ihnen, die in den Staaten ansässig waren, sind von den amerikanischen Behörden zum Heeresdienst genötigt worden. Auch die Armee der Südstaaten zählte einige Tausend Schweizersöldner, wie denn überhaupt die Sympathien des Schweizervolkes zunächst geteilt waren. Beim Abschluß des amerikanischen Sezessionskrieges strömten aus verschiedenen Schichten des Schweizervolkes eine Menge sogenannter Sympathieadressen nach Washington. Eine weitverbreitete, angesehene Zeitung schrieb, es sei Ehrensache für das gesamte Schweizervolk, «vor einem der größten Akte der Weltgeschichte nicht stumm zu bleiben, sondern sich einmütig und entschieden zur Sache der politischen und sozialen Freiheit zu bekennen».

Ebensowenig Zurückhaltung legte sich die öffentliche Meinung der Schweiz auf, als in Russisch-Polen ein blutiger Aufstand ausbrach (1863).

Der diplomatischen Intervention der Westmächte zugunsten des mißhandelten Volkes schloß sich zwar der Bundesrat als Regierung eines neutralen Landes nicht an. Um so wärmeren und tätigeren Anteil nahm dafür das gesamte Schweizervolk an den Schicksalsschlägen der um ihre Unabhängigkeit kämpfenden Nation. Die Liberalen bemitleideten die Polen als Opfer der Zarendespotie, die Katholiken beklagten sie als verfolgte Glaubensgenossen. In Zürich trat zur Unterstützung Polens mit Geld und Kleidern ein Zentralkomitee ins Leben. Sein eigentliches Anliegen aber, die Übermittlung von Gewehren, verstieß gegen die strikte Neutralität. Wie wenig eine so strenge Neutralitätsauffassung überall geteilt wurde, zeigt das Verhalten des Staatsbeamten Gottfried Keller: Als sich der Präsident des Komitees dem Waffenkauf widersetzte, drohte der Sekretär Keller mit seiner Demission und erzwang die Waffensendungen; sie sind von der Landesregierung nicht unterbunden worden. Die Rückschläge solcher einseitigen Parteinahme bekamen die Schweizer in Rußland zu spüren. Als sich der diplomatische Vertreter Rußlands in Bern über die gehässigen Urteile in den Schweizer Zeitungen beschwerte, erwiderte ihm Bundespräsident Dubs – es ist eine prinzipielle Neutralitätsinterpretation – die Sympathien des Schweizervolkes seien frei und ebenso deren Ausdruck in der Presse. Was man von der Schweiz mit Recht verlangen könne, sei nur eine Beobachtung der völkerrechtlichen Verpflichtungen. In diesem Punkt dürfe man der Eidgenossenschaft nicht den mindesten Vorwurf machen.

Wie tief das strenge Neutralitätsprinzip sich allmählich in der Schweiz einwurzelte, beweist die Rede des Ständeratspräsidenten bei Ausbruch des deutschen Bürgerkrieges (1866). Darin bezeichnete er die mögliche Preisgabe der Neutralität als einen politischen Selbstmord. Ohne viel Aufsehen zu machen, traf der Bundesrat Verfügungen, um den Durchzug fremder Truppen gewaltsam zu verhindern; wegen der kurzen Kriegsdauer konnte das kleine Aufgebot nach zehn Wochen wieder entlassen werden. Durch die Bildung starker Nationalstaaten im Norden und Süden verschlechterte sich die außenpolitische Stellung der Schweiz bedeutend. Sie sah sich jetzt von vier Großmächten mit erobernden Tendenzen eingeschlossen. Die Einsicht in die stärkere Gefährdung der Schweiz bewog den Bundesrat, die Vervollkommnung der Landesverteidigungsmittel energisch zu betreiben.

Als Frankreich 1870 an Preußen den Krieg erklärte, war es noch ganz ungewiß, ob nicht auch Süddeutschland, Österreich und Italien in den Kampf hineingezogen würden, womit sich ein eiserner Ring kriegführender Staaten um die Schweiz gelegt hätte. Angesichts dieser drohenden Gefahr wurden fünf Divisionen (37423 Mann) einberufen, der übrige Auszug auf Pikett gestellt. Diese außerordentliche Kraftäußerung zeigte dem Ausland deutlich, wie ernst es die Schweiz mit der Neutralität nahm. Zu ihrer strengen

Durchführung untersagte der Bundesrat alle Lieferungen von Kriegsmaterial und Waffen an die im Krieg stehenden Mächte. Ebenso wiederholte er das Verbot der Truppenanwerbung auf Schweizer Boden. Ohne eine eigentliche Zensur durchzuführen, hielt der Bundesrat doch die Presse zu völliger Unparteilichkeit an.

Gegen Ende des Krieges wurde die französische Ostarmee unter General Bourbaki in die Schweiz abgedrängt. Die Bedingungen des von der Schweiz diktierten Übertrittsvertrages lauteten: Ablieferung der gesamten Bewaffnung, Ausrüstung und der Armeekasse. Vom Februar 1871 an fluteten über 90000 Franzosen an verschiedenen Punkten der Juragrenze auf den rettenden Schweizerboden. Bourbakis Armee befand sich in einem erbarmungswürdigen Zustand der Erschöpfung und Anarchie; alle Bande der Zucht und des Gehorsams waren gelöst. Die Internierung so zahlreichen, demoralisierten Kriegsvolkes stellte die Schweiz vor eine schwere Aufgabe. Arm und reich überboten sich in Bezeugungen der Gastfreundschaft, Krankenpflege, Mildtätigkeit.

Die Hilfe der Schweiz entfaltete sich aber nicht nur in diesen Werken der Menschlichkeit und Nächstenliebe. Auf den Wunsch Bayerns und Badens nahm sich die schweizerische Gesandtschaft in Frankreich der Angehörigen dieser Staaten an und ließ überdem allen in Paris anwesenden Deutschen ihren Schutz und ihre Hilfe angedeihen. Als der altbefreundeten Stadt Straßburg die Erstürmung drohte, holte ein schweizerisches Hilfskomitee mit Erlaubnis der deutschen Heeresleitung über 2500 kampfunfähige Personen, Greise, Frauen und Kinder, aus der belagerten Stadt und führte sie ins schweizerische Asyl.

Während zu Beginn des Krieges die Schweiz in ihrer Gesamtheit für die deutschen Waffen Partei ergriffen hatte, aus altem Groll gegen Frankreich, schlug die Stimmung bald um. Der laute deutsche Siegesjubel, der von der Eidgenossenschaft nicht nur Verständnis, sondern Zustimmung verlangte, kühlte viele Sympathien ab. Als sich in die Äußerungen des deutschen Machtgefühls gar noch der unreine Klang der Begehrlichkeit nach Schweizer Gebiet mischte, antwortete die Schweizer Presse in gereiztem Ton, worauf sich ein unerquicklicher Zeitungskrieg entspann. Der Eroberungswille der Deutschen und das Unglück der sich heroisch verteidigenden französischen Nachbarrepublik riefen mancherorts einer Abneigung gegen Deutschland; weite Kreise in der Schweiz fühlten jetzt für die französische Sache.

Im ganzen hat die Schweiz mehr durch die Gunst äußerer Umstände als durch Kraftproben ihrer Truppen die sehr gefahrvolle Kriegszeit heil, unter vollkommener Wahrung ihrer Neutralität, überstanden.

14. Bedeutung der Neutralität im Zeitalter des Imperialismus

Selten wohl hat sich vor dem 20. Jahrhundert die Machtidee in Europa so hemmungslos ausgelebt wie in der Epoche, die zwischen 1870 und 1880 anhebt. Das imperialistische Streben ging von den starken, durchorganisierten Staats-, Wirtschafts- und Volkskörpern aus. Jetzt begannen die Großmächte, die Kleinstaaten nicht mehr für voll anzusehen und sie aus der hohen Politik auszuschalten. Bei der Betrachtung dieses Zeitalters gewinnt man denn auch den Eindruck, als habe die Eidgenossenschaft in der Weltpolitik ganz demissioniert. Fremde Beobachter glaubten, aus der territorialen Wunschlosigkeit der Schweiz auf ihre außenpolitische Abdankung schließen zu dürfen. Daran ist so viel richtig, daß der Durchschnittsschweizer anfing, die Neutralität wie einen Schutzwall zu betrachten, hinter dem man in völliger Sicherheit seine friedlichen Geschäfte betreiben könne. Auf die außenpolitische Erregbarkeit der Jahrhundertwende folgte eine Epoche der Saturiertheit. Die Wirtschaft sog alle Kräfte und Interessen auf. Es war, als ob die Schweiz von den Erschütterungen der Vergangenheit in wirtschaftlicher Prosperität Erholung suche und darob die Gefahren der Exponiertheit ihrer Lage im Zentrum Europas völlig vergesse. Man gab sich immer mehr kosmopolitischen Idealen hin; sie fanden ihren sichtbaren Ausdruck in zahlreichen internationalen Organisationen, die ihren Sitz in der Schweiz nahmen. Die angeborene Vorliebe des Schweizers für Fragen der Innenpolitik verstärkte sich jetzt zur politischen Introversion. Nur allmählich und bloß gegen zähen Widerstand konnte eine dürftige diplomatische Vertretung im Ausland durchgesetzt werden; die Konsulate ließ man meistens ehrenamtlich verwalten. Und dem schweizerischen auswärtigen Amt gab man die so charakteristische Bezeichnung «Politisches Departement».

Aus dieser außenpolitischen Ruhe wurde man jäh aufgeschreckt durch einen schweren Konflikt mit Bismarck. Die offiziellen Beziehungen der Schweiz zu dem von Bismarck geleiteten Deutschen Reich waren zunächst durchaus korrekt und freundlich. Mochte auch die öffentliche Meinung in der Eidgenossenschaft dem deutschen Kanzler nicht eben große Neigung entgegenbringen, besonders nicht seit dem Kulturkampf, so blieb doch davon das amtliche Verhältnis unberührt. Einsichtige Schweizer fürchteten zwar schon früh von der neuen Machtzusammenballung im Norden Störung des europäischen Gleichgewichtes und damit empfindliche Beeinträchtigung der schweizerischen Neutralität. Dies um so mehr, als der rücksichtslose Reichskanzler keine rechtlichen und moralischen Bedenken zu kennen schien.

Einer ersten schweren Belastungsprobe wurde das Verhältnis der Schweiz zum deutschen Reich unterstellt, als nach dem Erlaß der bekannten Bismarckschen Ausnahmegesetze gegen die Sozialdemokratie viele deutsche Sozialisten in die Schweiz flüchteten. Sie gaben in Zürich als ihre Hauptzeitung den «Sozialdemokrat» heraus und schmuggelten ihn in großer Anzahl auf Umwegen nach Deutschland hinein. Sensationelle Enthüllungen im Reichstag über den Unterhalt deutscher Lockspitzel in der Schweiz verärgerten den Kanzler unmäßig. Er benützte ein von russischen Anarchisten in Zürich durchgeführtes Experiment mit Explosivstoffen, um den Zaren durch unhaltbare Verdächtigungen gegen die Schweiz einzunehmen. Der Bundesrat hatte alle Mühe, die russische Regierung zu beruhigen und ihr die Grundlosigkeit der Anschuldigungen zu beweisen. Noch war die Untersuchung über die ganze Angelegenheit nicht abgeschlossen, als ein preußischer Polizeiinspektor, der auf Schweizergebiet einen Lockspitzel anwerben wollte, von kantonalen Behörden verhaftet und vom Bundesrat des Landes verwiesen wurde.

Für Bismarck bedeutete dies den Tropfen Wasser, der das Glas zum Überlaufen bringt. Er ließ sofort von der Schweiz Rücknahme des Ausweisungsbeschlusses und Entschuldigung verlangen, widrigenfalls er zu Repressalien greifen werde. Deutschland sehe sich genötigt, eine eigene Polizei auf schweizerischem Gebiet zu unterhalten, weil die eidgenössische nicht genüge. Falls er nicht Genugtuung erlange, werde er möglicherweise die schweizerische Neutralität nicht mehr respektieren. Es gelang Bismarck, die beiden Großmächte Rußland und Österreich als Mitgaranten der schweizerischen Neutralität zu veranlassen, beim Bundesrat im selben Sinne vorstellig zu werden. Die schweizerische Neutralität schließe für die Eidgenossenschaft, erklärten die Mächte, die Pflicht in sich, «Umtriebe zu verhindern, welche den inneren Frieden ihrer Länder zu stören geeignet seien, widrigenfalls sie die Frage zu prüfen in die Lage kämen, ob die schweizerische Neutralität noch in ihrem Interesse liege». Hier tauchte die alte, aus der Restaurationszeit bekannte Auffassung auf, wonach die Schweiz für den Genuß ihrer Neutralität an Verpflichtungen gegenüber ihren Nachbarn gebunden sei; erfülle sie diese Verpflichtungen nicht, so seien die Mächte auch nicht mehr an die Anerkennung der Neutralität gebunden.

Mit aller wünschenswerten Präzision trat Numa Droz, der sehr fähige Vorsteher des Eidgenössischen Politischen Departements, den verworrenen, von der Schweiz im Verlauf des 19. Jahrhunderts schon mehrfach zurückgewiesenen falschen Auslegungen der schweizerischen Neutralität entgegen: Die Überwachung und Unterdrückung anarchistischer Umtriebe könne nicht als eine der Schweiz ausschließlich zufallende und aus ihrer Neutralität zu folgernde Pflicht betrachtet werden; diese Pflicht liege jedem Staatswesen ob, möge es neutral sein oder nicht. Die Neutralität könne die Souveränität nicht beeinträchtigen. Es sei unmöglich, im wahren Sinne des Wortes neutral zu sein, wenn man nicht unabhängig sei. Auch als neutraler Staat beanspruche die Schweiz wie alle übrigen souveränen Staaten das Recht, die Polizei auf ihrem Boden allein auszuüben.

In seinem Notenduell mit dem Reichskanzler hatte der Bundesrat die einmütige Unterstützung des Parlaments und der Presse aller Schattierungen gefunden, während Bismarck sich in seinem Lande nicht auf eine geschlossene öffentliche Meinung stützen konnte. Ob Bismarck ernsthaft zu einem Krieg gegen die Schweiz trieb, ist nicht ganz ersichtlich. Der deutsche Generalstabschef Waldersee jedenfalls war überzeugt, daß der Reichskanzler an einen Krieg denke und es nicht bei einer Grenzsperre bewenden lassen wolle. Schließlich hat dann Bismarck den von ihm zu einem völkerrechtlichen Streitfall angeblasenen Konflikt selber wieder abgeblasen. Der im folgenden Jahr erfolgte Sturz des Kanzlers erleichterte wesentlich das Zustandekommen eines dauernd guten Verhältnisses der Schweiz zu Deutschland. Alle schweizerischen Urteile über Bismarck gingen einig in der Verwerfung des von ihm verkörperten Machtgedankens. Es war eine typisch schweizerische Stellungnahme; denn die leichtverwundbare Neutralität der kleinen Eidgenossenschaft inmitten von Großmächten lebte von der allgemein verpflichtenden Anerkennung der Rechtsidee. Gegen Bismarck wandte sich instinktiv das Mißtrauen, das die Schweiz im Laufe ihrer ganzen Geschichte jedem Störer des europäischen Gleichgewichts entgegengebracht hat.

In diesem Konflikt hat Numa Droz den schweizerischen Staats- und Völkerrechtler Carl Hilty wiederholt konsultiert. Dieser kommentierte die vom Kanzler angedrohte «Aufkündigung der Neutralität» mit der Bemerkung, Neutralität selber könne man einem Staate, der sie seinerseits beobachten wolle und dazu imstande sei, nicht aufkünden; das wäre nichts anderes als eine Kriegserklärung mit einem noch unbestimmten Eintrittstermin. Auch die Garantie der immerwährenden Neutralität und Unverletzlichkeit sei nicht einseitig kündbar; denn die Schweiz habe die Voraussetzung dieser Akte angenommen und ihrerseits erfüllt. Von ihrer unbeschränkten Neutralität und Souveränität leitete Hilty auch das Recht ab, Allianzen einzugehen: Ein Bündnis sei dann geboten, wenn ein übermächtiger Staat eine erhebliche Neutralitätsverletzung sicher beabsichtige oder bereits begangen habe. Auch immerwährend neutrale Staaten seien allianzfähig. Dieses Recht sei ein Notrecht und müsse auf solche Fälle beschränkt bleiben (1883).

Die Schweiz bekam es deutlich zu spüren, daß sie in der Weltpolitik zu einem bloßen Objekt der Großmächte herabgesunken war. Dieses Objekt gewann jetzt besonders durch seine eigenartige militärisch-strategische Lage große Wichtigkeit. Auf dem Boden des schweizerischen Kleinstaates lag die bedeutendste Süd–Nord-Verbindung Mitteleuropas, seit 1882 der

Alpendurchstich des Gotthard. Durch die Schweiz zog auch eine der wichtigsten West–Ost-Verbindungen, die im Lauf der Geschichte schon mehrmals als bequeme Durchgangsstraße gedient hatte. Das alles verlieh der Schweiz eine Art beherrschende Schlüsselstellung im Zentralalpengebiet. So ist es denn nicht zu verwundern, daß die Generalstäbe der Großmächte die Neutralität der Schweiz immer wieder in ihre Kombinationen einbezogen. Eine neutrale Schweiz bot allen ihren Nachbarn hochwillkommenen Flankenschutz. Durch die Verletzung dieser Neutralität von seiten des Gegners konnte man an empfindlichster Stelle getroffen werden. Jedes Oberkommando der fremden Heere mußte ernsthaft erwägen, ob die Respektierung oder die Verletzung der schweizerischen Neutralität mehr Vorteil bringe. Schließlich liefen alle Berechnungen auf die Frage hinaus, ob man der schweizerischen Neutralität wohl trauen dürfe, das heißt, ob die Schweiz den einheitlichen Willen und die militärische Kraft besitze, ihre Neutralität gegen ernsthafte Bedrohung zu verteidigen.

In den Generalstabsbesprechungen der Dreibundmächte Deutschland, Österreich, Italien spielte das Problem der schweizerischen Neutralität eine um so größere Rolle, als der Wille immer fester hervortrat, das politische Bündnis auch militärisch auszunützen. Es waren zuerst italienische Militärkreise, die den Gedanken erwogen, bei einem Krieg mit Frankreich unter Benützung der Gotthardlinie ihrem nördlichen Bundesgenossen militärische Hilfe zu bringen. Aber diese Pläne wurden von der politischen und militärischen Führung Deutschlands stets abgelehnt. Der deutsche Generalstab hat in eindrucksvoller Konsequenz, unbeschadet des Wechsels in seiner Leitung, an der Respektierung der schweizerischen Neutralität festgehalten. Ähnlich verhielt sich Österreich. In italienischen Militärkreisen jedoch ist die Idee eines Durchmarsches durch die Schweiz vom Beginn des Dreibundes an bis sogar in die letzte Zeit seines Verfalls immer wieder erwogen worden. Die Gefahr für die schweizerische Neutralität verschwand erst, als das Projekt einer direkten militärischen Kooperation zwischen Italien und Deutschland ganz fallengelassen wurde.

Von Frankreich kann mit fast der gleichen Wahrscheinlichkeit gesagt werden, daß weder seine politische noch seine militärische Leitung eine Verletzung der schweizerischen Neutralität beabsichtigte. In den letzten Jahren vor Ausbruch des Ersten Weltkrieges scheinen die Franzosen dann aber doch lebhafte Befürchtungen gehegt zu haben, die Zentralmächte könnten unter Umgehung Belforts durch die Schweiz hindurch in Frankreich einbrechen. Der im Frühjahr 1914 in Kraft getretene Aufmarschplan schrieb einem Armeekorps vor, nach Kriegsausbruch sofort ins Oberelsaß einzudringen und den Badischen Bahnhof in Basel zu zerstören.

In fast ängstlichem Eifer kehrten die eidgenössischen Behörden alles vor, um auch nur den Schein eines Hinneigens zu den Zentralmächten zu vermeiden. Als der deutsche Kaiser den Wunsch ausdrückte, an den schweizerischen Manövern teilzunehmen, wurde vorher noch der Präsident der französischen Republik in Bern empfangen (1910), ein Ereignis, das man als hochoffiziellen Staatsbesuch aufzog, um nur ja das Gleichgewicht zwischen den beiden Nachbarn zu wahren. Trotz solchen Vorsichtsmaßregeln zirkulierten in den Ententeländern Gerüchte von geheimen militärischen Abmachungen zwischen der Schweiz und Deutschland sowie Österreich. Merkwürdig stark wurde der schweizerische Neutralitätswille zeitweise in diplomatisch-militärischen Kreisen Englands verdächtigt. Der britische Militärattaché in Rom und Bern schickte von 1909 bis 1911 alarmierende Memoranden über die Haltung der Schweiz ins Foreign Office, wo man ihnen zeitweilig Glauben schenkte. Erst nach beruhigenden Berichten aus Frankreich beurteilte man in London die schweizerische Neutralität wieder nüchterner.

Aber nicht nur in den fremden Generalstäben spielte die schweizerische Neutralität eine ganz bestimmte Rolle; auch in der ausländischen Diplomatie kam ihr eine wachsende Bedeutung zu. Einigemal wurden bei der Lösung internationaler Konflikte schweizerische Persönlichkeiten ins Auge gefaßt oder in Anspruch genommen, weil sie als Bürger eines dauernd neutralen Staates am meisten Gewähr für Unparteilichkeit zu bieten schienen, so unter anderem bei der Regelung des Inspektorates von Kreta oder der marokkanischen Polizei. Auch diente der neutrale Schweizer Boden den Großmächten stets häufiger als Sitz internationaler Büros, so zum Beispiel für Post-, Telegraphen- und Eisenbahnfrachtverkehr. Immer mehr wurde die neutrale Schweiz auch als Tagungsort internationaler Konferenzen gewählt. In der unparteilichen Atmosphäre der Schweiz glaubte man sich am bequemsten treffen und am ungezwungensten aussprechen zu können. Wohl mochte man dies als diplomatische Fremdenindustrie verspotten, aber daß die Schweiz ihren neutralen Boden hergab zur Vermittlung oder zum Ausgleich europäischer Gegensätze, hat ihr internationales Ansehen zweifellos erhöht, ganz abgesehen davon, «daß es für einen neutralen Staat wie die Schweiz ... eine unabweisbare Pflicht ist, nichts zu unterlassen, was dazu beitragen kann, die Wege zur friedlichen Regelung internationaler Streitigkeiten zu ebnen», wie sich der Bundesrat ausdrückte. So haben denn zum Beispiel nach dem italienisch-türkischen Krieg um Tripolis die Friedensverhandlungen 1912 in Lausanne-Ouchy stattgefunden. Und 1913 trafen sich in Bern 41 Mitglieder des Deutschen Reichstags mit 164 französischen Deputierten sowie 21 Senatoren zu einer Verständigungskonferenz; aus dieser Zusammenkunft ging das interparlamentarische Komitee hervor, welches kurz vor dem Ersten Weltkrieg in Basel tagte.

Daß die Schweiz sich auch an den Friedenskonferenzen im Haag beteiligte, scheint selbstverständlich. Sie unterschrieb alle in der ersten Konferenz von 1899 getroffenen Abkommen, außer demjenigen über den Landkrieg, weil es der Volkserhebung gegen einen eindringenden Feind die Privilegien der Soldaten nicht zuerkannte. Indessen trat die Eidgenossenschaft ohne Ausnahme den Übereinkünften der zweiten Haager Konferenz von 1907 bei, wo auch die Stellung des neutralen Staates besprochen wurde.

Am meisten jedoch hat die intensive Steigerung der eidgenössischen Wehrfähigkeit dazu beigetragen, dem Inland sowohl wie dem Ausland Vertrauen in die schweizerische Neutralität einzuflößen. Im Jahre 1907 nahm das Volk ein Gesetz über weitgehende Verbesserungen des Heerwesens an, und 1912 trat eine Armeereform in Kraft, welche die Beweglichkeit und Schlagkraft des Heeres wesentlich erhöhte. Darnach betrug die schweizerische Heeresmacht 281 000 Mann, wozu noch 200 000 Mann Hilfsdienst kamen. Viele Äußerungen hoher Militärs aus verschiedenen Staaten bezeugen, wie die Achtung vor der schweizerischen Wehrmacht allgemein gestiegen war. Gekrönt hat der Bundesrat sein Werk konsequenter Wehr- und Neutralitätspolitik durch einen Erlaß an die Truppenkommandanten über die Handhabung der Neutralität (1912). Darin wurde als oberstes Gebot strengste Unparteilichkeit vorgeschrieben. Mit eindeutiger Entschiedenheit war dadurch die Haltung der neutralen Schweiz für den Ernstfall festgelegt.

15. Bewaffnete Neutralität im Ersten Weltkrieg

Beim Ausbruch des Krieges war die Schweiz nicht unvorbereitet. Als eine kriegerische Auseinandersetzung der Großmächte unvermeidlich schien, ordnete der Bundesrat am 31. Juli 1914 die Mobilmachung der gesamten schweizerischen Armee an und traf die ersten militärischen sowie wirtschaftlichen Vorbeugungsmaßnahmen. Mit dieser klaren Wehrbereitschaft vor allem glaubte er einen feindlichen Einfall abwenden zu können. Die Bundesversammlung gewährte ihm unbeschränkte Vollmachten zur Behauptung der Landessicherheit und wählte Ulrich Wille zum General, Theophil Sprecher von Bernegg zum Generalstabschef. Den Signatarmächten der Neutralitätsurkunde von 1815 sowie anderen Staaten kündigte der Bundesrat den festen Willen der Schweiz an, «getreu ihrer jahrhundertealten Überlieferung... von den Grundsätzen der Neutralität in keiner Weise abzuweichen». Diese durch geschichtliche Entwicklung und Gegenwartslage bestimmte Haltung erschien so selbstverständlich, daß In- und Ausland nichts anderes erwartet hatten. Die Schweiz war damals wohl der einzige Staat, von dem sich tatsächlich niemand etwas Böses versah.

Die sofortige Besetzung der Grenzen erschien jedermann als oberstes Gebot. In einigen Tagen war die Mobilisation des ganzen Heeres, bestehend aus 250000 Mann, beendigt. Es marschierte besonders an der Nordwestecke des Landes auf, um die Grenze sowohl gegen Frankreich als auch gegen Deutschland zu schützen. Ein gnädiges Geschick ersparte es der eidgenössischen Armee, den Beweis leisten zu müssen, daß sie einem Durchbruchsversuch fremder Truppen gewachsen gewesen wäre. Im Durchschnitt haben die Auszugstruppen sechshundert Tage Grenzdienst geleistet; es war der längste seit Jahrhunderten. Das lange Gewehr-bei-Fuß-Stehen, die ausschließlich abwartende Haltung der Truppe, wie sie der Zustand zwischen Krieg und Frieden bedingte, stellte an ihre Ausdauer und an ihren guten Geist große Anforderungen. Kriegerische Betätigung kann den Verteidigungswillen in Spannung erhalten, während Untätigkeit, oft als versagtes Heldentum empfunden, auf die Dauer zermürbend wirkt. Wie der Weltkrieg erneut zeigte, pflegt Zersetzung besonders bei denjenigen Mannschaften einzutreten, die nicht im Feuer stehen. Diese Krise hat die schweizerische Armee glücklich überwunden. Im Gegensatz zu früheren europäischen Kriegen kam es diesmal zu keinen schwerwiegenden militärischen Neutralitätsverletzungen. Meist handelte es sich um ein Überfliegen vorspringender Landzipfel; gelegentlich verirrten sich fremde Patrouillen auf Schweizer Gebiet.

Neben der militärischen Gefahr drohte der Schweiz die wirtschaftliche. Würde der kleine binnenländische Staat mitten im waffenstarrenden Europa nicht bald der Hungersnot ausgesetzt sein? Denn seine agrarischen Erzeugnisse reichten zur Ernährung der Bevölkerung nicht aus, und seine Industrie war in erheblichem Umfang auf ausländische Rohprodukte angewiesen. Die Unterbindung der Lebensmittel- und Rohstoffzufuhr mußte sich demnach in der Eidgenossenschaft als wahre Existenzkrise auswirken. Da die Schweiz ihr Korn zur Hauptsache aus Rußland und überseeischen Ländern bezog, jedoch keinen direkten Zugang zum Meer besaß, war sie für die weitere Verbindung mit ihren ausländischen Nahrungsquellen auf den guten Willen ihrer Nachbarn angewiesen.

Als die kriegführenden Mächte einander vollständig zu blockieren begannen, wurde die Lebensmittel- und Rohstoffversorgung zum vornehmsten und heikelsten Anliegen der Landesregierung. Zu ihrer schmerzlichen Überraschung mußte die Schweiz von Anfang an erfahren, daß sie sich nicht auf die völkerrechtlichen Abmachungen über den Handel der Neutralen stützen konnte. In ihrem Daseinskampfe hielten sich die Kriegführenden nicht an die Grundsätze des Völkerrechtes und kümmerten sich wenig um die Proteste der Schweiz. Es kam ihnen einzig darauf an, den Gegner wirtschaftlich zu erdrosseln, ihn auszuhungern. Sie duldeten deshalb nicht, daß die Neutralen importierte Waren nach den Ländern ihrer Gegner wieder ausführten. Um die Landesversorgung zu retten, sah sich die Schweiz genötigt, eine Kontrolle der Einfuhr, insbesondere der Lebensmittel und Rohstoffe aus überseeischen Ländern, zuzulassen, was die schweizerische Selbständigkeit sehr beeinträchtigte.

Wenn man die Schweiz nicht gerade verhungern ließ, so wirkten neben humanitären Gefühlen auch Nützlichkeitserwägungen mit. Die Aufrechterhaltung der eidgenössischen Neutralität schien nicht nur aus militärischen Gründen, zur Verkürzung der Kampflinien und zur Internierung Kriegsgefangener, empfehlenswert. Beide Parteien nahmen das neutrale Land auch als Lieferant von Kriegsmaterial und von Gütern für den Zivilbedarf in Anspruch. Die starke Industrialisierung der Schweiz ermöglichte es, den Bestellungen der Kriegführenden in weitem Umfange nachzukommen. Wollten die Mächte sich diese Bezugsquellen erhalten, so genügte es nicht, die Schweiz mit Rohstoffen zu versorgen, sie mußten ebenfalls ihren Lebensmittelbedarf decken.

Der deutsche Überfall auf Belgien scheuchte weite Volkskreise auf und wirkte namentlich in der welschen Schweiz stimmungbildend. Immer gewisser glaubte man in den Zentralstaaten die Vertreter des nackten Machtgedankens und des absolutistischen antidemokratischen Prinzips zu erkennen, was der liberalen Idee zutiefst widerspreche. Recht und Demokratie in Europa seien von Deutschland aus am stärksten gefährdet. Die deutsche Überfremdung nehme bedrohlichen Charakter an. Auf dem geistigen Gebiet äußerten sich die deutschen Einflüsse tatsächlich recht stark, wie denn auch das deutsche Übergewicht im Wirtschaftlichen Gefühle des Mißbehagens auslöste. Die deutschsprechende Schweiz verfolgte seit Jahren bewundernd den deutschen Aufstieg in Technik, Wirtschaft, Weltgeltung. Sie fühlte sich besonders mit Süddeutschland stammverwandt und kulturverbunden. Aus der festgefügten Sicherheit ihres alemannischen Sonderwesens heraus, das auch in der täglichen Umgangssprache zum Ausdruck kam, meinten die Deutschschweizer mit den Deutschen denken und fühlen zu können, ohne ihre Eigenart zu opfern oder ihrem Kulturideal etwas zu vergeben. Zwar verurteilten viele den Gewaltakt gegen Belgien, wie denn auch in der Bundesversammlung das Bedauern über die Verletzung der belgischen Neutralität ausgesprochen wurde. Das hinderte sie jedoch nicht, weiterhin an das Deutschtum zu glauben.

Diese Einstellung der welschen und der deutschen Schweiz zu den Kriegsparteien galt jedoch nicht ohne Einschränkung. Überhaupt ließen sich die beiden Lager bei einer blutmäßig derart stark gemischten Bevölkerung wie der eidgenössischen weder ethnisch noch geographisch genau abgrenzen. So haben protestantisch-konservative Gruppen der französischen Schweiz mit dem protestantischen Deutschland sympathisiert, während überzeugungstreue Demokraten der deutschen Schweiz zu den Westmächten hielten. Oder es haben Deutschschweizer aus Handels- und Industriekreisen, die seit alters mit England und Amerika in Beziehung standen, der angelsächsischen Sache Neigung entgegengebracht. Vergiftet wurde der Meinungskampf durch das hemmungslose Einströmen fremder Lügen- und Propagandaschriften. Um die Seele des Neutralen hob ein Ringen an, das wie eine häßliche, mit Feder und Tinte ausgefochtene Fortsetzung des Krieges auf Schweizerboden anmutet. Wie bisher in allen europäischen Kriegen prallten auch jetzt in der Schweiz die Anhänger der verschiedenen Parteien hart aufeinander. Noch nie aber hatte die Leidenschaft des Meinungskampfes solche Ausmaße angenommen. Da standen unter dem Volk geistig führende Männer auf, um ihre nächsten Landsleute zur Selbstbesinnung zu bringen und den Gegensatz überbrücken zu helfen. Berühmt geworden ist namentlich die Rede von Carl Spitteler. Innerlich unabhängig, aber ohne Überheblichkeit, mit Menschlichkeit und Würde umriß er das schweizerische Neutralitätsideal und bezeugte allen Kriegführenden sein Mitleid.

Wie sehr aber auch die Eidgenossenschaft in ihren Sympathien zu den Kriegführenden geteilt war, in ihrer Hilfsbereitschaft stand sie einmütig zusammen. Wenn der Schweizer an diese Tätigkeit zurückdenkt, so tut er es nicht mit dem Empfinden selbstgefälliger Genugtuung über ein gutes Werk, sondern mit dem Gefühl tiefer Dankbarkeit gegenüber einem gnädigen Geschick, das sein Land mitten im Flammenring kriegführender Völker vor dem Waffenkampf bewahrt hat. Sein humanitäres Wirken hat er stets als selbstverständliche Pflichterfüllung aufgefaßt. Er mochte sich auch der stillen Hoffnung hingeben, mit dieser werktätigen Hilfe seiner aktiven Neutralität einen bescheidenen Teil an der großen Allgemeinschuld abtragen zu können. Unmittelbar nach Kriegsausbruch wurde der Schweiz von mehreren ausländischen Regierungen der Schutz ihrer Staatsangehörigen in Feindesland übertragen. Da sich dieser Aufgabenkreis stets erweiterte, mußte das Politische Departement einen besonderen Dienst für die Vertretung der fremden Interessen einrichten. Größere Sorge bereitete der Eidgenossenschaft die Heimschaffung von fremden Zivilpersonen, der Austausch der Invaliden und Schwerverwundeten, die Internierung invalider Kriegsgefangener in der Schweiz. Von 1916 bis zum Kriegsende beherbergte die Schweiz gegen 68 000 Internierte. Eine Riesenaufgabe bewältigte allein das Internationale Rote Kreuz in Genf. Getreu ihrer philanthropischen Tradition entwickelte diese Stadt eine ausgebreitete Tätigkeit im Sinne internationaler Hilfeleistung. Das Rotkreuzkomitee beschäftigte ein Heer von freiwilligen Arbeitern. Es schuf unter anderem die Vermittlungsstelle für Vermißte und Kriegsgefangene, wo man Listen über die Toten und Gefangenen anlegte, Verschollenen nachforschte und Angehörigen möglichst rasch über den Aufenthaltsort sowie den Gesundheitszustand der Gesuchten Nachricht gab. In diesen Institutionen erschöpfte sich die opferwillige Nächstenliebe der Schweizer keineswegs. Sie betrachteten es als ihr schönes Vorrecht, Schmerzen zu lindern, und widmeten sich dieser Aufgabe mit wahrer Inbrunst. Eine unübersehbare Zahl von Hilfswerken entstand; sie verfolgten ihre besonderen Ziele, sprangen allen Notleidenden bei und verlängerten ihre Unterstützungstätigkeit weit in die Nachkriegszeit hinein.

Der Friedensvertrag von Versailles, an mehreren Orten der Schweiz mit Glockengeläut gefeiert, regelte auch Angelegenheiten, welche die Eidgenossenschaft unmittelbar betrafen: die Rheinschiffahrt, das internationale Abkommen über die Gotthardbahn und die Neutralität Nordsavoyens. In Artikel 435 nahmen die vertragschließenden Mächte von einer Abrede zwischen Frankreich und der Schweiz Kenntnis, wonach die Bestimmungen über die savoyische Neutralitätszone abgeschafft wurden, die Eidgenossenschaft hiemit auf die Rechte einer militärischen Besetzung Hochsavoyens verzichtete. Ein neues Geschlecht von Schweizern betrachtete das Neutralitätsservitut, woran die Vorfahren so zäh festgehalten, als ein militärisch und politisch wertlos gewordenes Überbleibsel vergangener Zeiten. Aus einer ähnlichen Neutralitätsauffassung heraus hat die Schweiz dem Begehren des österreichischen Landes Vorarlberg nach Anschluß an die Eidgenossenschaft nicht weiter Folge gegeben.

Als gegen Kriegsende der uralte Gedanke eines alle Völker gleichmäßig umschließenden Bundes immer festere Gestalt gewann, weckte er in der Schweiz freudigen Widerhall; man nahm hier an, daß die Wahl Genfs zum Sitz des Völkerbundes und des Internationalen Arbeitsamtes unter anderem auch im Hinblick auf die Neutralität der Schweiz erfolgt sei. Groß war dann allerdings die Enttäuschung beim Bekanntwerden des genauen Wortlautes des Völkerbundpaktes; indessen zeigte man sich trotz gewichtiger prinzipieller Aussetzungen daran willens, an der Schaffung eines dauernden Weltfriedens tätig mitzuwirken. Bevor man aber den Eintritt in den Völkerbund ins Auge fassen konnte, mußte die Frage der dauernden Neutralität geklärt sein. Niemand wünschte das seit vier Jahrhunderten geltende Staatsgesetz aufzugeben, dieses eigentliche Lebensprinzip der Eidgenossenschaft. Nachdem die Schweiz auf ihr Neutralitätsrecht in Nordsavoyen verzichtet hatte, anerkannten die Mächte in Artikel 435 des Versailler Vertrages die schweizerische Neutralität als eine internationale Verpflichtung für die Wahrung des Friedens. Die Schweiz wünschte aber noch eine offizielle Erklärung, welche die Rechte und das Wesen der schweizerischen Neutralität innerhalb des Völkerbundes näher umschreibe. Das geschah in der Londoner Erklärung des Völkerbundsrats (13. Februar 1920). Hierin stellte der Rat des Völkerbundes fest, daß die Schweiz sich aufgrund einer jahrhundertealten Überlieferung in einer eigenartigen Lage befinde. Er anerkannte deshalb, daß die immerwährende Neutralität der Schweiz und die Garantie der Unverletzlichkeit ihres Gebietes, wie sie durch die Verträge von 1815 zu Bestandteilen des Völkerrechts geworden waren, im Interesse des allgemeinen Friedens gerechtfertigt und daher mit dem Völkerbund vereinbar seien. Die Eidgenossenschaft brauche weder an militärischen Unternehmungen teilzunehmen, noch den Durchzug fremder Truppen oder auch nur militärische Vorbereitungen auf ihrem Gebiete zu dulden. Jedoch sei sie verpflichtet, an den vom Völkerbund verlangten wirtschaftlichen Maßnahmen gegenüber einem bundesbrüchigen Staate mitzuwirken.

Erst aufgrund dieser erreichten Ausnahmestellung glaubte der Bundesrat, dem Volk den Beitritt zum internationalen Staatenverband rückhaltlos empfehlen zu können. Ursprünglich hatte er die ganze Frage vom Beitritt der Nordamerikanischen Union abhängig machen wollen, verzichtete dann aber auf diese Klausel. Die Gegner des Beitritts wünschten Fernbleiben, um nicht vom Boden des unbedingten Rechtes, das heißt der unteilbaren Neutralität, abweichen zu müssen und in zum mindesten moralische Abhängigkeit zu geraten. Als besonders peinlich empfanden sie es, daß der Bundesrat sich die Neutralität hatte bestätigen lassen, als ob die schweizerische Staatsmaxime nicht aus eigenem Willen und Recht lebte. Demgegenüber erklärten die Befürworter des Beitritts, es handle sich gar nicht darum, die Neutralität auf dem Altar des Völkerbundes zu opfern. Vielmehr lasse dieser internationale Pakt jedem Mitglied die größte Freiheit. Fruchtbare Neutralität bedeute nicht egoistisches Beiseitestehen, sondern Hilfe bei der Verwirklichung des neuen Menschheitsideales. In der Nachkriegsstimmung mit ihrem Idealismus der Völkerverbrüderung befangen, glaubten sie nicht daran, daß die ehemalige Gleichgewichtspolitik der Großmächte jemals zurückkehren werde und die Schweiz dadurch in den Fall kommen könnte, die Preisgabe ihrer absoluten Neutralität zu bereuen. Das Volk erklärte sich mit 414830 gegen 322937 Stimmen für den Eintritt. Das Ständemehr war ein ganz knappes: 11 ½ gegen 10 ½ Stimmen (16. Mai 1920).

16. Episoden der differentiellen Neutralität

Wie man auch hinterher über den Eintritt der Schweiz in den Völkerbund urteilen mag, so scheint doch eines sicher: Nach den großen außenpolitischen Gefahren der Kriegsjahre bot die Zugehörigkeit zur internationalen Friedensorganisation dem schweizerischen Kleinstaat das langersehnte Sekuritätsgefühl, das er in selbstgewollter Isolierung schmerzlich entbehrt hätte. Die schweizerische Außenpolitik, soviel neue verlockende Möglichkeiten sich ihr öffnen mochten, blieb doch den alten Neutralitätsgrundsätzen treu. Sie wahrte innerhalb der kosmopolitischen Umgebung streng die angestammte Unparteilichkeit. Der Chef des Eidgenössischen Politischen Departements, Bundesrat Giuseppe Motta, selber von internationalen, idealistisch-demokratischen Vorstellungen erfüllt, steuerte das schweizerische Staatsschiff in neutralem Kurs durch die hohen Wellen der internationalen Politik, ohne sich hierin durch die Angriffe im eigenen Land zunächst von rechts, dann von links stark stören zu lassen. Beide Oppositionsgruppen verkannten in ihrer vaterländischen Leidenschaftlichkeit den eminent schweizerischen Grundgehalt der bundesrätlichen Außenpolitik. Ihr selbstverständlicher Leitstern war das schweizerische Staatswohl. Daß es gelang, unter Wahrung und Verwirklichung des schweizerischen Interesses wertvolle Beiträge zur internationalen Solidaritätspolitik zu leisten, liegt vor allem in der Struktur des schweizerischen Föderativstaates begründet, der tatsächlich in einigen Erscheinungen einen Völkerbund im kleinen darstellt und daher gewisse Lebensfragen mit ihm gemein hat.

Nachdrücklich hat die Schweiz von allem Anfang an ihre Stellung in der Völkerbundsversammlung präzisiert. Sie lehnte grundsätzlich jede Verantwortung der Versammlung für die Handlungen des Völkerbundsrates, an denen die Schweiz nicht beteiligt war, ab; und ferner weigerte sie sich in traditioneller Gepflogenheit, irgendwelche territorialen Garantien, wie sie der Völkerbund zugunsten der Siegermächte stipulierte, zu übernehmen. In eine etwas heikle Situation geriet sie indessen, wenn es sich um Bestimmungen des Versailler Vertrages handelte, über deren Ausführung der Völkerbund wachen mußte. Einerseits hatte ja die Schweiz den Versailler Traktat nicht unterzeichnet und konnte sich nach dieser Seite aller Verpflichtungen ledig fühlen. Anderseits aber war sie als Mitglied des Völkerbundes doch zur Solidarität verpflichtet. In dieser Doppelstellung, die zu Kompromissen verleiten mußte, suchte sie ihre neutrale Haltung immer wieder so gut wie möglich zum Ausdruck zu bringen und den Völkerbundsstaaten ihre besondere Einstellung in Erinnerung zu rufen.

Das gilt namentlich für die Schicksalsfrage des Völkerbundes, die Rüstungsbeschränkung, zu der sich die Schweiz vorbehaltlos bekannte. Dagegen konnte sie dem Vertragsentwurf über gegenseitige Hilfeleistung nicht zustimmen, da er grundsätzlich Sonderabkommen unter einzelnen Kontrahenten zuließ: Die Eidgenossenschaft sei angesichts ihrer internationalen Sonderstellung nicht in der Lage, einem Abkommen beizutreten, das ihr andere Pflichten auferlegen würde als diejenigen, die sie aufgrund des Paktes und im Sinne der Londoner Erklärung des Völkerbundsrates übernommen habe. Zurückhaltung beobachtete die Schweiz auch in der Frage der Kontrolle über den internationalen Handel mit Waffen, Munition und Kriegsmaterial, unterzeichnete aber schließlich das Übereinkommen in dieser Sache (1925). Sie beteiligte sich ebenfalls an den Kommissionsberatungen über die Anwendung wirtschaftlicher Waffen durch den Völkerbund, beschickte sogar die große Wirtschaftskonferenz von Genua und trat der dort zustande gekommenen Vereinbarung über das Unterlassen von Angriffen bei. Anläßlich des Ruhreinfalles (1923) kamen die Fraktionspräsidenten trotz Verurteilung dieses französischen Schrittes zur Überzeugung, die Schweiz tue besser daran, nicht beim Völkerbund zu intervenieren, weil man sich davon keinen Erfolg versprechen könne.

Dagegen trat die Schweiz aus ihrer neutralen Reserve heraus, als es galt, dem vom finanziellen Ruin bedrohten Nachbarstaat Österreich mit Geldmitteln beizustehen. Man kleidete die Hilfeleistung in die Form einer reinen Kreditgewährung und entrückte sie damit dem Referendum. Aus ihrem öffentlichen Fiskus lieh die Eidgenossenschaft dem österreichischen Staat ohne Garantie 20 Millionen Goldbarren, während die schweizerischen Banken 25 Millionen Schweizer Franken der internationalen Anleihe für Österreich zeichneten, von anderen finanziellen Vergünstigungen ganz zu schweigen (1923). Die Aktion unterschied sich von derjenigen anderer Länder dadurch, daß die Schweiz gab, ohne als Gegenleistung zu ihrem Vorteil politische Rechte auf Österreich geltend zu machen oder auch bloß den Anschein der Bevormundung zu erwecken. Zur Unterstützung Österreichs sah sich der Bundesrat auch deshalb bewogen, weil das Verschwinden dieses Nachbarstaates nicht nur die Landesverteidigung, sondern auch die wirtschaftlichen Verhältnisse schwer beeinträchtigt haben würde.

Daß die Schweiz, als es um die Aufnahme Deutschlands in den Völkerbund ging, ihre übliche außenpolitische Zurückhaltung ablegte, ist begreiflich, wenn man bedenkt, wie sehr sie es wünschen mußte, ihren größten Nachbarn der internationalen Friedensorganisation, der sie selber angehörte, eingegliedert zu wissen. Bei keiner Gelegenheit unterließ es die schweizerische Delegation, die Völkerbundsversammlung an diese dringende und noch ungelöste Aufgabe zu erinnern. Geradezu typischer Charakter kommt einem Zwischenfall zu, der sich in dieser Sache schon während der ersten Völkerbundstagung ereignete. Motta erklärte es als höchst wünschenswert, daß die Frage der Aufnahme Deutschlands in den Völkerbund im Geiste der Serenität, der Gerechtigkeit und der Befriedung geprüft werde; denn diese Angelegenheit gehe nicht nur die Schweiz und Europa an, sondern rühre an die Universalität, an das Leben des Völkerbundes. Gegen diese mahnenden Worte protestierte der französische Delegierte in entrüsteter Rede, vermochte aber die Gewissensstimme der Schweiz nicht zu ersticken. Mit ihrer Anbahnung einer deutsch-französischen Versöhnung blieb die Schweiz ihrer alten Tradition treu. Als Deutschland 1926 aufgenommen wurde, begann das Mißtrauen, das man dem Völkerbund in vielen Teilen der Schweiz immer noch entgegenbrachte, zu schwinden. Die eidgenössische Delegation hat sich immer wieder um des Prinzips der Universalität willen für die Aufnahme neuer Mitglieder eingesetzt – mit einer berühmten Ausnahme.

Ausfluß ihrer Neutralität war es auch, wenn die Schweiz ihre Aufmerksamkeit viel mehr denjenigen Aufgaben des Völkerbundes zuwandte, die auf einen Ausbau der zwischenstaatlichen Rechtsbeziehungen hinzielten, und wenn sie sich allem fernhielt, was das System der Zwangsmaßnahmen gegen «bundesbrüchige Staaten» betraf. Unabhängig von dem durch die Haager Konventionen von 1899 und 1907 errichteten ständigen Schiedshof hatte der Völkerbund einen Ständigen Internationalen Gerichtshof geschaffen. Die Schweiz als neutraler Kleinstaat, dessen größte Stärke in seinem guten Recht liegt, gab schon 1920 die Erklärung ab, sie werde die Gerichtsbarkeit des Gerichtshofes ohne jede Einschränkung als obligatorisch anerkennen unter Vorbehalt der Gegenseitigkeit, das heißt gegenüber allen Völkerbundsmitgliedern oder Staaten, die die gleiche Verpflichtung übernahmen. Unermüdlich hat sich die schweizerische Delegation für ein obligatorisches Schiedsverfahren zur Schlichtung internationaler Konflikte eingesetzt. Sie erstrebte namentlich bilaterale Verträge. So war sie denn auch der erste Völkerbundsstaat, der mit Polen und Dänemark bereits 1920 die obligatorische Schiedsgerichtsklausel unterzeichnete. – Die Eidgenossenschaft konnte ihrer Neutralität ebenfalls nichts vergeben, wenn sie 1929 einem internationalen Übereinkommen beitrat, welches den Krieg als Mittel nationaler Politik für unerlaubt erklärte, wie es der Kellog-Pakt tat, so genannt nach dem amerikanischen Hauptinitiator. Denn die Grundsätze dieser Friedensdeklaration glichen ja genau den von der Schweiz vertretenen Prinzipien. – Es ist selbstverständlich, daß die Schweiz unbeschadet ihrer Neutralität an den humanitären und nichtpolitischen Aufgaben des Völkerbundes rückhaltlos mitarbeiten konnte.

Charakteristisch für die Haltung der neutralen Schweiz innerhalb des Völkerbundes war ihre Einstellung zum sogenannten Wilnaer Konflikt. Polnische Freischaren hatten in Verletzung des Waffenstillstandes mit

Litauen die Stadt Wilna besetzt (1920). Diese war seit der Verselbständigung Polens und Litauens ein Zankapfel zwischen den beiden. Polen beanspruchte Wilna, weil die Mehrzahl der städtischen Bevölkerung polnischer Nationalität sei, Litauen wollte die Stadt besitzen, weil sie früher die Hauptstadt des Staates gewesen war und immer noch viele Litauer in der Umgebung der Stadt wohnten. Seit dem eigenmächtigen Vorgehen Polens mottete zwischen den beiden Staaten ein Kriegsfeuer, das durch das Eingreifen des benachbarten Sowjetrußland jederzeit in heller Flamme auflodern konnte. Um dem Streit ein Ende zu machen, beabsichtigte der Völkerbundsrat, in Wilna eine Abstimmung unter dem Schutze internationaler Truppen zu veranstalten. Belgische, spanische und englische Kontingente sollten durch die Schweiz, Österreich und die Tschechoslowakei nach Wilna geschickt werden.

Aber der Vorsteher des Militärdepartements, Bundesrat Scheurer, setzte sich mit Entschiedenheit für die Wahrung absoluter militärischer Neutralität ein und äußerte schwerste Bedenken gegen die Gewährung des Durchzugs: Die Schweiz laufe Gefahr, Schwierigkeiten im Innern zu bekommen. Wenn sich die Sozialdemokraten und die Kommunisten gegen den Durchpaß aussprächen, würden die Eisenbahner geneigt sein, die Mithilfe beim Transport zu verweigern. Auch nach außen müsse man befürchten, in unliebsame Verwicklungen gezogen zu werden. Allerdings hätten die Truppen friedliche Aufträge, könnten unter Umständen aber doch mit Sowjettruppen in Konflikt geraten, was der Schweiz die offene Feindschaft Rußlands zuziehen würde. Umgekehrt fürchteten alle Freunde des Völkerbundes, eine kategorische Ablehnung durch die Eidgenossenschaft, an der gemeinsamen Aufgabe einer Volksabstimmung in Litauen mitzuwirken, werde von den Feinden der Schweiz zu ihren Ungunsten ausgebeutet werden und die «situation morale» des Landes verschlechtern. Das könnte den Völkerbundsrat veranlassen, die Verlegung des Sitzes von Genf weg ernstlich ins Auge zu fassen.

Unbeirrt vom Streit der Meinungen suchte der Vorsteher des Politischen Departements auf den stürmischen internationalen Wogen seinen Kurs zwischen der Skylla einer Verletzung der schweizerischen Neutralität und der Charybdis einer Verärgerung des Völkerbundes zu steuern. Auf Grund eines Vorschlages Mottas erklärte der Bundesrat, er sehe sich nicht in der Lage, den Transport der internationalen Truppen durch das Territorium der Eidgenossenschaft zu bewilligen. Vor den eidgenössischen Räten rechtfertigte er seinen Beschluß mit der Feststellung, die Voraussetzungen des Volksentscheides zwischen Polen und Litauen seien noch zu wenig abgeklärt. Und zudem entspreche der Durchzug der nach dem Abstimmungsgebiet zu transportierenden Truppen durch die Schweiz keiner zwingenden

Notwendigkeit, da auch andere Routen gewählt werden könnten. Im Völkerbund wirkte die schweizerische Ablehnung geradezu niederschmetternd; sie füge ihm empfindlichen moralischen Schaden zu. Altbundesrat Gustave Ador glaubte, der Völkerbundsrat werde seine in London 1920 mündlich abgegebene Erklärung vom Vorjahr hervorholen, worin er beteuert hatte, die Schweiz werde sich nie den internationalen Solidaritätspflichten entziehen, sofern sie mit der militärischen Neutralität vereinbar seien.

Weder in der schweizerischen Deklaration noch in der Gegenerklärung des Völkerbundes wurde ein Versuch gemacht, die Grenzen der schweizerischen Neutralität zu bestimmen. Eines der wichtigsten Ergebnisse der Wilnaer Angelegenheit bestand zweifellos darin: Dadurch, daß die neutrale Schweiz sich so entschieden einem Truppendurchzug versagte, hat sie einen möglicherweise gefährlichen Präzedenzfall vermieden und auf eindeutige Weise manifestiert, daß der Völkerbund bei allen seinen militärischen Unternehmungen, welchen Zielen sie auch dienen mochten, den neutralen Boden der Schweiz nicht betreten dürfe.

17. Behauptung der Neutralität gegenüber Deutschland

Seit dem Regierungsantritt Hitlers stand die Schweiz als ein Land gesicherter bürgerlicher Lebenshaltung und demokratisch-liberaler Gedankenwelt dem neuen deutschen Reich mit großen Vorbehalten gegenüber. Das radikale Vorgehen des nationalsozialistischen Regimes im Innern des Landes und seine zunehmende Machtentfaltung nach außen führten die sozialdemokratischen, liberalen und katholisch-konservativen Schweizer Bürger zu einmütiger Abwehr zusammen. Den Judenboykott bekamen auch Schweizer Juden zu spüren, und die gewalttätige Finanzpolitik des neuen Regimes, bei der Treu und Glauben nicht mehr auf ihre Rechnung kamen, zeitigte üble Rückwirkungen auf die Schweiz. Von der geheimen Aufrüstung Deutschlands vernahm man, sie sei viel weiter fortgeschritten, als allgemein angenommen werde; ihr Ziel liege nicht in der bloßen Landesverteidigung; das neue Deutschland schmiede hier die Waffe zum Angriffskrieg. Geradezu mit Bestürzung beobachtete man in der Schweiz, wie schlecht Hitler das kleine Nachbarland Österreich behandelte. Der Chef des Eidgenössischen Politischen Departements besprach sich in Genf mit deutschen Reichsministern (1933). Als Ergebnis dieser Unterredung gab er im Nationalrat bekannt: «Die Doktrin und die Politik der deutschen Regierung richten sich keineswegs gegen die Schweiz. Ganz im Gegenteil. Die Schweiz ist ein starker und gesunder Organismus, der sich im Verlauf einer langen Geschichte entwickelt hat. Man könnte sich Europa nicht mehr vorstellen ohne die Schweiz.» So schön auch hier wie in späteren Führerreden immer wieder die Stimme nachbarlicher Freundschaft klang – es war bloßer Wortschaum; denn die Tatsachen widersprachen den Aussagen.

Als in der Schweiz sich allenthalben Abneigung gegen die wesensfremde totalitäre Staatsform des nördlichen Nachbarn kundtat und Animosität gegen den Aggressionsgeist dieses Landes aufbrach, bemühten sich die eidgenössischen Staatsmänner, die klare Richtung der schweizerischen Neutralitätspolitik durch solche Einflüsse nicht stören zu lassen. Der Vorsteher des Eidgenössischen Politischen Departements zog einen Trennungsstrich zwischen innerstaatlichem Ideal und Außenpolitik, indem er erklärte, es sei unmöglich, die internationalen Beziehungen auf die Gemeinsamkeit der Staatsformen und auf die Ähnlichkeit der politischen Auffassungen zu gründen: «Der gesunde Menschenverstand belehrt uns, daß es nur *eine* mögliche Politik gibt: Herr im eigenen Hause bleiben, aber im übrigen es den Völkern selber überlassen, sich diejenigen Einrichtungen zu geben, die sie für sich als die besten erachten.»

Mehr noch als vom totalitären Staatsgedanken zeigte man sich in der Schweiz von der deutschen Volkstumsidee beunruhigt. Die Schweizer wurden von den Deutschen stets stärker provoziert, so etwa, wenn deutsche offizielle Stellen die Schweizer nur noch als «Deutsche in der Schweiz» anredeten, oder wenn auf geographischen Karten die Schweiz unter Großdeutschland figurierte, oder wenn man den geschichtlichen Vorgang der Loslösung vom Reich als «Verrat am Reich» brandmarkte. Pseudowissenschaftliche Veröffentlichungen variierten den Gedanken, daß über den staatlichen Zusammenhang das Blut entscheide: Alle Deutschstämmigen, auch wenn sie durch staatliche Grenzen vom Reich getrennt seien, gehörten zu Deutschland. Der deutsche Gesandte in Bern gab einer neugegründeten nationalsozialistischen «Gesellschaft zur Förderung des kulturellen Lebens» den Leitsatz: «Der Sinn unserer Kulturpropaganda liegt doch darin, dem Schweizer immer stärker zum Bewußtsein zu bringen, daß er nur ein Teil des großen deutschen Kulturraumes ist.»

Die wuchtigsten Angriffe aber richtete das nationalsozialistische Deutschland gegen die schweizerische Neutralität. Aus dem Gedankenkreis der völkischen Staatslehre und des totalitären Staatsideals wurde der schweizerische Selbstbehauptungswille als «bäuerliche Eigenbrötelei» verächtlich gemacht, die Schweizer Neutralität als Furcht vor Entscheidung verleumdet, als moralischer Defekt, als Vergreisung und Dekadenz. Neutralität sei der Ausdruck einer europäischen Erkrankung, bedeute Entwurzelung, ja eigentliche Schicksallosigkeit. Solche Verunglimpfungen nahm man in der Schweiz zunächst kaltblütig hin und verwies zu ihrer Widerlegung auf die derzeitigen Verhältnisse: Daß die Neutralität kein Schlummerkissen darstelle, auf dem der Schweizer sich jeder Kraftleistung entwöhne, bewiesen die militärischen Anstrengungen. Und daß Neutralität noch keine Garantie gegen Bedrohung von außen bedeute, sondern angespanntes Wachsein aller Bürger fordere, lehrten Vergangenheit und Gegenwart. Der Behauptung, Europa habe der Schweiz die Neutralität gewährt und dürfe sie ihr deshalb auch wieder nehmen, begegnete man mit der historischen Feststellung, daß die Neutralität kein Gnadengeschenk der Großmächte, sondern von der Schweiz gewählt und gewollt worden sei, innerhalb bestimmter Normen, die die Staatsraison vorschreibe. Gerade weil die Schweiz ihre Neutralität zu einer immerwährenden erklärt habe und deshalb in den fließenden Veränderlichkeiten der internationalen Verhältnisse ihre außenpolitische Haltung nicht wechsle, sei sie vor dem Vorwurf geschützt, um des Vorteils willen ihren Mantel nach dem Winde zu hängen.

Es ist verständlich, daß sich die alemannische Schweiz von Deutschland stärker bedroht fühlte als die romanische; denn der völkische Anspruch der Nationalsozialisten umfaßte nur die deutschstämmigen Schweizer. Sie mußten den zu erwartenden Stoß zuerst auffangen. Ein Gutes hatte die Spannung immerhin: Die Schweizer aller Landesteile schlossen sich angesichts der außenpolitischen Bedrohung zusammen. Während im Ersten Weltkrieg der berüchtigte «Graben» sich quer durch das Gebiet der Eidgenossenschaft gezogen hatte, verlief er jetzt, ungleich breiter und tiefer als 1914/1918, der Nordgrenze der Schweiz entlang. Das Gespräch über die Grenze sank immer mehr in die Niederungen gehässiger Polemik hinunter. Aber noch schreckte man beiderseits davor zurück, das Tischtuch zu zerschneiden.

Die bisher sehr gespannten, aber doch stets normalen offiziellen Beziehungen der Schweiz zu Deutschland drohten im Jahre 1935 durch einen Fall von Menschenraub aufs schwerste gestört zu werden. Ein deutscher Emigrant, der Journalist Berthold Salomon, genannt Jacob, war von Straßburg nach Basel gelockt und, nachdem er durch falsche Angaben zum Besteigen eines Automobils bewogen worden war, in diesem Wagen unter Mitwirkung eines deutschen Beamten auf deutsches Gebiet entführt worden, alles auf Veranlassung und nach Anleitung der Geheimen deutschen Staatspolizei (9. März 1935). Jacob war über die geheime Aufrüstung Deutschlands sehr gut informiert und hatte sich besonders durch seine Artikel gegen die Reichswehr in Berlin verhaßt gemacht. Schon griff die Weltpresse die sensationelle Verletzung schweizerischer Souveränität auf.

Der mit hellem Verstand und scharfer Dialektik begabte Schweizer Gesandte in Berlin, Paul Dinichert, drängte den Bundesrat, möglichst rasch und mit großer Eindringlichkeit zu handeln: «Unsere guten Beziehungen mit dem heutigen Regime erhalten wir meines Erachtens am besten, nicht indem wir uns etwa nachgiebig, sondern entschlossen zeigen, unser gutes Recht mit allen friedlichen Mitteln, die uns zur Verfügung stehen, zu verteidigen.» Die Schweiz ersuchte die deutsche Regierung, Jacob unverzüglich den Basler Behörden zurückzugeben und die Beamten, welche die Entführung eines das schweizerische Gastrecht genießenden Ausländers veranlaßt hätten, gebührend zu bestrafen. Aber Deutschland ging auf dieses Begehren nicht ein und behauptete, Jacob habe freiwillig und illegal die Reichsgrenze überschritten; es liege keine Vornahme von Amtshandlungen deutscher Beamter auf Schweizer Gebiet vor, es sei auch keine Verletzung der schweizerischen Gebietshoheit erfolgt, die von der deutschen Regierung zu verantworten wäre. Der Schweizer Gesandte konnte sich des Eindrucks nicht erwehren, «daß wir hier in unverblümter Weise angelogen werden». Auch das deutsche Publikum wurde durch Entstellungen des deutschen Nachrichtenbüros hintergangen. Der Bundesrat entschloß sich, aufgrund des geltenden deutsch-schweizerischen Schiedsvertrages, das Schiedsgerichtsverfahren einzuleiten, das Deutschland wohl oder übel annehmen mußte, und legte ein so erdrückendes Beweismaterial vor, daß der Tatbestand nicht mehr zu leugnen war. Deutschland anerkannte ihn im wesentlichen, mißbilligte das Verhalten der Entführer und gab vor, den an der Sache beteiligten Beamten auf dem Disziplinarweg zur Rechenschaft ziehen zu wollen, stellte aber mit keinem Wort die Möglichkeit einer Rückgabe Jacobs in Aussicht. Durch dieses halbe Entgegenkommen fühlte sich Motta bewogen, den Fall durch einen Vergleich, das heißt freundschaftlich zu erledigen – zur nicht geringen freudigen Verwunderung des Deutschen Auswärtigen Amtes, das ein Schiedsverfahren nur sehr ungern angenommen hatte. Unter der Voraussetzung, daß damit der Zwischenfall als beigelegt betrachtet werde, übergab Deutschland den Jacob ohne jede Bedingung an die schweizerischen Behörden in Basel, die ihn nach Frankreich abschoben (1935).

Im Bundeshaus betrachtete man diesen Ausgang mit Befriedigung. Im Volke aber fraß sich eine tiefe Abneigung gegen Hitler-Deutschland ein, das die schweizerische Souveränität und Neutralität so ungescheut beleidigt und geglaubt hatte, mit dem kleinen Nachbarland nach Gutdünken umspringen zu können. Die schweizerischen Zeitungen gaben auf einen Wink aus Bern hin ihrem Frohlocken nur verhalten Ausdruck, während die deutsch-nationalsozialistische Presse die Erledigung meistens totschwieg. Den Reichsbehörden war viel daran gelegen, eilig den Vorhang über die ganze Angelegenheit fallen zu lassen; denn schon begannen ausländische Zeitungen, sie auszuschlachten: Es sei der Schweiz gelungen, die Gebote des Rechtes gegen die Gewalt durchzusetzen. Tatsächlich hebt sich die Haltung der Schweiz vorteilhaft ab von derjenigen anderer Grenzstaaten Deutschlands, wie der Tschechoslowakei und Hollands, die ähnliche Fälle fast stillschweigend und zum Teil ohne Genugtuung zu verlangen, möglichst unauffällig und resigniert erledigten.

Auch beim nächsten schweren Zwischenfall in den schweizerisch-deutschen Beziehungen setzte sich die Eidgenossenschaft mit ihrer Rechtsauffassung durch. Längst beobachteten weite eidgenössische Kreise mißtrauisch den Leiter der nationalsozialistischen Zentrale in der Schweiz, Wilhelm Gustloff, und seine betriebsame, undurchsichtige Geschäftigkeit. Die Bundesbehörden hatten sich schon einige Male mit ihm befassen müssen, jedoch immer wieder erklärt, daß sie in seinem Verhalten nichts feststellen könnten, was die öffentliche Ordnung und Sicherheit der Schweiz schädige. Gewiß, die Nationalsozialisten hielten sich so weit zurück, daß sie im allgemeinen nicht mit den Gesetzen des Gastlandes in Konflikt gerieten. Aber ihr immer weiter um sich greifendes Treiben, ihr dreistes Auftreten, ihre angriffige Sprache, ihre aufdringlich-lärmigen Gedenkfeiern reizten den Schweizerbürger und verletzten ihn in seinem nationalen Empfinden; so etwa, wenn der nationalsozialistische Redner, an einer 1934 in Basel abgehaltenen Versammlung, sich zum hohnvollen Spotte hinreißen ließ: «Der Liberalismus geht an Altersschwäche zugrunde. Auch in der Schweiz werden sich die schlafmützigen Demokraten die Augen reiben, wenn eines Tages plötzlich die Hakenkreuzfahnen aufgezogen werden.» Das Schweizervolk fürchtete, ein nationalsozialistisches Verschwörernetz ziehe sich über dem Lande, in dem 134000 Deutsche lebten, zusammen.

Da wurde Gustloff in Davos von einem jugoslawischen Studenten der Medizin, der seit zwei Jahren an der Universität Bern immatrikuliert war, erschossen (5.Februar 1936). Der Mörder stellte sich unverzüglich der Polizei. Er war israelitischer Abstammung und Religion. Als Motiv der Tat gab er an: «Weil ich Jude bin.» Die Verhältnisse in Deutschland hätten ihn zu seiner Tat veranlaßt. Für die Aburteilung war das kantonale Gericht Graubündens zuständig. Da die Motive der Tat politischen Einschlag zeigten, hatte sich auch die Bundesanwaltschaft mit dem Morde zu befassen.

Aus Deutschland «gellte ein einziger Schrei der Empörung». Die deutsche Presse versuchte recht unverfroren, die Verantwortung für den Mord der Schweiz zuzuschieben, und schrieb von der «Verwilderung des schweizerischen politischen Lebens». Bei der Bestattung Gustloffs in Deutschland bezeichnete der offizielle Redner die Schweiz als «Mitschuldige an dem verabscheuungswürdigen Verbrechen». Die Trauerfeierlichkeiten öffneten jedermann in der Schweiz die Augen darüber, welch große Bedeutung das offizielle Deutschland einem Landesgruppenleiter im Ausland beimaß. Sämtliche Mitglieder des Bundesrates stimmten dem sofortigen Verbot von Landesleitung und Kreisleitungen der NSDAP in der Schweiz zu «in Erkenntnis, daß eine nationalsozialistische Landesleitung als zweite Vertretung des

Dritten Reiches neben der deutschen Gesandtschaft unhaltbar geworden war». Jedoch konnte sich der Bundesrat nicht entschließen, die ausländischen Vereinigungen zu untersagen.

Vor Eröffnung des Prozesses in Chur fanden deutscherseits Sondierungen bei Schweizern statt: Ob es nicht im Interesse der beidseitigen Beziehungen läge, wenn die Prozeßleitung ein Abgleiten der Verhandlungen ins Politische verhinderte? Aber solche Ratschläge waren im schweizerischen Rechtsstaat, der den Grundsatz der Gewaltentrennung hochhielt, überflüssig. Dieses Fundamentalprinzip blieb auch in der heiklen Kriminalaffäre unangetastet, mochte sie noch so sehr im Mittelpunkt internationaler Auseinandersetzungen stehen. Nach schweizerischem Rechtsempfinden blieb der politische Mord ein Mord und mußte nach dem klaren Wortlaut des Gesetzes gesühnt werden. Das Gericht verurteilte Frankfurter zu achtzehn Jahren Zuchthaus und zu lebenslänglicher Landesverweisung (1936). Das Urteil war Ausdruck der intakten schweizerischen Justiz und des sauberen schweizerischen Rechtsempfindens.

Das bundesrätliche Verbot der Zulassung eines Landesgruppenleiters umging Deutschland in der Weise, daß der Berufsdiplomat und Nationalsozialist von Bibra an die Deutsche Gesandtschaft nach Bern versetzt wurde, wo er die Geschäfte der nationalsozialistischen Auslandsorganisation weiterführte. Um einen neuen Konflikt zu vermeiden, duldete der Bundesrat die Tätigkeit Bibras, verweigerte ihm aber den Titel eines Landesleiters. Daß der Bundesrat die deutsche Parteiorganisation nicht kurzerhand verbot, hat folgende Gründe: Das Eidgenössische Politische Departement fürchtete, ein Einschreiten gegen die deutschen Parteiorganisationen würde zu fatalen Spannungen mit dem nördlichen Nachbarn führen. Durfte der Bundesrat, so fragte er sich eindringlich, die Vereinigungen der ohnehin einem starken ideologischen Druck ausgesetzten schweizerischen Landsleute in Deutschland bösen Repressalien aussetzen? Für den von Erwägungen der politischen Klugheit eingegebenen Entscheid des Bundesrates spricht die Tatsache, daß die weitgehenden Maßnahmen anderer Staaten gegen deutsche Parteiorganisationen die Bildung verräterischer Bünde innerhalb der deutschen Kolonien keineswegs haben verhindern können. Sowohl Österreich und die Tschechoslowakei, die am schärfsten gegen die staatsgefährlichen nationalsozialistischen Vereinigungen vorgegangen waren, als auch Holland, das die nationalsozialistischen Organisationen auflöste, sind durch die Umtriebe deutscher Staatsangehöriger unterwühlt worden. Vielleicht hat sogar die Zulassung der deutschen Parteiorganisationen und ihre dadurch mögliche und nicht unwirksame Kontrolle besser als ein Verbot erlaubt, die der Schweiz von dieser Seite drohenden Gefahren zu bannen.

Die Sorge um die Erhaltung der territorialen Unversehrtheit der Schweiz im Fall eines europäischen Konflikts stieg, als Hitler in seiner jüngsten Reichstagsrede beim Überblick über Deutschlands Beziehungen zu seinen Nachbarn die Schweiz nicht einmal erwähnte. Dieses geflissentliche Übergehen, in Verbindung mit den um so beredteren militärischen Maßnahmen längs des Rheins zwischen dem Bodensee und Basel, beunruhigte die Schweiz. Da entschloß sich Alt-Bundesrat Schultheß, der sich auf eine Informationsreise nach Deutschland begab, mit Wissen des Eidgenössischen Politischen Departements, den Reichskanzler aufzusuchen. Im Laufe der Unterredung erklärte Hitler laut offiziellem Communiqué: «Der Bestand der Schweiz ist eine europäische Notwendigkeit ... Zu jeder Zeit, komme was da wolle, werden wir die Unverletzlichkeit und Neutralität der Schweiz respektieren» (23.Februar 1937). Im Bundeshaus war man hochbeglückt. Einige Schweizer Leser von Hitlers Bekenntnisbuch «Mein Kampf» aber dachten an die Stelle, wo der Verfasser schreibt, nur ganz große Lügen würden geglaubt.

Es ist verständlich und überdies erfreulich, daß sich die Schweizer Zeitungen schon früh gegen den wesensfremden Nationalsozialismus im Nachbarland wandten und daß sich ihre Kritik mit dem Anwachsen dieser Bewegung steigerte. Sie fühlten dem nationalsozialistischen Deutschland recht eigentlich den Fieberpuls. Hitlers Aufruf bei der Machtübernahme wurde als «verlogenes Demagogentum», der Reichstagsbrand als ein «Schurkenstreich» der Nationalsozialisten abgetan. Die staatlich gelenkte deutsche Presse antwortete gekränkt und verbat sich jede «Einmischung». Das laute Pressegeplänkel wäre zunächst harmlos geblieben, wenn nicht die deutsche Staatsleitung eine Anzahl schweizerischer Zeitungen konfisziert, dann für eine bestimmte Zeit untersagt und auf diplomatischem Weg wiederholt versucht hätte, den Bundesrat zu einer Zügelung der öffentlichen Meinungsäußerung zu veranlassen. Als die Schweizer Zeitungen über die nationalsozialistischen Mordtaten als über ein jämmerliches Stück blutiger Parteijustiz tatsachentreu berichteten, sprach die deutsche Regierung weitere Verbote aus. Da holte der bisher so geduldige Bundesrat zum Gegenschlag aus, in der richtigen Voraussicht, daß ein weiteres Zögern von Deutschland bloß als Schwäche ausgelegt würde, und verbot als Retorsionsmaßnahme drei führende deutsche Zeitungen. Deutsche Repressalien ließen nicht auf sich warten. Damit war der Konflikt in aller Schärfe ausgebrochen und sollte, beidseitig in gesteigerter Temperatur, bis zum Kriegsende nicht mehr abklingen.

Die Schweizer Presse fand mit ihren Anschauungen von Pressefreiheit einen Rückhalt am Bundesrat. Motta präzisierte gegen Ende des Jahres 1938 seine Auffassung: «Wir lehnen die in gewissen deutschen Zeitungen und Zeitschriften verkündete Lehre ab, welche die Neutralität des Staates mit der Neutralität des einzelnen Individuums zu vermengen sucht. Grundsätzlich ist einzig der Staat neutral. Er wird es immer mit Festigkeit sein. Der Bürger bleibt in seinen Anschauungen und in seinem Urteil frei. Objektive Kritik ist ihm stets gestattet. Wir verlangen von ihm, sich im Interesse des Landes einer freiwilligen Zucht zu unterziehen hinsichtlich der Art und Weise, seine Gedanken auszusprechen.» Dies blieb all die Jahre hindurch die offizielle schweizerische These. Es hat nicht an schweren deutschen Angriffen auf die schweizerische Anschauung gefehlt und auch nicht an Versuchen, sie durch sogenannte Presseabkommen aus der Welt zu schaffen. In der Schweiz aber war man aus Erfahrung auf der Hut. Man konnte hier beobachten, wie das 1937 zwischen Deutschland und Österreich abgeschlossene Abkommen den geistigen Widerstandswillen im kleinen Nachbarland allmählich zermürbte. Schließlich kannte man aus Hitlers Kampfbuch die von ihm empfohlene diabolische Taktik: Bevor man ein Land mit Waffen angreife, solle man es durch revolutionäre Propaganda demoralisieren, materiell schwächen und durch sich steigernde außenpolitische Erpressungen kapitulationswillig machen. Es war genau das Verfahren, mit dem das Frankreich der Revolution die Alte Eidgenossenschaft 1798 fallreif gemacht hatte. In der schweizerischen Öffentlichkeit äußerte man die Abneigung gegen ein mögliches Presseabkommen so unverhohlen, daß Deutschland sich damit begnügte, in dieser Sache wiederholt seine Fühler auszustrecken, aber keine offiziellen Besprechungen einleitete.

Die schweizerische These, daß Neutralität eine staatliche Angelegenheit sei, wogegen der Einzelne Meinungsfreiheit genieße, wurde von der deutschen Presse als doppelte Moral kritisiert. Es gebe nur eine vollständige Neutralität, die Jahre hindurch als «neutrale Gesinnung» bewiesen werden müsse. Besonders heftige Formen nahm die Kritik an, seit der Jurist E. H. Bockhoff in einer Reihe von Aufsätzen die nationalsozialistische Anschauung überspitzt und arrogant vorzutragen begann: Durch die Schaffung des nationalsozialistischen Staates sei der Umfang der Neutralität verändert und erweitert worden. Bereits im Frieden bestehe die Pflicht zur «gesinnungsmäßigen Neutralität». Die Neutralität müsse eine totalitäre sein, demnach auch die Presse umfassen.

Es wurde damals in der Schweiz herumgeboten – und ist seither teilweise bestätigt worden – Hitler bewahre in einer Spezialmappe Ausschnitte von Schweizer Zeitungen auf, die gegen die Neutralität verstießen – also die bekannten Schuldbeweislein, die später einmal, wenn man solche Begründung eines Angriffes auf die Schweiz nötig hatte, hervorkriechen würden. Wenn dieses Gerücht deutscher Einschüchterungstaktik entsprang, so hat es seine Schuldigkeit getan: Mit dem bloßen Hinweis auf die ominöse Führermappe konnte mancher Kleinmütige erschreckt werden.

Die Pressekampagne entzündete sich an den Vorfällen des Tages immer neu. Hitler kam in seinen Reden stets wie besessen auf die «Begeiferung» durch die ausländische «Hetzpresse» zurück und sagte ihr den Kampf an: Er werde dies inskünftig nicht mehr hinnehmen, sondern mit nationalsozialistischer Gründlichkeit antworten. Wenn die deutsche Regierung für alle Zwietracht zwischen den beiden Nachbarländern die Schweizer Presse verantwortlich machte, so litt diese Behauptung an einem großen Irrtum. Gewiß hatten leidenschaftliche Schweizer Redaktoren gegen das von den Behörden empfohlene Maßhalten gesündigt. Aber die Feindschaft war denn doch nicht nur Presselärm. Die Deutschen verkannten, wie tief in der Schweiz das Verlangen nach Abwehr des Alldeutschtums ging. Deshalb glichen die meisten Maßnahmen gegen die Schweizer Zeitungen einem Schlag ins Wasser. Die Bewegung vehementer Selbstbehauptung war nicht mehr aufzuhalten. An der Abwehr fremder Ideologien hatte das freie, aufklärende und kritische Wort der Schweizer Zeitungen großen Anteil. Ihrem furchtlosen Einsatz ist die Immunität des Schweizers gegen nationalsozialistische und faschistische Infektion vornehmlich zu verdanken.

Einige Monate vor Ausbruch des Zweiten Weltkriegs stellte der deutsche Staatssekretär verärgert fest, eine Prüfung der Reaktion des Auslandes auf die jüngste Führerrede habe ergeben, daß die schweizerische Presse die feindseligste Haltung von allen Ländern zeige. Wie sich das mit der Neutralität vertrage? Die schweizerischen Zeitungen gingen in ihrer Kritik des nationalsozialistischen Deutschland weiter als selbst die amerikanischen, englischen und französischen. Mit dieser Feststellung hat der deutsche Staatssekretär, unabsichtlich, der Schweizer Presse wohl das höchste Lob ausgesprochen.

18. Wahrung der Neutralität gegenüber Italien

Mit dem Italien der ersten Nachkriegsperiode unterhielt die Schweiz normale diplomatische Beziehungen. Wohl verfolgte man einigermaßen besorgt die Äußerungen des gesteigerten italienischen Nationalismus. Man hörte ungern, daß Rom tessinischen Studenten Stipendien zahlte, und vernahm empört, daß die Landkarten in den italienischen Schulen das Tessin als dem Königreich Italien angehörend darstellten. Zu offiziellem Protest aber führte erst ein Zwischenfall im italienischen Parlament (21. Juni 1921). Als der König in der Eröffnungsrede den Abschluß des Friedens und die dadurch erreichte Einheit Italiens innerhalb seiner natürlichen Grenzen gefeiert hatte, erhob sich in der darauffolgenden Debatte der junge faschistische Abgeordnete Mussolini, noch ganz am Anfang seiner meteorhaften Laufbahn stehend, und erklärte mit heftigen Worten, die Einheit Italiens sei nicht vollendet, bevor es sich nicht das Tessin einverleibt habe. Aber im nächsten Jahr zur Macht gekommen, versicherte er, zwischen der Schweiz und Italien gebe es keine Territorialfragen.

Den besten Unterbau für die Solidität der schweizerisch-italienischen Freundschaft bildete der Schieds- und Vergleichsvertrag von 1924/25. Motta feierte ihn mit überschwänglichen Worten als ein Muster der friedlichen Regelung internationaler Konflikte. Auch Mussolini sprach in der italienischen Kammer mit hochtönenden Phrasen von dem Vertrage, der zwar nur eine zehnjährige Dauer habe, von ihm aber als ewig betrachtet werde. Trotz dieser offiziellen Freundlichkeiten nahmen die Reibereien mit dem faschistischen Italien in beängstigendem Maße zu: Grenzzwischenfälle, Taktlosigkeiten der Faschistenverbände in der Schweiz, Beschlagnahmung schweizerischer Blätter in Italien, Versammlungsverbote des liberalen Tessinervereins in Italien, irredentistische Wühlereien, italienische Beschwerden über die sogenannte Germanisierung des Kantons Tessin. Den Vorsteher des Eidgenössischen Politischen Departements schmerzte und verletzte besonders die Bildung schweizerischer Faschistenverbände und ihre Unterstützung durch das offizielle Italien. Auf einer Romreise im Heiligen Jahr besprach er sich mit Mussolini und erhielt von ihm die Versicherung, er werde nicht dulden, daß man an die Unabhängigkeit der Schweiz rühre (1934). Angesichts der wiederholten Freundschaftsbeteuerungen fielen bald darauf Mussolinis öffentlich ausgesprochene scharfe Worte wie ein Blitz aus heiterem Himmel: «Wir wünschen, daß die Italianität des Tessins bewahrt und verstärkt werde.» Zum ersten Mal stellte er hier gleichsam als Dogma der italienischen Außenpolitik die Italianität des Tessins auf. Da der Faschismus die nationalistische Bewegung der Nachkriegszeit übernahm, folgten sich ungehindert die irredentistischen Kundgebungen gegen die Schweiz. Gegen außen wurde vornehmlich Kulturpropaganda getrieben, im geheimen aber der Irredentismus mit Hilfsgeldern unterstützt.

In der Schweiz bedachte man sorgenvoll, daß nach dem Wortlaut des 1939 abgeschlossenen Achsenvertrages die italienische Regierung gehalten war, in einem Konflikt zwischen der Schweiz und Deutschland ohne weiteres dem Reich diplomatische Unterstützung zu gewähren. Das konnte sich für die Schweiz, wenn sie je in den Fall käme, ihren Vergleichs- und Schiedsvertrag mit Italien anzurufen, verhängnisvoll auswirken. Und ferner würde sich Deutschland gemäß den Abmachungen zwischen den Achsenpartnern in die schweizerisch-italienischen Beziehungen mischen können. Als erste Folge des Achsenzusammenschlusses und böses Omen wertete man schweizerischerseits das Verbot von großen schweizerischen Zeitungen, das zweifellos auf deutschen Druck zurückging.

Einer harten Bewährungsprobe wurde das schweizerisch-italienische Verhältnis im Krieg Italiens gegen Abessinien unterstellt. Es handelte sich darum, ob die Schweiz an der vom Völkerbund 1935 gegen den Friedensbrecher Italien verhängten Blockade mitmachen werde oder nicht. Einerseits war die Eidgenossenschaft als Mitglied des Völkerbundes vertraglich verpflichtet, sich an dessen wirtschaftlichen Sanktionen zu beteiligen, andererseits aber sprach nicht nur die Staatsraison, sondern ein sehr berechtigtes, in alter Tradition verwurzeltes Neutralitätsgefühl dagegen, wider einen befreundeten Nachbarn staatlich unneutral vorzugehen. Motta suchte geradezu fieberhaft zu verhindern, daß die ihm am Herzen liegende italienisch-schweizerische Freundschaft in die Brüche gehe. Aber trotz aller Rücksichten auf Italien blieb der Schweiz doch nichts anderes übrig, als sich mit der Institution solidarisch zu erklären, die ihren Sitz in eidgenössischem Gebiet aufgeschlagen hatte und wichtigste Grundsätze ihrer eigenen Verfassung verteidigte. Der alte Neutralitätsgedanke hatte sich in bestimmtem Umfang der neuen Solidaritätsidee anzupassen. Es bestand kein Zweifel darüber: Die militärische Neutralität wollte man grundsätzlich und ausdrücklich aufrecht erhalten. Aber aus der Londoner Erklärung von 1920 erwuchsen der Schweiz gewisse Verpflichtungen gegenüber dem Völkerbund. Das Maß dieser Verpflichtungen erwog man auf Grund durchaus berechtigter Bedenken. Man konnte nicht außer acht lassen, daß Zwangsmaßnahmen gegen ein mächtiges Nachbarland mit über 40 Millionen Einwohnern ergriffen werden sollten, mit dem die Schweiz auf allen kulturellen Gebieten äußerst rege Beziehungen unterhielt. Selbst wenn die Schweiz ihre Solidarität mit dem Völkerbund weitgehend verwirklichte, blieb doch der Charakter der Neutralität der Eckstein schweizerischer Außenpolitik.

Sie war hier vor eine ihrer heikelsten Aufgaben gestellt. Grundsätzlich erklärte der schweizerische Vertreter in der Völkerbundsversammlung, daß zwar die Schweiz ihre Verpflichtung, sich an wirtschaftlichen und finanziellen Sanktionen zu beteiligen, anerkenne, daß sie aber auch ihrem Neutralitätsprinzip nachleben müsse. Diesem Standpunkt zufolge schloß sich die Eidgenossenschaft dem Waffenausfuhrverbot an, wandte es indessen nach altem eidgenössischem Brauch gegen beide Kriegsparteien an, also auch gegen Abessinien. An der Verweigerung von Krediten und am Ausfuhrverbot für kriegswichtige Waren beteiligte sich die Schweiz ebenfalls, verweigerte jedoch ihre Teilnahme am Boykott italienischer Waren und an der Unterbrechung des Handelsverkehrs. So wurde der italienische Export nach der Schweiz und der schweizerische Export nach Italien nicht vollkommen gedrosselt, aber man beschränkte den Warenverkehr auf den Umfang des

Jahres 1934, um zu verhindern, daß die Schweiz auf Kosten der Sanktionsopfer anderer Staaten Gewinne mache.

Mit dem Entscheid über die Sanktionsfrage löste die Schweiz ihren Gewissenskonflikt. Sie blieb dem Völkerbunde treu nach der Devise «pacta sunt servanda» und brachte ein wirtschaftliches Opfer, ohne doch ihre Beziehungen zu Italien und damit ihre Lebensinteressen aufs Spiel zu setzen. Aber wie es bei Kompromissen oft zu geschehen pflegt: Die Schweiz erntete damit auf keiner Seite Dank. Linkskreise warfen dem Bundesrat vor, die Ideale des Völkerbundes verraten zu haben. Umgekehrt verhöhnten Rechtskreise die Undurchführbarkeit der differentiellen Neutralität und verlangten den Austritt aus dem Völkerbund.

In Italien fragte man gereizt, warum denn die Schweiz nicht einfach wie die drei anderen Völkerbundsstaaten Österreich, Ungarn und Albanien alle Blockademaßnahmen abgelehnt habe? Mussolini verstieg sich zur Drohung: «Wenn die Schweiz sich den Sanktionsmächten angeschlossen hätte, wäre dies das Ende ihrer Neutralität gewesen; ich hätte sie nicht mehr anerkannt.» Umgekehrt wiesen Schweizer Zeitungen warnend darauf hin, daß England über Worte und Taten in Genf genau Buch führe. Ob das Schweizervolk seiner Regierung nicht alle diese Mühe erspart haben würde, wenn es seinerzeit den Eintritt in den Völkerbund abgelehnt hätte? Solchen reuevollen Blicken in die Vergangenheit begegnete Nationalrat Feldmann mit der energischen Feststellung, der Bundesrat habe eine Aufgabe gelöst, wie sie schwerer und delikater nicht gedacht werden könnte.

Mussolini bemühte sich unentwegt, die verhaßten Sanktionen abzuschütteln. Die Schweiz sollte ihm dabei in Genf Vorspanndienste leisten. Als Mottas Erkundigungen ergaben, daß andere Völkerbundsstaaten seine Ansicht von der Unzweckmäßigkeit der bisherigen Sanktionspolitik teilten, beschloß der Bundesrat, die Sanktionen aufzuheben (15.Dezember 1936). Jetzt stand in Italien das Ansehen der schweizerischen Neutralität im Zenit. Dazu mochte auch die Weigerung des Internationalen Roten Kreuzes beigetragen haben, eine vom Völkerbund verlangte Dokumentation über den Abessinienkrieg durchzuführen; das Rote Kreuz erklärte, seine Neutralität und Unparteilichkeit verbiete ihm die Übernahme einer Aufgabe, die nicht einzig der Herbeiführung des Friedens diene.

Motta wußte, daß Mussolini nach der Eroberung Äthiopiens einer baldigen Anerkennung der italienischen Souveränität über das Land «massima importanza» beimaß. Deshalb hielt er es für naheliegend, daß die Schweiz aus einer feststehenden und nicht mehr zu ändernden Tatsache die völkerrechtlichen Folgen ziehe, und zwar in einem Zeitpunkt, wo eine solche Maßnahme von der italienischen Regierung noch als Entgegenkommen angesehen würde. Während er unschlüssig zögerte, wie er vorgehen solle, eröffnete die italienische Regierung ein wahres Trommelfeuer von Liebenswürdigkeiten an die Adresse der Schweiz. In Bern merkte man die Absicht und war verstimmt. Aber nachdem Großbritannien, Frankreich und die Vereinigten Staaten von Amerika Maßnahmen getroffen hatten, die einer Anerkennung de facto gleichkamen, stellte Motta dem Bundesrat den Antrag auf Anerkennung. Er begründete ihn ausführlich mit den schweizerischen Interessen in Abessinien und mit wirtschaftlichen Überlegungen, gab aber zu, daß seine entscheidenden Erwägungen außenpolitischer Art seien: Bei der gespannten Lage in Europa dürfe sich die neutrale Schweiz nicht darauf beschränken, nur korrekte Beziehungen mit den Nachbarstaaten aufrecht zu erhalten. Eine Anerkennung des Impero im gegenwärtigen Augenblick entspreche nicht bloß einem Wunsche der italienischen Regierung, sondern wäre auch die richtige Antwort auf die Freundschaftserklärungen Mussolinis. Und so beschloß der Bundesrat, unter Anerkennung der italienischen Souveränitätsrechte in Äthiopien, den Zuständigkeitsbereich der schweizerischen Gesandtschaft in Rom auf das äthiopische Kaiserreich auszudehnen (23. Dezember 1936). Das Exequatur des Postenchefs des äthiopischen Generalkonsulats in Zürich wurde als erloschen erklärt.

Daß die italienische Presse einmütig Beifall spendete, war selbstverständlich, ebenso, daß die deutsche Öffentlichkeit einstimmte. In den Westmächten reagierte man säuerlich bis bitter. Der Negus äußerte sich in einem Protestschreiben, worin er die völkerrechtliche Unzulässigkeit des schweizerischen Schrittes nachzuweisen versuchte, und schloß mit einem stark emotionalen Appell an den Völkerbund. Mochte Motta die außenpolitische Wirkung des bundesrätlichen Entscheides einigermaßen vorausgesehen haben, so hatte er doch niemals angenommen, daß in der Innenpolitik die Anerkennung des Impero derart hohe Wellen werfen werde. Weite Volkskreise fielen über ihn her, schrien über Kniebeuge, Verletzung der Grundsätze, Profitsucht des Kapitals. Volksversammlungen und Vereine heizten ein. Der evangelische Pfarrkonvent von Baselland behauptete gar, der Bundesrat habe bewußt und offenkundig Verträge dem Buchstaben und dem Sinne nach gebrochen. Auch im Parlament äußerte sich Mißbehagen. Dem einfachen Mann erschien Mottas Vorgehen als unehrliche Finasserie. Es blieb der Eindruck: Die Behörden interessierten sich offenbar für das sehr fragwürdige Wirtschaftsglück einzelner Schweizer Industrieller, überließen jedoch den Negus und sein Volk der furchtbaren Selbstverständlichkeit ihres Elends. Motta war selber von der Heftigkeit der Reaktion im Lande überrascht. Er hatte sich daran gewöhnt, das Barometer der Volksstimmung nur aus den Zeitungen abzulesen, und übersah, daß es neben der lauten Meinung der Presse noch eine stille Meinung des Volkes gab, die er zu spät kennenlernte. Zweifellos ist durch die eilige Anerkennung des italienischen

Impero das Vertrauen weiter Volksteile in die oberste Landesbehörde erschüttert worden.

All die Jahre hindurch vertrat Motta die Grundauffassung, das Verhältnis zu Italien müsse besonders gepflegt werden, weil das Schicksal der Schweiz weitgehend von ihrem Nachbarn im Süden abhange. Er spürte wohl, auf wie unsicherem Fundament seine Freundschaft mit Mussolini stand, wie sehr sie von den Schwankungen des turbulenten Faschismus und von den Peripetien der europäischen Machtlage abhing, so wenig er auch Mussolinis Doppelspiel mit der Schweiz ganz durchschaute. Daß der italienische Regierungschef in den letzten Jahren vor Kriegsausbruch ernsthaft eine mögliche Absorbierung des Tessins durch Italien erwog, scheint durch mehrere Zeugnisse erwiesen. Noch im März 1939 erklärte Mussolini im Großen Faschistenrat über außenpolitische Ziele der faschistischen Dynamik: «Ich habe meine Augen auf das Tessin gerichtet, weil die Schweiz ihren Zusammenhang verloren hat und eines Tages auseinanderfallen muß wie viele Kleinstaaten.» Und daß der italienische Staatschef mit dem kleinen Nachbarland rücksichtslos umsprang, wenn es ihm paßte, zeigte die Ausweisung von 240 Schweizern aus der südtirolischen Provinz Bozen unter Verletzung des geltenden Niederlassungsvertrags.

19. Rückkehr zur absoluten Neutralität

Der Ausbruch der spanischen Bürgerwirren wirkte in der gespannten Atmosphäre Europas wie ein Polarisator (Juli 1936). Die Diktaturstaaten stellten sich sofort auf die Seite der Militärpartei General Francos, während die Arbeiter in den Demokratien mit dem Parlamentarischen Spanien sympathisierten. In diesem Kampfe der Ideologien und der Macht unterstützten Deutschland und Italien das Weiße Spanien mit Kriegsmaterial und Spezialtruppen; das Rote Spanien erhielt Waffenhilfe besonders von der Sowjetunion. Auch in der Schweiz schieden sich die Geister und stießen in heftigem Meinungsstreit aufeinander. Die sozialdemokratische und linksbürgerliche Presse trat rückhaltlos für die spanische Republik ein. Umgekehrt fiel die Rechtspresse über die Republikaner her und brandmarkte sie als «Kirchenschänder und Räuber». Der Bundespräsident beschwor seine Landsleute vergeblich, ihre Parteileidenschaften zu zügeln.

Als die Wogen immer höher gingen und an einer Solidaritätskundgebung mit dem Roten Spanien die Zuhörer von einem Nationalrat aufgefordert wurden, Partei zu ergreifen, da in Spanien auch um die heiligsten Güter des Schweizervolkes gekämpft werde, ergriff der Bundesrat aus Neutralitätsgründen einschneidende Maßnahmen. Er verbot die Ausfuhr, die Wiedereinfuhr und Durchfuhr von Waffen, Munition und Kriegsmaterial aller Kategorien nach Spanien und den spanischen Besitzungen, gleich wie im Abessinienkrieg wiederum mit Bezug auf beide Parteien. Aber nicht nur mit Geld und Waffen wollte man in der Schweiz den Spaniern beider Lager zu Hilfe eilen; mancher Schweizer, in dessen Adern sich das alte Söldnerblut regte, brannte darauf, an der Seite seiner Gesinnungsbrüder in Spanien zu kämpfen. Da verbot der Bundesrat jede Teilnahme an den Feindseligkeiten in Spanien.

Von der maßvollen Haltung der Behörden und einer starken Mittelgruppe hob sich sowohl die lärmige Parteinahme der Linken für die spanischen Sozialisten, Kommunisten und Anarchisten als auch die weniger lautstarke, aber nicht minder gefährliche Sympathiekundgebung der Rechtskreise für Franco unvorteilhaft ab. Das Ganze war ein krasses Beispiel der althelvetischen Gepflogenheit, den politischen Sympathien ungehemmten Lauf zu lassen und innenpolitische Gegensätze in die Außenpolitik zu verlegen. Jetzt ging man offenbar so weit, die Bedürfnisse der inneren Politik durch gewagte Experimente mit der äußeren befriedigen zu wollen.

Die Stellungnahme der offiziellen Schweiz im August 1937 gegenüber den beiden Kriegsparteien läßt sich dahin zusammenfassen, daß mit der Regierung von Valencia offizielle Beziehungen und mit der Franco-Regierung tatsächliche Beziehungen unterhalten wurden und daß die Schweiz sich bestrebte, mit beiden Parteien in möglichst gutem Einvernehmen zu leben. Man ließ die Frage bewußt offen, ob die Aufrechterhaltung tatsächlicher Beziehungen, so wie sie bestanden, eine de-facto-Anerkennung oder bloß eine Anerkennung als kriegführende Partei in sich schließe. Motta verteidigte seine Politik der Balance: Es stehe über die dauernden Ergebnisse des Krieges noch nichts Endgültiges fest (1937).

Aber immer deutlicher neigte sich im spanischen Bürgerkrieg der Endsieg dem General Franco zu. Anfangs 1939 zogen die nationalspanischen Truppen in Barcelona ein und besetzten den Rest Kataloniens. In dieser wirtschaftlich bedeutendsten Gegend Spaniens lagen auch die meisten schweizerischen Interessen. Eine große Zahl von Schweizern, die, durch den Bürgerkrieg gezwungen, in die Heimat zurückgekehrt waren, warteten darauf, so schnell wie möglich ihr Gastland wieder aufzusuchen, um am wirtschaftlichen und kulturellen Aufbau des Landes mitzuarbeiten. In Katalonien befand sich eine große Anzahl industrieller und kaufmännischer Unternehmungen, welche Schweizer Bürgern gehörten oder an denen schweizerisches Kapital maßgebend beteiligt war. In dem der Regierung von Burgos unterstehenden Gebiet befanden sich etwa 1200 schweizerische Staatsangehörige und der weitaus größte Teil der schweizerischen Interessen. Verglichen damit verloren die Interessen, die die Schweiz in dem von der republikanischen Regierung abhängigen Gebiet zu wahren hatte, an Bedeutung. Deshalb schien es nötig, die Stellung der schweizerischen Vertretung in National-Spanien zu verstärken, auch wenn dies nur um den Preis der Anerkennung Francos möglich war. Als der Bundesrat vernahm, England und Holland würden mit der Anerkennung nicht mehr zögern, akkreditierte er bei der nationalspanischen Regierung einen außerordentlichen Gesandten und bevollmächtigten Minister und teilte dem Vertreter des republikanischen Regimes in Bern mit, daß damit die Beziehungen der Schweiz zu seiner Regierung ihr Ende gefunden hätten. Einen Monat nach dieser de-jure-Anerkennung Francos rückte dieser siegreich in Madrid ein und erklärte den spanischen Bürgerkrieg für beendet.

Trotz der bundesrätlichen Erlasse haben mindestens 800 Schweizer in Spanien gekämpft, zur Hauptsache im Lager der Republikaner, meist als Mitglieder der internationalen Brigaden; über 150 sind gefallen. Diesen sogenannten «Spanienfahrern» wurde vorgehalten, sie hätten die Bundesbeschlüsse und die Neutralität verletzt. Dies trifft aber bloß in kleinem Maße zu. Denn weil einzelne Individuen auf eigene Verantwortung nach Spanien zogen, konnte gegen den schweizerischen Staat doch wohl nicht der Vorwurf unneutralen Verhaltens erhoben werden. Die Reisläufer zogen beiden Parteien zu, womit dem altschweizerischen Grundsatz gleichmäßiger Behandlung Genüge getan war. Manche von ihnen handelten aus ideologischen Gründen. Sie hoben sich vorteilhaft ab von den wenigen, die um des Profites willen Kriegsmaterial nach Spanien verkauften und dafür bestraft wurden. Aber auch sie haben, so verwerflich ihr Gewerbe sein mochte, nicht eigentlich neutralitätsverletzend gehandelt. Der Staat darf nicht für die strafbaren Handlungen einzelner Privatpersonen verantwortlich gemacht werden. Der Schweizer Bürger kann durch freiwilligen Eintritt in ein fremdes Kriegsheer die Neutralität als staatliche Maxime nicht verletzen, weil er als Privatmann handelt.

Ein Begehren, den Spanienfahrern Amnestie zu gewähren, wurde von National- und Ständerat abgelehnt. Auch eine Aufnahme von Flüchtlingen verweigerte der Bundesrat. Jedoch unterstützte er das Internationale Rote Kreuz, das schon seit Ausbruch des Krieges eine segensreiche Tätigkeit in beiden Teilen Spaniens entfaltet und unter anderem 2400 Personen aus Madrid evakuiert hatte; nach dem Krieg setzte sich die Schweiz besonders zugunsten der Hilfsaktion für Spanienkinder ein.

Der spanische Bürgerkrieg hatte in Europa eine Verwirrung angerichtet, die den Anschluß Österreichs begünstigte. Hitler benützte die europäische Spannung, um Mussolini, der sich bisher so heftig für die Selbständigkeit Österreichs gewehrt hatte, noch enger an Deutschland zu ketten, indem er mit Italien und Japan den Antikominternpakt schloß (Ende 1937). Die Tragödie trieb unaufhaltsam der Katastrophe zu. Von einer Verbindung Österreichs mit Deutschland befürchtete man in der Schweiz eine Störung des Gleichgewichts unter ihren Nachbarmächten. Gemäß einem bewährten außenpolitischen Axiom hatte die Schweiz seit alters darnach gestrebt, an möglichst viele Staaten zu grenzen. Die Verringerung von vier auf drei Nachbarn bedeutete zweifellos eine Verschlechterung ihrer außenpolitischen Lage. Man fragte sich in der Schweiz sogar, ob sie als Nachbar Österreichs nicht einem Vertrage zum Schutze dieses Staates beitreten sollte. Das Eidgenössische Politische Departement prüfte die Frage, verneinte sie aber aus Neutralitätsgründen (1934).

Man verfolgte von der Schweiz aus fieberhaft, wie Hitler an die Gewalt appellierte und wie sich der österreichische Bundeskanzler dieser Gewalt unterwarf. Das erschütternde Erlebnis vom kampflosen Sturz des Nachbarn wirkte in der Schweiz als jähes Erwachen und zeitigte starke Nachwirkungen. Hier liegt eine von den Wurzeln der zivilen und militärischen Widerstandsgruppen, die sich in den ersten Kriegsmonaten spontan bilden sollten. Jetzt hatte der Schweizer aus der Nähe erlebt, wie das von den Nationalsozialisten verkündete Selbstbestimmungsrecht der Völker zur Fratze geworden war, zur Fratze auch die Lehre, daß dem Volkswillen alles erlaubt sei. Schamlos beriefen sie sich auf das politische Faustrecht. Verbrechen gegen das Völkerrecht galten ihnen als kräftige Äußerungen eines jungen, gesunden Volkes.

Auch in Regierungskreisen der Eidgenossenschaft war man von dem raschen Verschwinden des Nachbarstaates, für dessen Selbständigkeit Bern nach dem Versailler Frieden so große Opfer gebracht hatte, geradezu konsterniert. Das Eidgenössische Politische Departement vertrat die bestimmte Ansicht, man solle nicht zögern, aus den feststehenden und unabänderlichen Tatsachen die Folgerungen zu ziehen. Denn die Vereinigung Österreichs mit Deutschland werfe zahlreiche wirtschaftliche und rechtliche Probleme auf, die in Zusammenarbeit mit den jetzt maßgebenden deutschen Instanzen gelöst werden müßten. Demzufolge wandelte der Bundesrat die schweizerische Gesandtschaft in Wien in ein Generalkonsulat um. In den Räten verlas er eine Erklärung. Darin führte er aus, er verstehe wohl, daß das historische Ereignis des Anschlusses das Schweizervolk bewege: «Die Veränderung, die die politische Karte Europas dieser Tage erfahren hat, kann keine Schwächung der politischen Lage der Schweiz zur Folge haben. Die Unabhängigkeit und die Neutralität der Eidgenossenschaft erweisen sich im Gegenteil mehr denn je als unentbehrlich für die Aufrechterhaltung des europäischen Gleichgewichts ... Die Schweiz hält sich von fremden Händeln fern. Jeder Angriff auf die Unversehrtheit ihres Gebietes würde ein verabscheuungswürdiges Verbrechen gegen das Völkerrecht darstellen.» Mit dieser Deklaration wollte der Bundesrat dem Volk in dieser dunklen Gegenwart Vertrauen in die Zukunft einflößen, was ihm weithin gelang. Auch bei den Westmächten und den Achsenstaaten fand die Demonstration der schweizerischen Behörden, von der ausländischen Presse in großer Aufmachung wiedergegeben, ein starkes Echo.

Als eine Folge des Anschlusses registrierte die schweizerische Fremdenpolizei das vermehrte Einströmen von Juden aus Österreich. Der Bundesrat deutete den Fall Österreichs als tiefernste Warnung für die Schweiz. In seinem Bestreben, die geistige und militärische Landesverteidigung zu verstärken, fand er nun bereitwillige Hilfe bis zu der äußersten Linken. Das Gebot der Stunde laute für die Schweiz, so urteilte man allgemein, innenpolitischer Burgfriede.

Der Anschluß Österreichs bestärkte Motta in seiner Absicht, für sein Land die uneingeschränkte Neutralität zurückzugewinnen. Nach einem Jahrzehnt der Euphorie erkannte er die Brüchigkeit des Völkerbundes und die für den neutralen Kleinstaat heraufziehenden Gefahren immer deutlicher. Bei der Genfer Liga mehrten sich die Anzeichen eines Zerbröckelungsprozesses. Das Versagen im japanisch-chinesischen Konflikt (1932), der Austritt Deutschlands aus dem Völkerbund (1933), das Scheitern der Abrüstungskonferenz (1934) wirkten wie vorauseilende Schatten des nahenden Verhängnisses. Je mehr die Auflösung fortschritt, desto weniger konnte der schweizerische Kleinstaat von der großen Genfer Liga Schutz erwarten. Nachdem auch noch Italien den Völkerbund verlassen hatte (1937), erwog Motta vor dem Nationalrat die Lage der Schweiz innerhalb eines unvollständigen Völkerbundes und in nächster Nachbarschaft zweier der Genfer Liga abgekehrter Großmächte. Es war eine wehmütige Einsicht, die der Vorsteher des Politischen Departements nach langer, von immer frischem Optimismus getragener Mitarbeit am Völkerbund aussprechen mußte: «Was wir nicht mehr übersehen können ist, daß der Völkerbund von 1937 kaum noch dem Bilde gleicht, das wir uns von ihm im Jahre 1920 gemacht haben.» Die Eidgenossenschaft müsse inskünftig ohne Zaudern daran denken, daß sie sich nicht auf eine differentielle Neutralität beschränken könne, sondern daß diese Neutralität umfassend sein müsse.

Sobald es in der schweizerischen Öffentlichkeit ruchbar wurde, die amtliche eidgenössische Außenpolitik steuere diesen neuen Kurs, entbrannte ein ähnlicher Meinungskampf wie beim Eintritt der Schweiz in den Völkerbund. Nur waren jetzt, im Gegensatz zu 1920, vor allem die Sozialdemokraten und die linksbürgerlichen Kreise die fanatischen Völkerbundsfreunde, weil sie nun in der internationalen Friedensorganisation ihre weltanschaulichen Ideale am ehesten verwirklichen zu können glaubten, während viele ehemalige Anhänger des Völkerbundes, gerade aus der Westschweiz, die Gefahren einer weitgehenden Solidarität mit dem Völkerbund für die Eidgenossenschaft einsahen. Als die Schweiz dem Völkerbund beigetreten war, hatte sie zwar gewußt, daß dort bestimmte Nationen den Ton angaben und ihre eigene Politik verfolgten, hoffte damals aber bestimmt, er werde sich erweitern und fähig werden, universal, das heißt mit Rücksicht auf die Gesamtheit zu denken und zu handeln. Er sollte ihrer Auffassung nach eine Vereinigung aller Staaten zur Vermeidung aller Kriege sein. In dieser Hoffnung sah sich die Schweiz bitter getäuscht. Es bildete sich gegen den Völkerbund die Achse, der zwei, später drei von den vier Nachbarmächten der Schweiz angehörten. Solange die Schweiz Mitglied des Völkerbundes war, gehörte sie einer der beiden großen Staatengruppen an, nahm teil an ihren notgedrungenermaßen einseitigen Entscheidungen. Das widersprach aber nicht nur der Politik, sondern auch dem Geiste der schweizerischen Neutralität. Wollte die Schweiz ihrer außenpolitischen Maxime treu bleiben, so durfte sie es in diesem sich immer mehr auftuenden Gegensatz nicht ausschließlich mit der einen Mächtegruppe halten. Die Mächte mußten der Schweiz zutrauen, daß sie ihre Neutralität ehrlich, das heißt vollkommen vorurteilsfrei und unparteiisch, handhaben werde. Die Schweiz mußte sich dieses Vertrauen in Friedenszeiten erwerben, indem sie ihre Gesinnung durch die Tat dokumentierte. Der neutralen Schweiz entsprach es, ihren Standpunkt zwischen und über den Parteien zu beziehen. Dieses Ziel wäre am konsequentesten durch Austritt aus dem Völkerbund zu erreichen gewesen. Jedoch faßte die Landesregierung eine solche Eventualität ernsthaft nicht ins Auge.

Mit ungewöhnlicher Umsicht, unter Entfaltung seines reifen politischen Könnens und auch mit Einsatz seines internationalen Ansehens, bereitete Motta den Weg vor. Er konferierte in Genf auf Ministerebene, schrieb Briefe nach allen Seiten, instruierte die schweizerischen Gesandten. Widerstände machten England, das Frankreich der Volksfront und das Rußland der Sowjets. Sie faßten die bekanntgewordene Absicht der Schweiz als eine Art Defaitismus gegenüber der Liga der Nationen auf, wenn nicht gar als Verbeugung vor Mussolini und Hitler. Motta zerstreute ihre Bedenken und sicherte sich auch die Unterstützung der neutralen Länder Schweden, Norwegen, Dänemark, Finnland, Holland und Belgien und der kleinen Entente: Rumänien, Jugoslawien, Tschechoslowakei. Schließlich opponierte nur noch Rußland.

Von allen Seiten gedeckt, übersandte Motta dem Völkerbundssekretariat ein Memorandum. Es enthielt sich jeder Kritik und legte das Hauptgewicht auf die Feststellung, die in der Londoner Deklaration zugestandene differentielle Neutralität habe in einen mächtigen, starken Völkerbund gepaßt, genüge aber in einer geschwächten Vereinigung nicht mehr. Die Rückkehr zur unbedingten Neutralität sei für die Schweiz eine dringende Notwendigkeit: «Die Ihnen unterbreitete Frage ist für die Schweiz von lebenswichtiger Bedeutung. Unser Bestreben wird von dem einhelligen Willen des Parlaments und der überwältigenden Mehrheit der öffentlichen Meinung getragen.» Nun stimmte der Völkerbundsrat mit zwei Enthaltungen dem schweizerischen Begehren zu (14. Mai 1938). Nach dem Wortlaut des Ratsbeschlusses verpflichtete sich die Schweiz, die gesamte Tätigkeit des Völkerbundes und seiner Institutionen auf ihrem Boden zu dulden und weiterhin entsprechend den bisherigen Bestimmungen in vollem Umfang aufrechtzuerhalten, ohne sich dabei auf den besonderen Charakter ihrer Neutralität zu berufen.

Die Befreiung von sämtlichen Sanktionsverpflichtungen bedeutete zweifellos eine starke moralische und theoretische Stütze für die vom Bundesrat vertretene Politik integraler Neutralität. Jetzt war die Kursänderung der schweizerischen Außenpolitik verwirklicht, nicht mit einseitiger Erklärung der Eidgenossenschaft, sondern mit Zustimmung des Völkerbundes, gemäß den Traditionen eines Rechtsstaates. Die Neuorientierung trug die Züge eines Kompromisses, wie ihn die Lebensbedingungen eines neutralen Kleinstaates erforderten: Indem die Schweiz einerseits sich von allen Sanktionsverpflichtungen, das heißt vom Völkerbundsboykott befreite und nur noch allein und unabhängig über die Teilnahme an Kollektivmaßnahmen entscheiden wollte, kam sie der Achse Rom–Berlin entgegen. Indem die Schweiz aber andererseits im Völkerbund verblieb und versicherte, mit der Genfer Liga in den Grenzen der wiedererlangten Neutralität zusammenarbeiten zu wollen, bekundete sie ihre freundschaftliche Gesinnung gegenüber Paris–London. Sie lehnte jede Handlung ab, die die Ideologie von links, wie sie im Völkerbund immer stärker hervortrat, oder die Ideologie von rechts, wie sie die Achsenmächte verfolgten, begünstigen konnte und hielt sich deshalb fürderhin von allen politischen Abstimmungen in der Völkerbundsversammlung fern. Die absolute, traditionelle Neutralität zurückgewonnen zu haben, wertete Motta als historisches Ereignis. Und der Vorsteher des Militärdepartements erklärte öffentlich, mit dem wiedergewonnenen Vollbesitz der ewigen, unverbrüchlichen Neutralität sei das Schweizervolk von einem Alpdruck befreit worden.

Auch aus der historischen Rückschau wird man es als einen großen Glücksfall bezeichnen, daß die Schweiz noch kurz vor Ausbruch des Weltsturmes in den angestammten, sicheren Bezirk der uneingeschränkten Neutralität zurückgefunden hatte. Denn es ist nicht abzusehen, in was für unheilvolle Verstrickungen und Gefahren sie durch die differentielle Neutralität geraten wäre. In Deutschland und Italien verfolgte man mit Teilnahme die Rückkehr der Schweiz zur umfassenden Neutralität. Hitler erklärte dem Schweizer Gesandten spontan, er begrüße die Klärung der schweizerischen

Lage. In Deutschland denke kein Mensch daran, die schweizerische Neutralität zu mißachten. Die deutsche und die italienische Regierung gaben eine fast wörtlich gleichlautende Antwort auf die schweizerische Notifikation von der Genfer Erklärung. Beide brachten ihre große Befriedigung darüber zum Ausdruck, daß die Schweiz sich von Verpflichtungen befreit habe, die «in der Tat geeignet waren, die Neutralität der Schweiz zu gefährden». Sie erklärten, daß dem Willen der Schweiz, neutral zu bleiben, jederzeit ihr Wille entsprechen werde, diese Neutralität, die sie für ein wichtiges Element des Friedens in Europa hielten, anzuerkennen und zu achten.

Die schweizerische Öffentlichkeit begrüßte die Genfer Beschlüsse aufatmend. Doktrinäre Anhänger des Völkerbundes mischten allerdings einen Wermutstropfen in den Becher der Freude: Nun hörten die Garantien auf, die der Völkerbund geben könne; die Schweiz habe künftig keine Hilfe zu erwarten, keine kollektive Sicherheit. Aber bei weitem überwog doch die Genugtuung darüber, daß die alte klassische Maxime der schweizerischen Außenpolitik als unbestrittener Grundsatz des Völkerrechts der Welt von neuem ins Bewußtsein gerufen worden war.

20. Verteidigung der Neutralität gegen innen

Daß der Schweiz nicht nur von außen Gefahren drohten, sondern daß sie auch von innen her gefährdet war, erkannten die Behörden verhältnismäßig früh. Schon 1931 warnte das Justiz- und Polizeidepartement vor der Gründung ausländischer Vereinigungen auf Schweizer Boden. 1932 bildete sich eine Landesgruppe Schweiz der NSDAP. Der Machtantritt der Nationalsozialisten gab ihnen in der Schweiz starken Auftrieb. Alle hier in bunter Reihe entstandenen Nebengebilde der NSDAP sollten gleichgeschaltet, alle Deutschen in der Schweiz einer einheitlichen nationalsozialistischen Führung unterstellt werden. Diese und weitere Maßnahmen lösten im Volk Beunruhigung aus. Dem Programm der NSDAP glaubte man entnehmen zu müssen, sie trachte nach der Einverleibung der Schweiz in das erstrebte «Großdeutschland», da ja die Deutschschweizer als Alemannen unter die «Volksdeutschen» gehörten. Auch die Vereidigung des Landesgruppenleiters auf Hitler erregte Argwohn. Aber der Bundesrat konnte sich nicht entschließen, die nationalsozialistischen Organisationen zu verbieten, ordnete nur eine schärfere Kontrolle der ausländischen Parteiorganisationen an.

Besonderes Aufsehen erregten die in der Schweiz studierenden Deutschen. Daß der deutsche Student als kulturpolitischer Missionar ins Ausland geschickt und von den zuständigen deutschen Behörden mit Anweisungen für seine Betätigung im Gastland versehen wurde, wußte man bereits. Allmählich vernahm man noch, daß die Studierenden auch Fragebogen über das Verhalten deutscher Emigranten ausfüllen mußten, was einer Bespitzelung gleichkam. Verdächtig schien ferner, daß die Sportabteilung der NSDAP, die auch Studierende umfaßte, in der Schweiz militärischen Charakter trug, daß sie Übungen im Gelände mit Hindernissen durchführte und ihre Mitglieder im Saaldienst schulte. Der Gründer der deutschen Studentenschaft an der Universität Basel wurde wegen Spionage ausgeschrieben und floh aus der Stadt. Ein Universitätsdozent betätigte sich als nationalsozialistischer Schulungsleiter. Damit foppten diese deutschen Akademiker die eidgenössischen Autoritäten, die von der deutschen Studentenschaft erwarteten, sie würde durch taktvolles Auftreten auf die öffentliche Meinung in der Schweiz Rücksicht nehmen. Als die Schweizer Studenten – recht spät erst – erfuhren, man suche an deutschen Universitäten durch Plakate «einsatzbereite» junge Leute für das Studium in der Schweiz, protestierten sie und machten eine weitere Öffentlichkeit auf den Skandal aufmerksam. Im Sommer 1938 scheint die Zahl der reichsdeutschen Studenten, die mit Genehmigung durch den «Kreis Ausland» der deutschen Studentenschaft an Schweizer Universitäten studierten, auf über 500 gestiegen zu sein.

Man mußte die Überwachung verstärken und konnte sich dabei auch auf ein neues Bundesgesetz betreffend Angriffe auf die Unabhängigkeit der Eidgenossenschaft von 1936 stützen. Die Nationalsozialisten gaben jedoch keine Ruhe und umgingen die eidgenössischen Verbote, indem sie ihre Propaganda nach bekannten Mustern tarnten. Sie segelten meisterhaft auf den Wogen der durch die Wirtschaftskrise hervorgerufenen Unzufriedenheit. Polizeiberichte aus dem Jahre 1935 sprachen von systematischer Infiltration durch nationalsozialistisches Gift. Neudeutsche Zeitungen, Broschüren, Filme überschwemmten in unerhörter Menge, teils durch den verbotenen Geheimkanal des diplomatischen Kuriers, das Land – eine politische Leichtindustrie mit Feder, Bild und Wort, die verheerend um sich griff. Zahlreiche nationalsozialistische Nachrichtenagenturen bedienten ungefragt schweizerische Publikationsorgane. Deutschland schien keine Kosten zu scheuen, wenn es darum ging, die nationalsozialistische Staatsanschauung zu verherrlichen und die Demokratie zu verunglimpfen. Ebenso gefährlich war die mündliche Beeinflussung von Mann zu Mann. Nationalsozialistische Irrlichter huschten über die Grenze, tauchten allerorten auf und verwirrten dumpfe helvetische Köpfe. Ein buntes Gewimmel von Fanatikern, Schwärmern, Glücksrittern und Spitzeln machte sich breit. Diesem schlimmen Treiben war lange Zeit mit den geltenden Vorschriften nicht beizukommen, bis dann auch hier ein Bundesbeschluß 1938 Abhilfe schuf.

Größere Überraschung als die Betriebsamkeit deutscher Nationalsozialisten in der Schweiz rief im Ausland die Tatsache hervor, daß Schweizer selber bei der fremden Ideologie Erleuchtung suchten. Als in einer Versammlung der NSDAP in Süddeutschland 6000–8000 Schweizer zugegen waren, lief es wie ein Feuer durch die Weltpresse, nun ergebe sich sogar das Land mit der ältesten Demokratie den neuen autoritären Ideen. Es nützte nicht viel, daß das Politische Departement in Bern behauptete, hier handle es sich vorwiegend um müßige Spielereien einer geringfügigen Zahl Unzufriedener, deren Geltungstrieb in Aufmärschen, Uniform und Heilrufen Befriedigung suche. Vom Osten Europas bis in den Westen berichteten die Zeitungen über die der Schweiz drohende nationalsozialistische Gefahr. Die Engländer schüttelten den Kopf: Sie hätten bisher geglaubt, daß der Schweizer Charakter, den sie doch gut kennen, gegen solche Bazillen gefeit sei.

Das Geflecht der kleinen und größeren Bünde ist in den ersten Jahren kaum durchschaubar. Vielerorts wurde gezettelt und gebündelt, Geheimzirkulare flogen durch das Land, Blättlein schossen empor. Die erste größere politische Organisation der Erneuerer war die «Nationale Front», der sich schon bald einmal die «Gruppe nationalsozialistischer Eidgenossen» anschloß. Davon spalteten sich Splitterparteien ab. Diese neuen Fronten waren zunächst eine Jugendbewegung und stellten ein Generationenproblem dar: Sie wollten die vernagelten Fenster aufreißen, den muffigen Staatshaushalt lüften, den hintersten Winkel auskehren. Nichts Altes entging ihrem Jugendbrausen. Dabei lief viel Großsprecherisches und Wichtigtuerisches mit. Um ihre Landsleute gründlich mit der Vergangenheit zu entzweien, verhöhnten sie alles, was bisher gegolten hatte, besonders die demokratischen Einrichtungen, und gaben als Losung das Wort von der politischen Verjüngung aus. Daraus flössen Ansporn aller Kräfte, beschleunigter Gang des Lebens, vermehrte Beweglichkeit und Kampfeslust, Steigerung der Lebensfreude.

Sodann waren die Fronten konjunkturbedingt. Der Frontenfrühling sproß auf dem Nährboden der argen schweizerischen Wirtschaftsverhältnisse, die zum Teil durch die Weltwirtschaft bedingt waren. Textilgewerbe, Baugewerbe, Bergbauerntum, Fremdenindustrie siechten seit langem. Stillstehende Maschinen, ruhende Hände, 124000 Unbeschäftigte im Jahre 1936. Die Wirtschaftskrise begann in eine Gesellschaftskrise überzugehen. Dadurch sah sich der Mittelstand in seinen Grundfesten bedroht. Zur Abwehr bildeten sich Bünde von Studenten, Handwerkern, Kleinbauern. Was konnte aus dieser Gegenwart herausführen, Hammer und Sichel oder Hakenkreuz? Hatte nicht Hitler den ebenfalls kranken deutschen Staatskörper geheilt?

Zur Hauptsache aber lebten die Fronten von ausländischen Impulsen und entwuchsen immer mehr schweizerischem Herkommen. So verschiedenartig und widerspruchsvoll ihre Programme erschienen, so hatten sie doch Entscheidendes gemein: die Betonung von Autorität, Führung, Zentralisation, den Kampf gegen Parlamentarismus und freie Meinungsäußerung, den naiven Anspruch, den Volkswillen am reinsten zu verkörpern, wobei sie als Volk die eigene Partei annahmen, den triebhaften und totalitären Charakter, der so sehr mit dem Nationalsozialismus und Faschismus verwandt war. Deshalb mißbrauchten sie die kommunistische Gefahr als Aushängeschild für ihre autoritären Tendenzen. Obschon die Frontisten sich immer wieder mit ihrer Unabhängigkeit gegenüber dem Ausland brüsteten, legten sie in einem Geheimprotokoll von 1933 ihre unverfälschte Gesinnung nieder: «Es ist selbstverständlich, daß die Nationale Front auf dem Boden des wahren Nationalsozialismus steht ... Der Antisemitismus ist daher folgerichtig eines ihrer Zentralprobleme.» Neben den ehrlichen, aber verblendeten, auf falscher Fährte verirrten Frontisten machten bald auch bloße Streber mit, die für sich politische Morgenluft witterten und ihren ausländischen Freunden mit groben Schmeicheleien in die Augen dienten. Dies allein schon hätte davor warnen sollen, in den Fronten reinen Ausdruck vaterländischer Erneuerung zu sehen. Einige Fronten wurden vom deutschen Nationalsozialismus finanziert, 1938 elf Frontisten wegen Spionage gerichtlich verfolgt.

Da die Erneuerungsbewegung in Italien derjenigen in Deutschland zeitlich voranging, bildeten sich in der Schweiz die faschistischen Gruppen früher als die nationalsozialistischen. Auch im Tessin kam es zu Grenzzwischenfällen und Übergriffen faschistischer Polizeiorgane auf Schweizerboden. Am meisten Staub hat die Affäre des italienischen Verbannten und Emigranten Cesare Rossi aufgewirbelt. Er wurde 1928 von einem faschistischen Emissär in Zusammenarbeit mit der italienischen Polizei aus Lugano über die Grenze gelockt, den italienischen Behörden ausgeliefert und blieb in den Händen der Faschisten.

Wie gegen die Rechtsextremisten, so hatte sich die Schweiz auch gegen die Linksextremisten zu verteidigen. Unter den Organisationen dieser Richtung erscheint die «Kommunistische Partei der Schweiz» als die wichtigste. Sie war organisatorisch an übergeordnete ausländische Instanzen gebunden, bildete als Landespartei eine Sektion der Kommunistischen Internationale in Moskau und hatte sich an deren Direktiven strikte zu halten. Gegen die Tätigkeit ausländischer Kommunisten, die meist mit gefälschten Pässen eingereist waren, wehrten sich Kantone und Bund durch spezielle Verbote.

Im allgemeinen bestrebte sich die Landesregierung, in ihrem Zweifrontenkrieg gegen rechts und links Unparteilichkeit zu wahren, indem sie Nationalsozialisten und Kommunisten gleichmäßig behandelte. Da beide extremen Gruppen letztlich auf einen Umsturz der bestehenden Ordnung hinarbeiteten, galten sie als staatsfeindlich und wurden mit den selben Mitteln bekämpft. 1938 beschloß der Bundesrat auf Drängen des einmütigen Parlaments die Demokratieschutzverordnung. Sie richtete sich zunächst gegen die Gefahr von rechts, galt naturgemäß aber auch gegen die Bedrohung von links. Die vom Bundesrat bewußt eingehaltene neutrale Politik der gleichmäßigen Behandlung konnte nicht verhindern, daß sich die beiden Parteien abwechselnd über ungerechte Benachteiligung beklagten. Auch das vom Volk 1938 angenommene eidgenössische Strafgesetzbuch enthielt staatsschützende Bestimmungen.

Seit den Glaubenskriegen früherer Jahrhunderte galt die Schweiz als das klassische Land des Asyls. Ihre Asylpolitik war ein Teil ihrer Neutralitätspolitik. Denn der besondere schweizerische Charakter der Asylgewährung bestand darin, daß Vertreter aller politischen Richtungen aufgenommen wurden, nicht nur Gesinnungsfreunde der in der Schweiz herrschenden Partei. Dem neutralen Schweizer Staat genügte für die Aufnahme der Emigranten die Tatsache, daß der Bittende aus Gesinnungsgründen Not litt. Allmählich hatte sich für diese Art von Flüchtling die Praxis der Nichtauslieferung herausgebildet. Das Asyl war nicht durch internationale Verträge anerkannt, sondern durch jahrhundertealte Übung zum Gewohnheitsrecht geworden. Es schützte die Flüchtlinge wohl, hatte aber zur Voraussetzung, daß diese nichts gegen die Nachbarstaaten unternahmen. Die Schweiz leitete ihr Recht zur Asylgewährung aus ihrer Neutralität ab. Gestützt auf den vom Volk 1925 angenommenen Art. 69 ter der Bundesverfassung war der Bund befugt, in Fragen der Asylgewährung das letzte Wort zu sprechen. Bei der Durchführung der fremdenpolizeilichen Verordnungen jedoch bediente er sich kantonaler Ausführungsorgane.

In der Zeit nach dem Ersten Weltkrieg begründete der Bund seine Zurückhaltung gegenüber der Niederlassung von Ausländern u. a. mit den Gefahren der Überfremdung. Laut eidgenössischer Statistik betrug im Jahre 1920 der Anteil der Ausländer an der Gesamtbevölkerung 10,5 %, sank im Jahr 1930 auf 8,7 %; aber immer noch wies die Schweiz unter allen europäischen Ländern, ausgenommen Luxemburg, den größten Prozentsatz an Fremdbevölkerung auf. Auch der Anteil der speziell jüdischen Bevölkerung hatte sich leicht vermindert, von 5,4 % auf 4,4 %. Schwerer aber als die Überfremdung wog ein zweites Argument: das Gespenst der Arbeitslosigkeit. Tatsächlich war der schweizerische Arbeitsmarkt damals überlastet. Während das Jahresmittel der Stellensuchenden anno 1929 noch 8381 betragen hatte, erreichte es Anno 1933 die beängstigend hohe Zahl von 67 867. Zu Beginn der dreißiger Jahre stieg auch die Zahl der schweizerischen Rückwanderer erheblich und gestaltete die Lage des Arbeitsmarktes noch schwieriger.

Als infolge der verschärft einsetzenden Verfolgungen in Deutschland zu Beginn des Jahres 1933 die Mißhandelten – meist Juden und Sozialdemokraten – sich großenteils nach der Schweiz wandten, erließ das Justiz- und Polizeidepartement Weisungen an die kantonalen Polizeidirektionen: Den Juden aus Deutschland sei zwar in der gegenwärtigen, für sie schweren Zeit vorübergehend Aufenthalt, nicht aber Ausübung einer Erwerbstätigkeit zu gestatten. Hinsichtlich der Behandlung politischer Flüchtlinge beschloß der Bundesrat 1933: Alle Ausländer, die geltend machen wollten, sie seien politische Flüchtlinge, hätten sich innert 48 Stunden nach dem Grenzübertritt bei der Polizei zu melden. Was unter der Bezeichnung «Politischer Flüchtling» genau zu verstehen sei, gab der Bundesratsbeschluß nicht an. Sie stammte aus dem 19. Jahrhundert; man verstand darunter meist Opfer der politischen und sozialen Aufstände in europäischen Ländern, Revolutionäre, die wegen ihrer politischen Gesinnung verfolgt wurden. Der Jude, der infolge der Boykottmaßnahmen flüchtig sei – so hieß es im Justiz- und Polizeidepartement – falle nicht unter den Begriff des Politischen Flüchtlings, da die gegen ihn ergriffenen Maßnahmen wirtschaftlichen Charakter trügen.

Vor einer ganz neuen Situation sah sich die schweizerische Fremdenpolizei nach dem Anschluß Österreichs an Deutschland (1938). Tausende von Flüchtlingen, besonders Juden, retteten sich in die Schweiz. Deutschland begann, die Juden systematisch abzuschieben. Mit brutaler Rücksichtslosigkeit und Teufelslist wurde eine Art Menschenschmuggel organisiert: SS-Leute plünderten die Juden aus, erzwangen von ihnen eine schriftliche Erklärung, daß sie nie wieder deutschen Boden betreten würden, verfrachteten sie in Camions, fuhren an die Schweizer Grenze und erteilten ihnen die Weisung, sie in der Dunkelheit zu überschreiten.

Von den Umständen gedrängt, rang sich der Bundesrat den Entschluß ab, die Grenze gegen illegale Übertritte zu sperren (1938). Er gab zu, daß die Zurückweisung bei den Betroffenen große Enttäuschung hervorrufe – in Wirklichkeit bedeutete es eine furchtbare Härte. Für das wirksamste Mittel lückenloser Kontrolle der Einreise deutscher Emigranten hielt der Bundesrat die Wiedereinführung des Visumszwanges auf allen deutschen Pässen. Um das zu vermeiden, schlug das Deutsche Auswärtige Amt vor, eine Kennzeichnung der an Juden ausgestellten Pässe vorzunehmen. Der Chef der eidgenössischen Fremdenpolizei, Rothmund, lehnte beharrlich ab: Falls die Schweiz auf den deutschen Vorschlag eingehe, riskiere sie, die ganze zivilisierte Welt gegen sich aufzubringen. Aber der Schweizer Gesandte in Berlin, Frölicher, verwandte sich in einer Reihe bedauerlicher Interventionen für den deutschen Vorschlag. Am 4. Oktober 1938 beschloß der Bundesrat einstimmig, mit dem Judenstempel – Anbringung auf der linken Paßseite eines Kreises, in dem der Buchstabe J eingesetzt war – einen Versuch zu machen.

Wie erwartet, reagierte die schweizerische Öffentlichkeit mit heftiger Kritik auf diese Diskriminierung der Juden, aber ohne Erfolg. Infolge der bundesrätlichen Maßnahmen flaute der Zustrom illegaler Flüchtlinge rasch ab. Noch während der ganzen ersten Hälfte des Jahres 1939 konnte vielen Emigranten die Weiterreise nach einem andern Land ermöglicht werden. Der hier Verbliebenen, etwa 12 000, nahmen sich private jüdische und nichtjüdische Hilfsorganisationen an. Die meisten verhielten sich still und möglichst unbemerkt. Seit dem 19. Jahrhundert hatten sich Voraussetzungen und Charakter der Flüchtlingsangelegenheit stark verändert. Damals war die Schweiz Hauptquartier einer unruhigen internationalen Gesellschaft gewesen, die zum Aufenthalt den revolutionären Mittelpunkt Europas gewählt hatte, weil ihr die helvetische Fieberatmosphäre behagte und weil sie als «heilige Schar der Freiheit» von hier aus überall hin ausschwärmen konnte, wo der revolutionäre Brand auflöderte. Jetzt aber fiel es den fremden Gästen nicht ein, auf dem rettenden Boden der Schweiz zu komplottieren und durch Verbindungen über die Grenze weg das Asyl zu mißbrauchen. Sie waren glücklich, einem grauenvollen Verderben entronnen zu sein. Deshalb konnten sich die Polizeiorgane oft darauf beschränken, ihre Überwachungspflicht mit bloßen Gebärden anzudeuten. Auch bei der Handhabung des Verbots, das den Emigranten Broterwerb untersagte und sie damit hart traf, sahen die Behörden gelegentlich durch die Finger. Trotzdem muß festgestellt werden, daß von der traditionellen Asylgunst, mit der man noch im 19. Jahrhundert die Emigranten verwöhnt hatte, wenig mehr lebendig war. In der schweizerischen Flüchtlingspolitik der Zeit vor dem Zweiten Weltkrieg spielen Licht und Schatten durcheinander.

21. Vollständige Neutralität in der Vorkriegszeit

Es ist verständlich, daß man auch in der Schweiz das Münchener Abkommen (1938) mit Erleichterung begrüßte. Nun schien der Friede gerettet. Die Ernüchterung folgte aber auf dem Fuße, als man der Tatsache inne wurde, daß zwei Großmächte sich über Verträge, die einen kleinen Staat schützten, hinweggesetzt hatten. Das war kein gutes Omen. Mancher legte sich die Frage vor, worin denn die Sicherheit der Kleinstaaten bestehe, wenn durch Säbelrasseln und Kriegsdrohungen eines Mächtigen die andern Großstaaten bewogen würden, eine Teilung vorzunehmen, ohne das Opfer auch nur an den Verhandlungstisch zu laden.

Am Tage, nach dem Hitler den Vormarsch auf Prag befohlen hatte, teilte die deutsche Gesandtschaft in Bern mit, der tschechoslowakische Staatspräsident habe, um den Frieden in diesem Teil Mitteleuropas zu sichern, das Schicksal des tschechoslowakischen Landes vertrauensvoll in die Hände des Führers des Deutschen Reiches gelegt. Der Führer habe seinem Entschluß Ausdruck gegeben, das tschechoslowakische Volk unter den Schutz des deutschen Reichs zu nehmen und ihm eine seiner Eigenart gemäße autonome Entwicklung des völkischen Lebens zu gewährleisten. Diese dynamischen Vorgänge weniger Tage vermittelten dem Schweizer einen eindringlichen Anschauungsunterricht vom mißhandelten Völkerrecht. Dazu kam noch Großadmiral Raeders Proklamation: «Deutschland ist der Schirmherr aller Deutschen, diesseits und jenseits der Grenzen.» Lapidar und unverblümt sprach ein Mitglied der obersten Landesbehörde am Tage nach der Überrumpelung der Tschechoslowakei aus, was die Herzen des Schweizervolkes bewegte. Anläßlich eines Vortrages sagte Bundesrat Obrecht mit Anspielung auf die Reisen des österreichischen Kanzlers Schuschnigg und des tschechoslowakischen Staatspräsidenten Hacha zu Hitler: «Das Ausland muß es wissen: Wer uns ehrt und in Ruhe läßt, ist unser Freund. Wer dagegen unsere Unabhängigkeit und unsere politische Unversehrtheit angreifen sollte, dem wartet der Krieg. Wir Schweizer werden nicht zuerst ins Ausland wallfahren gehen.» Das kräftige Wort von Obrecht, womit er sich und die Stimmung des Volkes schlagend kennzeichnete, wurde zu einer Vertrauensstärkung, wirksamer als aller behördliche Zweckoptimismus. Die Schweizer Presse wies die vernebelnde Begründung, wonach der «deutsche Schirmherr» die Volksdeutschen vom «Tschechenterror» habe erlösen müssen, einstimmig zurück und nannte die Dinge beim wahren Namen: Hier habe sich ein neuer zwangsläufiger Aufsaugungsprozeß durch das nationalsozialistische Reich vollzogen, eine neue Machtverschiebung sei mit rücksichtsloser Konsequenz durchgeführt worden.

Im Nachgang der Tschechenkrise fragte der amerikanische Präsident Roosevelt Hitler und Mussolini an, ob sie zu versichern bereit seien, daß sie eine Reihe namentlich angeführter unabhängiger Nationen nicht angreifen würden. Auf der Liste der genannten Länder figurierte auch die Schweiz. Deutschland fragte in Bern an, ob die Schweiz den amerikanischen Präsidenten ermächtigt habe, in seinem Friedensappell die Schweiz zu nennen, und ob die Schweiz sich durch Deutschland bedroht fühle? Der Bundesrat antwortete, er habe von der amerikanischen Absicht keine Kenntnis erhalten und vertraue auf die Respektierung der durch die eigene Wehrkraft verteidigten Neutralität. Aus dem Ton der Antwort und anderer Verlautbarungen Mottas glaubte der deutsche Gesandte zu hören, daß in der inneren Einstellung des schweizerischen Außenministers zum neuen Deutschland seit dem Winter 1938/39 eine zunächst langsam sich abzeichnende, dann aber deutliche Änderung im Sinne einer Mißbilligung der deutschen Politik eingetreten sei – eine Wahrnehmung, die sicher zutraf.

In den Beziehungen zum Nachkriegs-Frankreich legte Motta eine gewisse Frostigkeit an den Tag. Mit dem Sieg im Ersten Weltkrieg war Frankreich durch die Rückgewinnung des Elsaß und die Herrschaft über die Oberrheinschiffahrt der Schweiz nähergerückt. Besprechungen mit hochfahrenden französischen Ministern weckten Erinnerungen an die frühere Abhängigkeit von dem mächtigen Nachbarn. Motta hat auch aus der althelvetischen Tradition heraus, jedem Hegemonialgelüste Gegengewichte zu schaffen, den Eintritt Deutschlands in die Genfer Liga gefordert. Wirtschaftlich trat Frankreich ebenfalls schroff auf. Es versuchte nicht nur seine ehemaligen Gegner, sondern auch die Neutralen von den eigenen Märkten sowie vom Weltmarkt fernzuhalten und diesen für sich zu erobern.

Hohe französische Militärs fürchteten, Deutschland werde, um eine Intervention Englands zu vermeiden oder mindestens hinauszuschieben, die französischen Ostbefestigungen eher auf dem Wege durch die Schweiz als durch Belgien und Holland zu umgehen versuchen. Die der deutsch-französichen Grenze sich entlangziehende Maginotlinie bog im Süden vom Rhein ab infolge einer Bestimmung von 1815, die verbot, weniger als drei Meilen entfernt von der Stadt Basel Befestigungen zu errichten. Frankreich äußerte Besorgnis über dieses Loch im französischen Verteidigungssystem und bat den Bundesrat, er möge auf dieses Servitut verzichten. Aber der schweizerische Generalstab hielt das Verbot, im Umkreis von zwölf Kilometern der Stadt Basel Befestigungen zu errichten, immer noch für sinnvoll und im Interesse der gesamten Eidgenossenschaft liegend.

Die politische Entwicklung Frankreichs unter der Volksfrontregierung verfolgte man in der Schweiz mit gemischten Gefühlen: Der bisher allmächtige Radikalismus habe den Sozialisten und Kommunisten, ohne es zu wollen, die Steigbügel gehalten. Jetzt werde die Diktatur der Arbeiterklasse zum ungeschriebenen Gesetz, das die Regierung mit einer verblüffenden Selbstverständlichkeit zum Prinzip ihres Handelns mache. Wahrscheinlich ist Motta durch die schädlichen Experimente der französischen Volksfront und durch das Vordringen der Kommunisten in Frankreich in seiner Überzeugung gefestigt worden, der Faschismus könnte einen Damm gegen die Flut der Sowjetherrschaft bilden.

Das französisch-englische Angebot einer Neutralitätsgarantie lehnte der Bundesrat ab. Als Deutschland von der Schweiz um Aufschluß über ihre Besprechungen mit den Westmächten in dieser Frage ersuchte, antwortete der Bundesrat: 1. Die Neutralität der Schweiz ist allgemein bekannt. Den ihr gegenüber abgegebenen Erklärungen, diese Neutralität zu achten, darf Vertrauen entgegengebracht werden. Die Schweiz vermeidet es deshalb, sich Hilfsversprechen geben zu lassen, deren Wirksamwerden die Verletzung feierlicher Zusicherungen zur Voraussetzung hat. Sie verläßt sich vorab auf den Schutz ihrer Neutralität durch ihre eigene Wehrkraft. 2. Das Recht der Eidgenossenschaft, bei einem Neutralitätsbruch durch einen Nachbarstaat die Hilfe anderer Staaten in Anspruch zu nehmen, ist unbestritten. Eine solche Hilfe kann jedoch nur auf ihr ausdrückliches Verlangen gewährt werden; eigenmächtiges Eingreifen eines Drittstaates müßte als Neutralitätsverletzung angesehen werden. Sofern Hilfsversprechen nicht im Widerspruch zu diesen Grundsätzen stehen, liegt für die Schweiz kein Anlaß vor, sich zu derartigen Erklärungen, die sie weder annimmt noch ablehnt, näher zu äußern. – Motta wurde das Gefühl nicht los, daß die Schweiz eine Gefahrenzone durchlaufe, weil die Großmächte sich allzu eingehend mit ihr beschäftigten. Aber die feste Ruhe des Bundesrates dämpfte diesen Eifer; die Wolke verzog sich. Noch einmal war es Motta am Vorabend des Krieges gelungen, die für die Schweiz lebenswichtige Neutralitätspolitik dem Auslande gegenüber zu verdeutlichen.

Nur zur Sowjetunion stand die Schweiz in einem gestörten Verhältnis. Sie gehörte zu den wenigen europäischen Ländern, die keine diplomatischen Beziehungen mit Rußland unterhielten. Seit langem war die Diskussion über das Thema der de-jure-Anerkennung der Sowjetunion im Gange. Sie gewann in der Mitte der 1930er Jahre an Lebhaftigkeit, als Rußland in den Völkerbund eintrat und russische Diplomaten häufiger in Genf erschienen, besonders aber, als die Zahl der Arbeitslosen anwuchs, die Exportwirtschaft auf Schwierigkeiten stieß und aus andern Ländern anregende Berichte über das Geschäft mit dem russischen Handelspartner einliefen. Zu den Befürwortern einer Wiederaufnahme der offiziellen Beziehungen gehörten die Kommunisten als politische Brüder der Sowjetrussen, ferner aufrichtige Vertreter der sozialen Bewegung; daneben solche Bürgerliche, die in panischer Angst vor den Nationalsozialisten und den Irredentisten alle Gegenkräfte des Faschismus unterstützen wollten, und schließlich Vertreter der Exportindustrie und bestimmter Kreise der Landwirtschaft, die jede mögliche, bisher unerprobte Quelle ökonomischen Auftriebs willkommen hießen.

Motta erinnerte ein neues Mal an die ungeheuren Revolutionsleiden, deren Opfer Schweizer Bürger zu Tausenden gewesen seien, sowie an die hartnäckige Verweigerung jeder offiziellen Gutmachung für die Plünderung der Schweizer Gesandtschaft in Petrograd. Das alte larmoyante Argument der moralischen Schuld trug nachgerade den Stempel der Befangenheit. In den Stürmen der Revolution waren Angehörige aller europäischen Staaten gedemütigt und gekränkt worden; England hatte wohl noch größere Verluste erlitten und war in seiner nationalen Ehre eher noch tiefer verletzt worden. Und doch hatte es die Sowjetunion anerkannt. Hierauf malte Motta wieder den Teufel der bolschewistischen Infektion an die Wand – auch das ein altes Lied aus dem Leierkasten des Politischen Departements: Die Rote Armee rühme sich in einem ihrer Reglemente selbst, die Vorhut der allgemeinen proletarischen Weltrevolution zu sein. Die Dritte Internationale schwinge ihre Brandfackel im Westen Europas und feiere dort die Verbindung von Kommunismus und Anarchie. Sie arbeite allerorten an der Bildung von Volksfronten. Als föderatives Land mit nur kantonalen Polizeikräften, ohne eine wahre Bundespolizei, könne sich die Schweiz nur sehr mangelhaft gegen eine Gefahr verteidigen, die sich hinter den verschiedensten Erscheinungsformen verstecke.

Noch in den Augusttagen 1939 hielt der Bundesrat hartnäckig an seiner Ablehnung fest, so daß die außenpolitische Flurbereinigung mit der Sowjetunion vor Ausbruch des Zweiten Weltkriegs unterblieb. Mottas starre und mit Ressentiments belastete Haltung in der Rußland-Frage vermag jedoch das Urteil über seine politische Lebensleistung nicht wesentlich zu beeinflussen.

22. Maßnahmen zum Schutze der Neutralität im Kriegsfall

Die neue staatlich-nationale Ideologie, die in zwei Nachbarländern der Schweiz aufgebrochen war, verlangte, daß sich der Bürger der individuellen Freiheitsrechte entäußere, daß er sich der Allgewalt des vereinheitlichten Staates unterwerfe, daß er die Staatsführung einem einzelnen Menschen überlasse. Alle gleichsprachigen Volksstämme sollten sich in einem einzigen autoritären Staat vereinigen; denn die triebhaften Mächte des Blutes und Bodens seien heilig, seien verehrungswürdiger als vernunftmäßige Gesinnung. Und diese neue Lehre trat auf mit der Suggestivkraft von Symbolen und Massendemonstrationen, mit dem blendenden Glanz des Neuartigen und Jugendlichen.

Nun aber verkörperte die demokratische, vielstämmige Willensnation der Schweiz das Gegenteil dieser Prinzipien. Mit Bangen verfolgte man hier, wie auf weite Strecken in Europa die demokratische Staatsform zerschlagen wurde. Die neuen Kräfte, die bei dieser Zerstörungsarbeit am Werke waren, richteten sich zwar in erster Linie gegen die westeuropäische Form der Demokratie, wie sie etwa Frankreich zeigte. Darüber hinaus stellten sie aber die Demokratie selber als geistiges und staatliches Prinzip in Frage. Sogar in manchem Schweizer stieg der Zweifel auf, ob man im langen Besitz der Demokratie nicht allzu selbstsicher, selbstzufrieden und selbstgerecht geworden sei. Seit in der Schweiz das Denken über den Staat eingesetzt hatte, war die Entwicklung der eidgenössischen Demokratie mit Lob und Ermunterung, aber auch mit Tadel und Kritik begleitet worden. Man neigte in den Vorkriegsjahren nur zu leicht dazu, die Schwierigkeiten, denen man im wirtschaftlichen, sozialen und politischen Leben begegnete, der Demokratie in das Schuldbuch zu schreiben. Der Zweifel benagte überkommene Ansichten, die Versuchung trat in mannigfacher Gestalt an das demokratische Gewissen des Neutralen heran. Aber nur die wenigsten ließen sich vom gläubigen Vertrauen in den guten Ackergrund des Volkes, in die unverlierbaren Werte auch der modernen Demokratie abbringen.

Allenthalben regten sich die Kräfte der Selbstbehauptung. Sie wurden unter dem Sammelnamen «Geistige Landesverteidigung» zusammengefaßt und fanden die Unterstützung des Bundes. Ein Vorläufer der behördlichen Maßnahmen war die Anerkennung des Rätoromanischen als Nationalsprache. Als in völliger Verkennung historischer Sprachentwicklung von Italien aus das Rätoromanische als oberitalienischer, lombardischer Dialekt erklärt und daraus das Recht und die Pflicht abgeleitet wurde, über die Erhaltung der rätischen Italianität zu wachen, stimmte das Volk mit überwältigendem Mehr folgender Änderung der Bundesverfassung zu: «Das Deutsche, Französische, Italienische und Rätoromanische sind Nationalsprachen der Schweiz» (Februar 1938). Das Ganze war eine Manifestation schweizerischer Selbstbehauptung nicht bloß gegen fremde Sprachimperialisten, sondern gegen ausländische Kulturpropaganda überhaupt, ein Akt staatlicher Abwehr und eidgenössischer Solidarität, den man jenseits der Grenze wohl verstand.

In einer Botschaft, die man die «magna charta» eidgenössischer Kulturwerbung genannt hat, empfahl der Vorsteher des Departements des Innern mit hochgestimmten Worten dem Schweizervolk, die geistige Eigenart des Landes und Staates neu ins Bewußtsein zu rufen, den Glauben an die erhaltende und schöpferische Kraft des schweizerischen Geistes zu festigen und dadurch die geistige Widerstandskraft zu stählen. Auf Philipp Etters Initiative erfolgte der Bundesbeschluß: die Errichtung der Arbeitsgemeinschaft Pro Helvetia für schweizerische Kulturwahrung und Kulturwerbung (1939). Mit dem Gründungsbeschluß war die Saat ausgestreut, die in den Kriegsjahren vielfache Frucht tragen sollte. Aber fast will es scheinen, als habe die Zeit nur einen zerstreuten Blick darauf geworfen. Sie fieberte von der einen großen Sorge: Wie soll die Schweiz einen neuen Weltkrieg bestehen?

Gegen die allgemeine Tendenz der Abrüstung führte das Militärdepartement von 1920-29 einen zähen Kampf und erreichte immerhin, daß die Armee noch fortbestand. Bundesrat Rudolf Minger verteidigte furchtlos in sozialdemokratischen Versammlungen die Stärkung der militärischen Landesverteidigung: Der Ausbau des schweizerischen Sozialstaates habe bloß dann einen Sinn, wenn man dessen Auswirkungen ungestört in Frieden genießen könne. Das sei aber nur möglich, wenn man die Armee verstärke; sie solle als reines Verteidigungsinstrument dem Frieden dienen und den nationalen Fortbestand garantieren. Die bundesrätliche Aufklärungspolitik hatte so großen Erfolg, daß die Räte das Militärbudget erhöhten und das Volk ein neues Wehrgesetz annahm (1935), obgleich die Wirtschaftskrise schwer auf dem Lande lastete. Schließlich gab die in der Militärfrage gespaltene sozialdemokratische Partei ihre Armeefeindlichkeit offiziell auf und beschloß, sie stehe «grundsätzlich auf dem Boden der militärischen Landesverteidigung» (1936). In drei Jahren wurde Beträchtliches nachgeholt. Die Schweizer Armee von 1939 glich nicht mehr derjenigen von 1919. Sie bedeutete jetzt wieder eine achtunggebietende Streitkraft, mit der jeder auch zahlenmäßig und technisch überlegene Angreifer ernsthaft zu rechnen hatte.

Mit der militärischen hing die wirtschaftliche Landesverteidigung eng zusammen. Denn es genügte nicht, die Wehrfähigen besser zu bewaffnen, zu kleiden, auszubilden. Man mußte auch dafür sorgen, sie richtig zu verpflegen, damit sie im Ernstfall durchhalten konnten. Und zudem mußte die Zivilbevölkerung ausreichend ernährt werden. Eine Grenzarmee ohne genügende Zufuhr und ohne die Gewißheit, daß man sich um die Zuhausegebliebenen kümmert, ist weder physisch noch psychisch schlagkräftig. Für die kleine binnenstaatliche Schweiz – fast ohne eigene Rohstoffe, ohne eigenen Zugang zu den Weltmeeren, angewiesen auf den regen Austausch der Produkte ihrer Arbeit gegen unentbehrliche Importgüter – war die Aufrechterhaltung ihrer Wirtschaft besonders schwierig.

Im Frühjahr 1938 erließ der Bundesrat eine Verordnung über die Organisation der Kriegswirtschaft. Bis Ende des Jahres war der kriegswirtschaftliche Apparat vollständig ausgebaut; er trug den Charakter eines Milizsystems. Der Bundesrat verpflichtete die Importeure zu zusätzlicher Vorratshaltung von Rohstoffen und Nahrungsmitteln, wies die Haushaltungen an, eigenen Notvorrat von haltbaren Lebensmitteln für zwei Monate anzulegen und ihre Konsumgewohnheiten der Inlandproduktion anzupassen. Da die Schweiz ihre Rohstoffe und Lebensmittel in hohem Maße teils aus europäischen, teils aus überseeischen Ländern bezog, hing im Fall eines Krieges ihre Landesversorgung weitgehend davon ab, daß es gelang, diese Güterzufuhr aufrechtzuerhalten. Deshalb suchte der Bundesrat durch Verhandlungen mit möglichst allen in Betracht kommenden ausländischen Regierungen die Zufuhr für den Kriegsfall zu sichern: mit Deutschland, Frankreich, Italien, England, den USA, Kanada, Belgien, Holland und den skandinavischen Staaten.

Gegenüber allen schriftlichen Vereinbarungen betreffend den Import lebenswichtiger Waren blieb man skeptisch. Man wußte aus Erfahrung, daß der Krieg sie in Frage stellen und daß es dann nur noch auf den guten Willen der Partner ankommen werde. Aber was man im Frieden hatte vorkehren können, war getan. Der Vorsteher des Volkswirtschaftsdepartements wagte 1939 die Behauptung, die Schweiz sei jetzt ungefähr gleich weitgehend vorbereitet wie gegen Ende des Ersten Weltkrieges. Diese Feststellung ist um so bemerkenswerter, als die schwerfällige schweizerische Demokratie mit ihrer föderalistischen Verwaltung viel mehr Hindernisse zu überwinden hatte, um die Kräfte vollständig zu erfassen, als die Diktatur mit ihrer straffen, zentralistischen Bürokratie. Jetzt, im Zeitalter des Blitzkrieges, traf die Schweiz ihre Vorkehrungen nicht mehr im bedächtigen Tempo früherer Zeiten, sondern in wohlbedachter, für helvetische Verhältnisse ungewohnter Raschheit und Konsequenz.

Das Bewußtsein, sich in den letzten Jahren angestrengt und umsichtig zur Verteidigung der Neutralität gerüstet zu haben, verlieh dem Volke Selbstvertrauen. Alle öffentlichen Äußerungen waren durchwegs auf den gefaßten Ton möglicher Bewährung gestimmt. Die Schweiz fieberte und stand am Vorabend großer Ereignisse. Durch das Land lief die Ahnung, daß der Krieg nahe. Wenige Tage vor Kriegsausbruch wurde der allgemeinen Stimmung auf dem Schlachtfeld von Sankt Jakob Ausdruck gegeben: «Aus der Geisterschar der Toten dringt die unendlich ernste Frage an unser Gewissen, ob wir noch des gleichen Opfers fähig seien. Worte bedeuten hier wenig, Taten alles. Erst wenn wir vor letzte Entscheidungen gestellt sein werden, muß sich erweisen, ob wir unseren Ahnen entsprechen.»

23. Neutralität bei Kriegsausbruch

Als man in den letzten Tagen des August 1939 an der Erhaltung des Friedens zu zweifeln begann, bot der Bundesrat trotz dem Optimismus Mottas die Grenztruppen auf. Sie hatten die Aufgabe, an allen Landesgrenzen den ersten Schutz zu übernehmen und Mobilmachung sowie Aufmarsch des ganzen Heeres zu decken. Ferner beschloß der Bundesrat die Einberufung der Bundesversammlung und richtete an sie eine Botschaft: Angesichts der seit Jahrhunderten von der Schweiz befolgten Politik könne es nicht zweifelhaft sein, daß sie an dem aus freier Entschließung gewählten Grundsatze vollständiger Neutralität festhalten werde. Er ersuche um Erteilung einer allgemeinen Vollmacht. Diesem Ersuchen gemäß beschloß die Bundesversammlung am 30. August an erster Stelle: «Die schweizerische Eidgenossenschaft bestätigt ihren festen Willen, unter allen Umständen und gegenüber allen Mächten ihre Neutralität zu wahren.» Der Bundesrat erließ am 31. August eine Neutralitätserklärung, die in ihrem Hauptteil der Erklärung von 1914 fast wörtlich nachgebildet war: «Le Conseil fédéral déclare donc formellement que la Confédération suisse maintiendra et défendra par tous les moyens dont elle dispose et l'inviolabilité de son territoire et la neutralité que les traités de 1815 et les engagements qui les complètent ont reconnu être dans les vrais intérêts de la politique de l'Europe entière.» Der Passus von 1914 über das Recht der Besetzung Nordsavoyens fiel jetzt weg. Statt dessen wies der Bundesrat eindringlich auf die humanitäre Mission der Schweiz hin: «La Confédération tiendra à honneur de faciliter, ainsi qu'elle l'a fait au cours des dernières guerres, l'activité impartiale des œuvres humanitaires qui peuvent contribuer à atténuer les souffrances qu'engendrerait un conflit».

Die bei Kriegsbeginn an vierzig Staaten übergebene Neutralitätserklärung wurde durchwegs anerkennend aufgenommen. Ursprünglich hatte die britische Regierung die Anerkennung der schweizerischen Neutralität an die Voraussetzung geknüpft, daß sie von der gegnerischen Kriegsführung ebenfalls respektiert werde, ließ dann aber auf Wunsch des Bundesrates die von ihm beanstandete Stelle weg; die Intervention einer dritten Macht konnte ja ohnehin erst auf ausdrückliches schweizerisches Begehren in Betracht kommen. Armee, Behörden und Volk waren sich darüber völlig im klaren, daß jedem Versuch einer Verletzung des neutralen Schweizer Bodens mit Nachdruck begegnet werden mußte. Was die Verteidigung des Luftraumes betraf, erinnerte das Politische Departement daran, daß hier nicht so sehr der Wille zur Abwehr als deren Wirksamkeit häufig fraglich sei. Über die wirtschaftliche Seite der Neutralität hatte der Bundesrat schon früher Instruktionen erlassen. Ausfuhr von Kriegsmaterial war gemäß Haager Konvention den Regierungen der neutralen Staaten grundsätzlich untersagt, stand den Angehörigen dieser Staaten aber offen. Nun hatte der Bundesrat im Frühjahr 1939 auch Privatpersonen die Ausfuhr von Kriegsmaterial verboten; dieses Verbot konnte er jetzt nicht mehr aufrechterhalten, sondern beschloß, daß schweizerische Firmen Kriegsmaterial nach kriegführenden Staaten liefern könnten, wenn vom Standpunkt der militärischen Bedürfnisse des eigenen Landes aus dem nichts entgegenstehe und sofern die Rohstoffe für das ausgeführte Material aus dem betreffenden Staat eingeführt würden.

Auch die Erteilung der Vollmachten an den Bundesrat gab im Parlament nicht viel zu reden und erfolgte einstimmig. Bundespräsident Etter versicherte, die Landesregierung werde von ihren erweiterten Befugnissen nur dann Gebrauch machen, wenn dies gebieterisch notwendig sei, und sich im übrigen auch während der Kriegszeit soweit immer möglich auf das ordentliche Verfassungsrecht stützen. Trotzdem haben die außerordentlichen Vollmachten des Bundesrates die Schweiz im Laufe der Kriegsjahre fast zwangsläufig in eine autoritäre Demokratie verwandelt. In dieser Periode trug die Politik einen persönlichen Zug, wurde von einigen Magistraten als Protagonisten geleitet, während das Volk und seine Vertreter als mithandelnder und mitleidender Chor im Hintergrund blieben. Der Bundesrat ging seinen schwierigen Weg in der Erfüllung seiner nationalen und internationalen Pflichten. Man wünschte keine außenpolitischen Wagnisse auf Kosten der Landessicherheit und hatte dabei zwar die lauten Stimmen gegen sich, die viel zahlreicheren stillen jedoch für sich. Da die Bundesverfassung kein stürzbares Ministerium, sondern eine auf mindestens vier Jahre gesicherte Regierung geschaffen hatte, war der Bundesrat den wechselnden Stimmungen und Wallungen von Parlament und Volk enthoben. Durch das Vollmachtenregime sah sich die außenpolitische Kommission des Nationalrates in ihrer Wirkungsmöglichkeit eingeschränkt. All dies förderte die Selbstherrlichkeit der Exekutive und kam namentlich den autoritären Neigungen von Mottas Nachfolger weit entgegen; er ließ keine parlamentsnahe Außenpolitik aufkommen.

Kurz nach dem Vollmachtenbeschluß durch die beiden Kammern erkor die Bundesversammlung ohne vorangegangene Diskussion im ersten Wahlgang mit übergroßem Mehr den Waadtländer Henri Guisan zum Oberbefehlshaber der eidgenössischen Armee (3. August 1939). Mit seinen schlichten Tugenden, seinem geschlossenen Charakter, seinen soliden Sachkenntnissen erschien er als selten eindeutige Gestalt, als Verkörperung ehrenfesten Schweizertums, der sich gegen militärische Parteigrößen und säbelrasselnde Schaufiguren des Auslandes eindrucksvoll abhob. Er besaß einen untrüglichen Sinn für das, was dem gemeinen Manne nottat. Unvergessen wird ihm bleiben, daß er in einer Zeit tiefster Niedergeschlagenheit und Ratlosigkeit durch sein männliches, allgemein gültiges Wort dem ganzen Volke Halt gab; das ist sein historisches Verdienst. Seit dem Juli 1940 war er Sinnbild des schweizerischen Freiheitswillens, Seele und Mittelpunkt des nationalen Widerstandes – nicht bloß Kommandant des Heeres, sondern Repräsentant des Volkes.

Die Weisungen des Bundesrates an den General verschafften ihm eine starke, man sagte damals gelegentlich diktatoriale Stellung. Aber Guisan verzichtete darauf, seine weitgehenden Befugnisse in Anspruch zu nehmen, und pflegte für große strategische Entscheide, die stets auch ins Politische hinüber spielten, die Zustimmung des Bundesrates einzuholen. Über den Begriff der Neutralität, der in aller Munde war, sprach der General nur selten. Die damals vertretene These, Neutralität sei in erster Linie nicht ein staatspolitisch-ethisches Ideal, sondern ein Mittel der Außenpolitik zur Aufrechterhaltung der Unabhängigkeit des Landes, machte er sich ganz zu eigen. In der Kriegszeit mit ihren bangen Sorgen um Lebensbedingungen und Zukunft der Heimat – so mochte er wohl meinen – hätten die Schweizer ein Recht, in der Neutralität zunächst ein bloßes Instrument der Selbsterhaltung zu sehen, zur Wahrung der politischen Selbständigkeit und nationalen Eigenart, ohne dieses Axiom stets durch humanitäre Leistungen rechtfertigen oder gar noch entschuldigen zu müssen. Der General konnte etwa in Ablehnung allzu differenzierter völkerrechtlicher Ausführungen, die seinem unkomplizierten Geist als Tüfteleien erschienen, rundheraus erklären, ihm gehe es hauptsächlich um die Erhaltung der schweizerischen Selbständigkeit, nicht ihrer Neutralität. Bei der Interpretation der Neutralität fühlte er sich als Militär nicht so formalistisch an die völkerrechtlichen Schranken gebunden wie die Landesregierung und verlangte für seine Aktionen mehr Bewegungsspielraum.

Guisans Strategie beruhte auf dem Hauptgedanken, bei nahender Gefahr eine Abwehrkraft bereit zu haben, die jedem Angreifer zeigen würde, wie ernst es die Schweiz mit der Erfüllung ihrer Neutralitätspflicht nehme, wie unrentabel ein Invasionsversuch sei. Solange in Italien der Waffengang noch nicht begonnen hatte, legte er das Hauptgewicht der Verteidigung in den Norden, Nordosten und Nordwesten des Landes. In der Eintönigkeit der sogenannten «Drôle de guerre», in dieser tatenlosen Zeit des Abwartens, da sich operationsbereite Heeresmassen mehr beobachtend als kämpfend gegenüberstanden, drohte die Wachsamkeit auch in der Schweiz zu erschlaffen. Der General sprach von einer gefährlichen Friedenspsychose, die das Schweizervolk ergriffen habe, und warnte vor ihren Folgen. Um den Geist des Landes aufzurütteln, schuf er die Sektion «Heer und Haus» zur geistigen Betreuung der Truppe. Auf Initiative des Generals entstanden als Organisation der Freiwilligen die sogenannten Ortswehren. Ihre Aufgabe bestand darin, zur Entlastung der Frontverbände den Kampf hinter der Front zu führen, gegen Fallschirmjäger, Saboteure und durchgebrochene Panzertruppen des Gegners. Diese Ortswehr-Organisationen bildeten einen Teil der totalen Volksabwehr. Es gehörten ihnen auch Jünglinge von 16 Jahren an, die noch nicht dienstpflichtig waren, und alte Männer bis zu 70 Jahren, die wegen Dienstuntauglichkeit überhaupt noch nie in der Armee gedient hatten. Bis zum Januar 1941 hatten sich rund 128 000 Mann in die Ortswehren eingereiht.

Gemeinsam mit dem Bundesrat erließ der General «Weisungen betreffend das Verhalten der nicht unter den Waffen stehenden Wehrmänner bei Überfall». Sich auf das im Volk tief verwurzelte altschweizerische Widerstandsrecht berufend, schrieben sie vor: «Wo keine Offiziere und Unteroffiziere zugegen sind, handelt jeder Soldat unter Anstrengung aller Kräfte aus eigener Initiative» – ein in Europa wohl einzigartiges Vertrauen der politischen und militärischen Führung in den einfachen Mann. Ganz besondere Bedeutung kam der eindeutigen Aufforderung zu: «Wenn durch Radio, Flugblätter und andere Mittel Nachrichten verbreitet werden sollten, die den Widerstandswillen von Bundesrat und Armeeleitung anzweifeln, so sind solche Nachrichten als Erfindung der feindlichen Propaganda zu betrachten.» Ein Verbot des Waffenbesitzes durch Ausländer ergänzte diese Maßnahmen. Niemand konnte mehr über den allgemeinen Willen zum totalen Widerstand im Zweifel sein. Alle wußten nun, daß Bundesrat und General die Zügel fest in der Hand hielten.

Als nach unerhörter Irreführung der Öffentlichkeit Hitler in der Nacht zum 10. Mai 1940 Holland, Belgien und Luxemburg überfiel, denen er erst noch Respektierung ihrer Neutralität versprochen hatte, und als er damit die Offensive an der Westfront auslöste, schien die Bedrohung der Schweiz so nahe, daß der Bundesrat durch das Radio das Volk beruhigte. Aber Entsetzen und Zorn warfen hohe Wellen. Gemäß dem Vorschlag des Generals, der in der Bundesratssitzung erschienen war und über die Lage orientiert hatte, ordnete man wieder die Generalmobilmachung auf den nächsten Tag an. Sie ging noch reibungsloser vor sich als die erste Kriegsmobilisation. Obgleich das Schwergewicht der deutschen Operationen im Norden lag – Durchbruchsversuche in Belgien und Frankreich – stand die Schweiz nicht außerhalb der Gefahrenzone. Wäre den Deutschen die Umgehung des linken französischen Flügels nicht gelungen, hätten sie sich bewogen sehen können, die rechte Flanke der französischen Abwehrfront durch schweizerisches Gebiet hindurch zu umfassen, meinte Guisan. Der von den Deutschen irregeführte schweizerische Nachrichtendienst meldete, daß im Schwarzwald Truppenkonzentrationen stattfänden. Mitte Mai machte Reichsminister Funk den Staatssekretär darauf aufmerksam, daß bei einer eventuellen Einbeziehung der Schweiz in den Krieg die Bank für Internationalen Zahlungsausgleich in Basel geschont werden sollte. Dieses gelungene Täuschungsmanöver sollte vor allem die Franzosen daran hindern, Truppen von ihrem rechten Flügel abzuziehen. Erst nachdem die Deutschen bei Sedan durchgebrochen waren und die Maginotlinie im Norden umgangen hatten, verringerte sich die militärische Gefahr. Eine Überflügelung der feindlichen Linien durch schweizerisches Gebiet kam vorderhand weder für Deutschland noch Frankreich, das sich ganz auf die Verteidigung konzentrieren mußte, in Frage; jedoch wurden Teile des 45. französischen Armeekorps zum Übertritt auf Schweizer Boden gezwungen (19. Juni 1940). Während der Monate Mai und Juni hatte das schweizerische Armeekommando die Möglichkeit eines deutschen Angriffs für größer gehalten, als sie in Wirklichkeit war. Für ihren Westfeldzug hat die deutsche Armeeleitung keine Verletzung der schweizerischen Neutralität ins Auge gefaßt. Nun aber kann erfahrungsgemäß jeder Krieg unvorhergesehene Situationen herbeiführen, aus denen schnell ein Ausweg gesucht werden muß. Wäre ein Durchbruch durch die Schweiz als beste Augenblickslösung erschienen, so hätte jedenfalls nicht die völkerrechtlich anerkannte Neutralität von einer Besetzung schweizerischen Gebietes abgehalten. Man weiß, daß die deutsche Heeresleitung damals unter dem Kennwort «Operation Tannenbaum» verschiedene Angriffsstudien gegen die Schweiz ausarbeiten ließ. Wenn diese nicht zur Ausführung gelangten, so haben höhere militärpolitische Erwägungen den Ausschlag gegeben.

Gegenüber der ausländischen Flugwaffe befand sich die schweizerische Flugwaffe in einem sehr großen, die Flugabwehr in einem erbärmlichen Rückstand. Deshalb konnten Flugzeuge der Kriegführenden zunächst ungehindert in den schweizerischen Luftraum eindringen. Das änderte sich nach der Lieferung kriegstüchtiger Maschinen und nach der Umschulung der Fliegertruppen in hartem Luftkampftraining. Allein im Juni 1940 erfolgten 84 Grenzverletzungen, vornehmlich durch deutsche Flugzeuge. Schweizer Jäger stiegen auf und schossen deutsche Maschinen ab. Die deutsche Regierung, in ihrem jungen Siegesrausch, nahm die Vorfälle bitter ernst und stieß in barschen Noten ihren Groll vom Herzen. Als hierauf deutsche Zerstörungsflugzeuge erschienen, wahrscheinlich um Vergeltung zu üben, schossen die Schweizer im Luftkampf vier deutsche Bomber ab. Nach Mitteilung des Luftwaffenführungsstabs nahm Hitler die Bearbeitung dieser Angelegenheit in die eigene Hand. Zunächst widerstand die Schweiz allen Einschüchterungsversuchen. Als aber der Schweizer Gesandte in Berlin nach Bern eilte und zum Nachgeben riet, ließ der Bundesrat alle in der Schweiz internierten deutschen Flieger frei, erstattete die notgelandeten deutschen Kriegsflugzeuge zurück und verstand sich schließlich zu einer verklausulierten Entschuldigung. In der Schweiz empfand man weithin diese Art der Erledigung des Zwischenfalles als Erniedrigung. Man mußte die Faust im Sack machen. In der Luft hatten sich die Schweizer den Deutschen als ebenbürtig erwiesen, auf dem diplomatischen Parkett jedoch zogen sie den kürzeren. Als Racheakt beauftragte der in seinem Prestigegefühl verletzte Reichsmarschall Göring insgeheim eine Anzahl Saboteure, an schweizerischen Flugplätzen Zerstörungen vorzunehmen. Aber die Attentäter wurden in der Schweiz vor Ausführung ihres Auftrages verhaftet. Natürlich wollten die verantwortlichen deutschen Instanzen bis zuletzt von dem schändlichen Bubenstreich nichts gewußt haben. Die Schweiz behandelte den Sabotagezwischenfall schonend, sperrte die Attentäter ein und kam bald darauf der deutschen Regierung auch darin entgegen, daß sie auf ihr Drängen einen Landesgruppenleiter und Kreisleiter der NSDAP unter gewissen Voraussetzungen wieder zuließ. General Guisan bezeichnete rückblickend die Neutralitätspolizei im Luftraum als ausgezeichnete Schule für die Schweizer Piloten.

Als die deutschen Panzer im Mai/Juni Frankreich überrannten und nicht nur die stolze französische Kontinentalarmee hinsank, sondern auch der französische Staat wie von der Schnellfäulnis angefressen zusammenstürzte, hielt man in der Schweiz gleichsam den Atem an. Der französische Schild, von dem viele für die Zeit der höchsten Not Schutz erwartet hatten, war endgültig zerbrochen, England, das weiterkämpfte, in weiter Ferne. Seit anderthalb Jahrhunderten hatte keine so wuchtige außenpolitische Veränderung stattgefunden. Das europäische Gleichgewicht war gründlich zerstört, die Schweiz von einer einzigen Mächtegruppe, der Achse, vollständig eingeschlossen. Hatte es jetzt noch einen Sinn, Widerstand zu leisten? Wie dachte die Landesregierung über diese Frage? Von verschiedenen Seiten zum Sprechen aufgefordert, hielt der Bundespräsident eine Radioansprache, die als eine der unglücklichsten Aktionen Pilets in die Geschichte eingegangen ist (25. Juni 1940). Der oberste Magistrat des Landes mußte wissen, daß das Volk in dieser höchsten Nervenspannung eine feste Stellungnahme erwartete. Es erhoffte von der Landesregierung in existenzwichtigen Fragen ein paar klare, konkrete Direktiven. Statt dessen – nach allzu langem Schweigen – dunkle Orakelsprüche, nebelhafte und aufwühlende Worte, die man so oder so auslegen konnte. Man durfte sie in guten Treuen als Einleitung zu etwas ganz Neuem verstehen, als den Beginn einer Abwendung von der Demokratie und einer Hinwendung zum Faschismus. Es sprach daraus eine allzu rasche Bereitschaft, weltgeschichtliche Entwicklungen vorwegzunehmen, die sich schon bald einmal als grausam falsch erwiesen. Was Wunder, daß wilde Spekulationen einsetzten. Bereitete der Bundesrat eine Anpassung an das neue Europa vor? In ihren schwarzen Vermutungen wurden die Mißtrauischen durch den Beifall bestärkt, den Pilets Rede bei den Frontisten und den Achsenmächten fand. In der außenpolitischen Kommission und in der Presse fuhr man über die anpasserische Rede Pilets her. Eine Standortsbestimmung, die diesen Namen verdient, gab Nationalrat Theodor Gut: Es könne sich jetzt keineswegs um Preisgabe der Grundstruktur eidgenössischen Wesens handeln. Eindringlich rief er zur Pflicht auf, sich darüber klar zu werden, was die Schweiz ausmache, über die Grenzen, «jenseits deren wir nicht mehr sind, was wir waren und sein wollen».

24. Widerstand

Der durchschlagende Sieg der deutschen Waffen und das Schweigen der Landesregierung haben damals sogar die Zuversichtlichen erschreckt. Aber die meisten fingen sich bald auf, während andere, auch bisher standhafte Bürger, von den Ereignissen verwirrt, ja umgeworfen wurden. Sie begannen von nationalem Umbruch, von autoritärem Regime zu reden und eine Annäherung an das von den deutschen Nationalsozialisten propagierte Neue Europa zu empfehlen. Einfache Leute fühlten sich vom Bundesrat «verkauft». Wenn er doch schon umgefallen sei, was sollten sie dann noch den starken Mann markieren? Ob es da nicht gescheiter sei, sich zu fügen und damit die Verwüstung von Städten und Dörfern zu verhindern?

Daß hier und dort in der Schweiz Verständigungsbereitschaft, ja Defaitismus wie eine Seuche um sich griff, daß daraus Resignation in das scheinbar Unabänderliche sprach, Schwäche, Ängstlichkeit, Feigheit, Opportunismus, ja vereinzelt sogar Spekulation auf den deutschen Sieg – wer wollte es leugnen. Ein Rückblick auf den bewegten Sommer 1940, aber auch auf die Folgezeit, beweist dies leider zur Genüge. Er zeigt alle Variationen von Anpassung, vom bloßen Mitläufer, Verirrten, Haltlosen, Verstiegenen bis zum Landesverräter. Die Vertreter solcher Haltung traf man vorwiegend in denjenigen Bevölkerungsschichten, die sich schon in der Vorkriegszeit gegenüber den Einwirkungen der nationalsozialistischen Lehre anfällig gezeigt hatten, weil sie, in ihrer traditionellen Deutschfreundlichkeit befangen, nicht merkten, wie sehr sich die deutsche Politik gewandelt hatte. Ihre Zahl scheint nie beunruhigend groß gewesen zu sein. Sie waren nur vereinzelt in den oberen Rängen der zivilen und militärischen Behörden zu finden, etwas zahlreicher in der Großindustrie und Hochfinanz. Diese Anpasser blieben verhältnismäßig unschädlich unter der Voraussetzung, daß die Widerstandsfront nicht nachgab. Wenn aber unversehens eine bewaffnete Invasion erfolgte, konnten sie als fünfte Kolonne landesgefährlich werden.

Wer sich außenpolitisch nach den Achsenmächten ausrichtete, trat nicht mehr rückhaltlos für absolute Neutralität ein. Diese schien ohnehin durch die von Hitlerdeutschland herbeigeführte Zerstörung des europäischen Gleichgewichts an der Wurzel getroffen. Denn zwischen beiden waltete von jeher eine Art Verwandtschaft und geheime Anziehungskraft. Die Einsicht in diese Zusammenhänge und der von Frankreichs Sturz ausgehende Schock wirkten zusammen, um gute Vaterlandsfreunde am bewährten außenpolitischen Grundsatz irrewerden zu lassen. Sie fragten sich, ob Neutralität in der gegenwärtigen Lage noch aufrecht erhalten werden könne, ob dieses Bemühen überhaupt noch einen Sinn habe. Wohl verbot die Abteilung Presse und Funkspruch, daß man die Neutralität diskutiere. Aber sogar die sozialdemokratische Fraktion der Bundesversammlung stellte im Juli 1940 die Frage nach dem Festhalten an der alten außenpolitischen Maxime.

Als der mit seiner Heimat zerfallene, am Unbehagen des Kleinstaates leidende Schweizer Dichter Jakob Schaffner in einer Artikelfolge der Zeitschrift «Das Reich» der Schweiz Umkehr predigte, empfand man das doch durchwegs als unerhörte Anmaßung. Die Art, wie er sich über das «stierköpfige Beharren» der Schweizer lustig machte, immer neue Attacken gegen die Neutralität ritt und für die «Erneuerung» warb, ließen ihn als puren Defaitisten erscheinen. Die Neutralität als eine aus Interessenabwägung fließende Maxime verwerfend, behaupteten die Frontisten, es müßte sich unheilvoll auswirken, wenn jede europäische Nation erklären wollte, sie kümmere sich nur um ihr eigenes Wohl und Wehe. In Verfolgung ihres Zieles – Aufgeben der Neutralität – forderte die «Eidgenössische Sammlung» 1941 und später vom Bundesrat die öffentliche Diskussion über Wünschbarkeit, Richtigkeit und Notwendigkeit der Neutralität. Jedermann müsse das Recht besitzen, öffentlich die «Neutralität zu bejahen oder abzulehnen». Als sie sich über den abschlägigen Bescheid des Bundesrates hinwegsetzten, schlug dieser 1942 fest zu und verhängte gegen neutralitätsfeindliche Propaganda sogar Gefängnis- und Zuchthausstrafen.

Als auffälligste und stärkste Reaktion auf die Radioansprache des Bundespräsidenten ist schon damals und seither immer deutlicher der Rütli-Rapport des Generals vom 25. Juli empfunden worden. Es war ein kühnes Unterfangen, fast den gesamten Kommandoapparat des Heeres auf der leicht anzugreifenden Rütliwiese zu versammeln. Der General sagte in seiner Ansprache unter anderem: «Ich habe Wert darauf gelegt, Euch an diesem historischen Ort, auf dem für unsere Unabhängigkeit symbolischen Boden zu versammeln, um Euch über die Lage zu orientieren und mit Euch als Soldat zu Soldaten zu sprechen. Wir befinden uns an einem Wendepunkt unserer Geschichte. Es geht um die Existenz der Schweiz ... Wenn wir mit klarem Blick in die Zukunft schauen, werden wir die Schwierigkeiten überwinden.» Nach der Ansprache ließ der General einen Armeebefehl austeilen, der vor der Truppe zu verlesen war: «Leiht Euer Ohr nicht denjenigen, die aus Unwissenheit oder böser Absicht defaitistische Nachrichten verbreiten und Zweifel säen. Glaubt nicht nur an unser gutes Recht, sondern auch an unsere Kraft, mit der wir, wenn jeder von eisernem Willen erfüllt ist, erfolgreichen Widerstand leisten werden.»

Während man weiterum im Lande bei den mannhaften Worten Guisans aufatmete, freudigen Beifall spendete und sich ihm als dem Beschützer des Landes in vollem Vertrauen zuwandte, scheint der Bundespräsident unangenehm berührt gewesen zu sein; er äußerte sein Erstaunen über das «Säbelrasseln», über die «unglückliche» Rede des Generals. Am schärfsten aber reagierten die deutschen Behörden, was beweist, daß sie den Sinn des Rütli-Rapportes richtig verstanden hatten. In einer Protestnote an den Bundesrat heißt es: «Die Deutsche Regierung hat von dieser Kundgebung, in der sie nichts anderes als eine erneute Aufhetzung der schweizerischen öffentlichen Meinung gegen Deutschland und Italien sehen kann, mit tiefem Befremden Kenntnis genommen.» In Amerika und besonders in England jedoch begrüßte man jede unzweideutige Bestätigung des schweizerischen Willens zur Aufrechterhaltung der Unabhängigkeit und Neutralität.

Mit dem Rütli-Rapport ist die Parole des unbedingten Widerstandes ins ganze Land und über seine Grenzen hinaus gedrungen. Im Ausland wußte man nun, wessen man sich von der Schweiz im Fall eines Invasionsversuchs versehen mußte. Seinen Landsleuten gab der General rechtzeitig und deutlich Antwort auf die Schicksalsfrage, die ihnen nach Wochen quälender Unsicherheit auf den stummen Lippen brannte. Guisans Worte weckten das geschichtliche Bewußtsein; die Schweiz besann sich auf das, was sie war. Eine Welle alten Schweizergeistes lief durch das Land. In diesen für das staatliche Dasein der Schweiz wohl entscheidendsten Monaten des ganzen Krieges erwies sich die Armee als das Rückgrat der Nation. Auf sie richteten sich die vaterländischen Hoffnungen, ihr flogen alle Herzen zu. Für den Nachfahr ist der Rütli-Rapport zu einem Symbol nationalen Widerstandes geworden.

Die Besorgnisse der Bevölkerung vor einer feindlichen Invasion waren um so gerechtfertigter, als Sommer und Herbst des Jahres 1940 für die Schweiz die Zeit der höchsten militärischen Bedrohung darstellten. Noch nie seit ihrem Bestehen war sie von einer einzigen Kriegspartei völlig eingeschlossen gewesen; der Flammenring war lückenlos. Hitlers Armeen hätten die Schweiz von allen Seiten konzentrisch angreifen können. Die Aufmarschstellung des eidgenössischen Heeres bot einem Gegner günstige Angriffsmöglichkeiten: Sie erstreckte sich von Sargans längs des Walensees, des Zürichsees und der Limmat über die Jurakämme bis zum Neuenburgersee und von dort an den Genfersee; gegen Süden sicherte die Alpenlinie; der langen Front dagegen fehlte die nötige Dichte und taktische Tiefe. Deshalb erwog man die Idee des Réduit: die Konzentration der Armee auf das Zentralmassiv der Alpen.

Es wird wohl kaum auf einem Zufall beruhen, daß gerade im Sommer und Herbst 1940, während die Schweiz den Plan verwirklichte, die Umgruppierung vollzog und 250000 Wehrmänner demobilisierte, die deutsche Heeresleitung Pläne ausarbeiten ließ über «die Möglichkeit einer überraschenden Besetzung der Schweiz durch deutsche Truppen». In allen Studienentwürfen, die man unter dem Sammelnamen «Tannenbaum» zusammenfaßte, steht die Bemerkung, die Invasion habe überfallartig zu erfolgen. Gewiß handelte es sich bei diesen Operationsplänen um reine militärische Studien für einen Eventualfall. Wie rasch sich dieser aber in einen Ernstfall verwandeln konnte, war bei der labilen, reizbaren Natur Hitlers, bei dem möglichen Einfluß politischer Impulse auf militärische Überlegungen, nicht vorauszusehen. Bis 1941 erhielt die Réduitstellung ihre endgültige Form. Das Verteidigungsdispositiv gliederte sich in drei Staffeln: Hinter der Grenze waren die Grenzbrigaden aufgestellt, die einen Angriff als erste aufzufangen hatten. Im Mittelland standen leichte Truppen als weitere Verzögerungselemente. Der Alpenraum wurde vom Gros der Armee besetzt. Vom Volk erwartete man, daß es vor dem Réduit die fremden Truppen durch passiven Widerstand störe oder gar das Land für eine Angriffsarmee unbrauchbar mache.

Der General verbarg gegenüber niemandem seine feste Absicht, die Unabhängigkeit des Landes im Réduit um jeden Preis zu verteidigen – wie auch die Zivilgewalt sich dazu stellen möge – und beim ersten Zeichen eines deutschen Angriffs die Gotthard- und Simplonlinie zu zerstören, auf deren Unversehrtheit die Deutschen aus vitalen Interessen so großen Wert legten. Was die Schweizer im letzten halben Jahrhundert mit größter finanzieller Anstrengung gebaut hatten und fast wie ein nationales Kunstwerk schätzten, sollte unnachsichtig der Erhaltung ihrer Unabhängigkeit geopfert werden. Bis gegen Ende des Krieges behielt das Réduit in den Augen des Volkes seinen Wert als Sinnbild des militärischen Widerstandes.

Unter dem niederschmetternden Eindruck der Rede von Bundespräsident Pilet (25. Juni 1940), die sie als Untergrabung des politischen und moralischen Selbstvertrauens werteten, beschlossen einige junge Offiziere, meist aus der Nachrichtensektion, eine Notorganisation zu schaffen. Ihr wichtigstes Ziel sollte darin bestehen, unter allen Umständen eine kampflose Unterwerfung unter Deutschland zu verhindern. Zu diesem Zwecke sollte, vor allem im Offizierskorps, der Geist der Mutlosigkeit bekämpft werden. Die Absicht der Verschwörer ging dahin, im Augenblick, da möglicherweise der Bundesrat unter deutschem Druck Entscheidungen treffen würde, die mit der schweizerischen Ehre und Unabhängigkeit nicht vereinbar schienen, zuzuschlagen. Mit großer Zuversicht hofften sie, der General werde sich einer Aktion gegen den vor den Deutschen kapitulierenden Bundesrat anschließen. Es wurde ein geheimer Code ausgearbeitet; auf das Stichwort «Nidwalden» sollte die Aktion ausgelöst werden. Kommandanten, die sich weigern würden, den Befehl zum Kampf zu erteilen, wollte man sofort absetzen und verhaften. Da erfuhr der General von der Verschwörung, ließ die Mitglieder des Bundes verhaften und gegen acht Rädelsführer sehr milde disziplinarische Strafen von vierzehn Tagen scharfen Arrestes bis zum «schriftlichen Verweis» aussprechen. Man gewinnt den Eindruck, daß er sich im stillen darüber freute, wie hochsinnig die Bündler das große Erbe des Widerstandsgeistes verwalteten. Rückblickend schrieb er: «Ich lege Wert auf die Feststellung, daß diese Offiziere, falls der Widerstandswille unter dem Drucke des Auslandes geschwunden wäre, nicht nur in ihrem Recht gewesen wären, wenn sie den Gehorsam verweigert hätten; sie hätten ihre Soldatenpflicht erfüllt.» Im Gegensatz zur positiven Bewertung der ganzen Angelegenheit durch den General nannte Pilet die frondierenden Nachrichtenoffiziere «Jungtürken» und hatte für sie bloß ironische Worte übrig.

Man wird dem kurzlebigen Offiziersbund nicht gerecht, wenn man nur seine momentane Ausstrahlung und nicht auch seine starken Nachwirkungen in Betracht zieht. Die schönste liegt darin, daß der flammende Glaube an den Sinn unbedingten Widerstandes nicht erlosch. Ein von wahrhaft ingrimmiger Entschlossenheit erfülltes Gründungsglied des Offiziersbundes, Alfred Ernst, hat seiner Gewißheit im gefahrvollen Herbst 1940 beschwingten Ausdruck verliehen: «Wenn es uns gelingt, für unsere Idee mutig in den Tod zu gehen, – und das dürfen wir hoffen, wenn Gott mit uns ist – so ist etwas gewonnen. Dann werden von unserem Tod Kräfte ausgehen, denen die Deutschen nichts anhaben können. Ob wir untergehen, ist nicht entscheidend, wohl aber, daß unsere Idee weiterlebe.»

Nicht bloß von der Armee, dem General, den Offizieren und der Mannschaft ist in den kritischen Sommertagen des Jahres 1940 der Widerstandswille ausgegangen, sondern auch von den politischen Behörden. Daß die oberste Landesregierung die Widerstandskräfte des Landes aufgerufen und zu stärken versucht hat, läßt sich durch eine lückenlose Reihe bundesrätlicher Erlasse beweisen. Den stärksten Widerstand haben die eidgenössischen Behörden und ihre Delegierten damals in der Handelspolitik geleistet, im ausdauernden Kampf an der Wirtschaftsfront. Aus den Wirtschaftsverhandlungen kann man ersehen, daß am grünen Tisch die Schlachten geschlagen wurden, die dem Heer im Felde zu liefern erspart geblieben sind. In geschickter Taktik, mit immer neuem Mut focht ein Kleinstaat bis zur Erschöpfung der Kräfte gegen den gewaltigen Zugriff der Weltmacht und erzielte damit schöne Erfolge.

Vom Schweizer Gesandten in Berlin wurde der Bundesrat immer wieder gedrängt, Gesten zu machen, Bausteine zu liefern für ein besseres Einvernehmen mit Deutschland. Aus Pilets Ansprache sollten jetzt die Folgerungen gezogen werden: «Sie bestehen darin, daß die bisherige Neutralitätspolitik nicht weitergeführt werden kann, sondern daß sich unser Land zur Zusammenarbeit mit dem Neuen Europa, das von den Mächten der Achse geleitet wird, bekennen muß.» Aber Bern widersetzte sich. Man war hier vom Endsieg der deutschen Waffen durchaus nicht überzeugt und auch keineswegs gewillt, eine Politik der Anpassung, wie sie der Gesandte in Berlin verstand, einzuleiten. Es geht nicht an, zwischen dem Widerstandswillen des Volkes sowie der Armee und demjenigen der Behörden eine tiefe Kluft zu sehen. Gewiß, ein Unterschied bestand. Die mit der ganzen Verantwortung beladenen Magistraten durften ihren Abscheu vor der nationalsozialistischen Doktrin nicht rückhaltlos äußern. Sie mußten auf leiseren Sohlen wandeln als die Volksvertreter. Das war zwar keine heroische Haltung, aber die kluge Einstellung des Diplomaten. Die Politik des Gesamtbundesrates ist zurückhaltend, vorsichtig, aber nicht im üblen Sinn anpassungswillig gewesen. Er kämpfte ohne laute Worte um Zeitgewinn.

Neben Armee und Behörden haben auch Presse, Parteien, Interessenverbände, Kirche, Hochschule, kleine ad hoc gebildete Gruppen und einzelne Bürger den Gedanken des unbedingten Widerstandes hochgehalten, zunächst nicht gegen die Behörden, sondern mit ihnen, sie ermunternd und unterstützend. Noch spürten die Schweizer einen Schuß revolutionären Temperamentes in ihren Adern gegen jede Art von Alleinherrschaft, besonders gegen die in ihren Augen verwerfliche Diktatur Hitlers. Man kannte seinen Länderhunger, seinen Annexionswillen und nahm an, daß er auch vor der Schweiz nicht Halt machen werde. Die Presse hat trotz ihrer eingeschränkten Freiheit die Gefährlichkeit der nationalsozialistischen Ideologie für die Ordnung und den Frieden Europas sowie der Schweiz eindringlich geschildert, sie hat vor der Technik der kampflosen Eroberung, der sogenannten erweiterten Strategie, gewarnt und damit die Abwehrkräfte des Landes erfolgreich mobilisiert. Deshalb empfand sie den behördlichen Vorwurf, sie belaste mit ihrer Kritik die staatlichen Beziehungen zu Deutschland, als ungerecht. Auch die Parteien haben in Manifesten, Resolutionen, Veranstaltungen die Parole des unbedingten Widerstandes ausgegeben. Die Kirche beider Konfessionen reihte sich ebenfalls in die Abwehrfront ein. Ihre Wortführer gehörten zu den grundsätzlichsten Bekämpfern des Nationalsozialismus und seiner Ausläufer in der Schweiz. Deshalb gerieten sie nicht selten in Gegensatz zu der kompromißbedingten Politik der Behörden. Als ein im Druck erschienener Vortrag von Karl Barth, um den sich die kirchlichen Widerstandskämpfer scharten, verboten wurde, schrieb Barth der Rekurskommission, absolute Neutralität beiden Kriegsparteien gegenüber sei offenbar unmöglich, das heißt, man müsse im gegenwärtigen Krieg Stellung beziehen. Zentren des Widerstandswillens waren auch die Universitäten. Der schweizerische Studentenverein erließ noch vor dem Rütli-Rapport ein Manifest: «Wir wollen eine Demokratie, aber eine eidgenössische Demokratie, die unverfälscht den zwingenden Traditionen der schweizerischen Geschichte entspricht.» Neben dem erfolgreichen Gotthardbund, an den sich viele Hoffnungen hefteten, kämpfte der Geheimbund «Aktion nationaler Widerstand», bereitete sogar eine Art Untergrundbewegung vor. Wer ihm beitrat, mußte geloben, «gegen jeden Defaitismus zu kämpfen». Um das Volk mündlich und schriftlich aufzuklären, bediente sich der geheime Widerstandsbund der Institution «Heer und Haus»; sie war der Armee unterstellt und wurde von der Arbeitsgemeinschaft «Pro Helvetia» subventioniert. Von Heer und Haus ging der überaus rührige «Aufklärungsdienst Zivil» aus.

So bildete sich freiwillig eine geistige Abwehrfront mit festen Widerstandskernen, an die sich im Fall einer Invasion und Besetzung die Unentwegten anlehnen und von wo aus sie die Fahne des Widerstandes immer wieder entrollen konnten. Dieser festen Stimmung gegenüber hatten einige Rückfälle in Mutlosigkeit kein Gewicht.

25. Verhältnis zum Ausland

Den Beziehungen zu Hitler-Deutschland kam die größte Bedeutung zu, so daß die Berliner Gesandtschaft der wichtigste Außenposten war, den die Schweiz zu vergeben hatte. Hans Frölicher war ein gewandter Diplomat der alten Schule, ein anständiger, aber sehr beeindruckbarer Mensch, ohne viel Einsicht und Grundsätze, der weitgehend den Ansichten seiner deutschen Umgebung erlag. Er glaubte arglos den beschwichtigenden, irreführenden Darstellungen des Deutschen Auswärtigen Amtes, ohne zu merken, wie man seine Aufrichtigkeit durch grobe amtliche Täuschungsmanöver mißbrauchte. Aus seiner Geschäftsführung spricht der reichlich naive Glaube, die kleine Schweiz könne durch möglichstes Entgegenkommen und leises Auftreten den Furor des Führers besänftigen. Er ließ, so scheint es, die Vorteile der Neutralität zu wenig vor den deutschen Amtsstellen leuchten. Vom Endsieg Hitlers überzeugt, sah er das Heil seiner Heimat in einer klugen Anpassung an die vom Deutschen Reich erstrebte Neuordnung Europas. Sein Optimismus war auch da unerschütterlich, wo durch dunkle Anzeichen einfachere Geister als er zur Vorsicht gemahnt wurden. Daher seine schönfärbenden Berichte nach Bern, auf die seine Vorgesetzten nur allzu leicht eingingen. Bekanntlich hat ja Motta noch, als Deutsche und Polen bereits schossen, versichert, es werde keinen Krieg geben.

Und doch hätte Frölicher aus der Unterredung Carl J. Burckhardts mit Hitler wissen sollen, von wannen der Wind wehte. Hitler hatte beteuert, er werde die geringste feindliche Handlung Polens wirtschaftlicher und politischer Art zum Anlaß nehmen, unerbittlich zurückzuschlagen. Wenn Frankreich und England die Polen zur Versteifung ihrer Haltung aufforderten, nehme er einen allgemeinen Krieg lieber dieses als nächstes Jahr in Kauf.

Als Italien den Waffenkampf eröffnete, wähnte Frölicher, die Endphase des Krieges habe begonnen. Jetzt sei der Moment für eine Änderung der schweizerischen Außenpolitik gekommen. Die Schweizer Neutralität könne sich nicht mehr auf das Gleichgewicht der Mächte stützen. Daher solle die Eidgenossenschaft aus dem Völkerbund austreten. Man könne die bisherige Neutralitätspolitik nicht weiterführen; die Schweiz müsse sich zur Zusammenarbeit mit dem von der Achse geleiteten Neuen Europa bekennen. Wenn man zuwarte, würden später weitergehende Forderungen gestellt: «Lieber freiwillig weniger, als unfreiwillig mehr.» Begreiflicherweise wünschten verschiedene Widerstandskreise die Ersetzung Frölichers durch einen standfesteren Mann; aber da der deutsche Gesandte in Bern versicherte, Frölicher sei bei den maßgebenden Stellen wohlgelitten, sogar «ein Plusfaktor für die Schweiz», blieb er auf seinem Posten.

Die Einstellung der Bevölkerung gegen die Reichsdeutschen in der Schweiz war schon in den ersten Kriegsmonaten so gespannt, daß das Eidgenössische Justiz- und Polizeidepartement die Kantone aufforderte, dafür zu sorgen, daß alle in der Schweiz wohnenden Ausländer den ihnen nach Gesetz und internationalem Recht zukommenden Schutz genössen. Da alles nichts fruchtete, schrieb der Bundesanwalt den Kantonen, bereits seien gegenüber Schweizer Staatsangehörigen in Deutschland Vergeltungsmaßnahmen ergriffen worden. Hetzer, welche öffentlich zum Hasse gegen einzelne Gruppen der Bevölkerung wegen ihrer Staatszugehörigkeit aufreizten, seien strafrechtlich zu verfolgen.

In wirkungsvollem Gegensatz zu den wenig scharfsichtigen Relationen des Schweizer Gesandten aus Berlin standen die realistischen Berichte des Schweizer Gesandten aus Paris. Ohne sich von den in Frankreich wechselnden Stimmungen zwischen Niedergeschlagenheit und Frohlocken beeindrucken zu lassen, analysierte Walter Stucki selbständig und überlegen die Weltlage, immer wieder auf die Möglichkeit, ja Wahrscheinlichkeit einer Katastrophe hinweisend. Er ließ das Eidgenössische Politische Departement nicht im unklaren darüber, daß der Begriff der Neutralität durch den Krieg stark abgewertet werde; die französische Öffentlichkeit neige dahin, die moralische Neutralität als unannehmbar, ja als unbegreiflich zu bezeichnen. In fast allen Gesprächen und Zeitungsartikeln heiße es immer häufiger, die neutralen Staaten würden kaum auf die Dauer neutral bleiben können. Frankreich und England kämpften auch für die Ideale der Neutralen, für deren Freiheiten und Rechte. Über kurz oder lang würden diese aus politischen und wirtschaftlichen Gründen Stellung nehmen und sich für oder wider die Alliierten erklären müssen. Anderseits hätten führende Personen Stucki gesprächsweise erklärt, die schweizerische Neutralität bedeute etwas vollkommen anderes als die belgische. Man habe sie seit Jahrhunderten als im Interesse von ganz Europa liegend anerkannt.

Über die künftige Stellung der Schweiz in der neuen Europa-Ordnung herrschten im besetzten Frankreich die verschiedensten Ansichten. Man spreche davon, die Schweiz wirtschaftlich zu absorbieren oder sie von innen her zur Integration reif zu machen oder sie einfach aufzuteilen. Am wahrscheinlichsten sei es, daß man es der Schweiz selber überlassen werde, mit den auf sie einstürmenden Schwierigkeiten fertig zu werden. Politische Unabhängigkeit sei zu einer bloßen Prestigefrage zusammengeschrumpft und werde bei dem Rang, den man der Schweiz im reorganisierten Europa zuweisen werde, kaum eine Rolle spielen. Die schon seit der Kollaboration Frankreichs mit Deutschland immer wieder kursierenden Gerüchte, die Deutschen hätten den Franzosen die französische Schweiz versprochen, stellte der französische Minister Rochat energisch in Abrede, vermochte damit aber doch nicht alle schweizerischen Zweifel, die sich auf gute Informationen stützten, zu zerstreuen.

Am Vorabend des Krieges verdichtete sich das schweizerische Interesse an Italien zur Frage, ob der südliche Nachbar an dem allgemeinen Waffengang teilnehmen werde. Es bedeutete eine große Beruhigung, feststellen zu können, wie aus den politischen, intellektuellen, wirtschaftlichen und kirchlichen Kreisen Italiens nur Günstiges über die Beziehungen zur Schweiz laut wurde. Jetzt reiften die Früchte von Mottas Politik guter Nachbarschaft, die er ohne Rücksicht auf die antifaschistische Grundhaltung der schweizerischen Öffentlichkeit gepflegt hatte. Solange Italien nicht in den Krieg trat, genoß die Schweiz wenigstens an *einer* Seite Bewegungsfreiheit, vor allem auf wirtschaftlichem Gebiet. Das wirkte auf die Versorgung mit Rohstoffen und Lebensmitteln und damit auf das gesamte Wirtschaftsleben überaus wohltuend ein. Aber auch die außenpolitische Lage der Schweiz erfuhr willkommene Entlastung. Man erwog den Gedanken, Italien gegen Deutschland auszuspielen. Denn Italien war an der Unantastbarkeit der Schweiz auf einem lebenswichtigen Abschnitt seiner Grenzen interessiert. Hierin lag, so glaubte man, die stärkste Neutralitätsgarantie gegen Übergriffe von Norden.

Von Mussolini nahm man an, er wünsche eine starke Schweiz, da die Deutschen sonst auf eine Invasion in Oberitalien nicht verzichten würden. Man zitierte ein früheres Wort von ihm: «La neutralità è la vostra ragione di essere». Nun aber empörte es ihn und die Frontisten, daß die Schweiz sich gegen die Überfliegungen durch englische Flugzeuge, die oberitalienische Städte bombardierten, nicht wirkungsvoller wehre. Es erfolgten heftige Presseattacken; ihren Gipfel erreichte die Polemik im November 1940 in einem Leitartikel des «Giornale d'Italia», betitelt: «La Svizzera è neutrale?» Der von verschiedenen angesehenen Zeitungen abgedruckte Aufsatz hatte den Charakter einer offiziösen Warnung und schloß mit dunkeln Drohungen. Im Kommentar wurde von empörender Parteilichkeit der schweizerischen Presse gesprochen. Am gleichen Abend beschuldigte das offizielle Radio die Schweiz, sich immer faschistenfeindlich eingestellt zu haben. Die Schweiz dürfe nicht glauben, sie sei unantastbar. Zugleich erfolgte die Beschlagnahme der Schweizer Zeitungen. Scharen von Studenten durchzogen in Rom die Via Veneto und riefen: «A basso la Svizzera.»

Dem Schweizer Gesandten schienen die schweizerisch-italienischen Beziehungen jetzt einen Tiefstand erreicht zu haben. Seit zwei Jahren schon hatte Mussolini keinen freundschaftlichen Gefühlen für die Schweiz mehr öffentlich Ausdruck gegeben. Die wahren und dauerhaften Interessen Italiens, an seiner Nordgrenze ein freies und festes Land zu haben, liefen Gefahr, desto mehr außer acht gelassen zu werden, je stärker der faschistische Staat in die Abhängigkeit seines Achsenpartners geriet. Aus all dem zog aber Paul Rüegger nicht den Schluß – wie es der Schweizer Gesandte in Berlin tat – daß man sich um die Gunst der Achsenmächte bemühen solle. Im Gegenteil betonte er, man müsse sich mehr noch als bisher gegen alle Anfechtungen dieser Art, wie sie von Zeit zu Zeit auch Schweizer Bürger befielen, mit aller Kraft wehren: «Ce qui seul nous sauvera, c'est l'affirmation absolue et farouche de notre indépendance complète et de notre impénétrabilité contre toute influence extérieure.» Dem Departement gegenüber wurde Rüegger nicht müde zu wiederholen, man dürfe nicht durch periodische Lösegelder, zum Beispiel in der Form von außerordentlichen Darlehen oder Wirtschaftsbegünstigungen, sich die Freundschaft der Achse erkaufen. Jedes Entgegenkommen, das nicht auf wirklicher Gegenseitigkeit beruhe, rufe nur weiteren Forderungen.

Gegen Ende des Jahres 1941 trat eine Beruhigung des schweizerisch-italienischen Verhältnisses ein. Die faschistische Regierung und der Duce persönlich baten die Schweiz, den Schutz der recht beträchtlichen italienischen Interessen in den Vereinigten Staaten von Amerika zu übernehmen; es handelte sich um die Vertretung von 700000 in den USA lebenden Italienern. Rüegger erkannte sofort, wie günstig die Übernahme dieser Aufgabe auf die Besserung der Beziehungen zu Italien einwirken würde. So hat er im Wechselspiel schwieriger, manchmal fast ausweglos scheinender Situationen mit den Mitteln seiner auskunftreichen Diplomatie und kraft seiner klaren, unerschrockenen Haltung der Eidgenossenschaft eine angesehene Stellung verschafft. Das war um so verdienstreicher, als er sich ja auf keine

Macht, sondern nur auf seine Zähigkeit und Geschicklichkeit stützen konnte, um das Zumutbare und Mögliche zur Wahrung der Neutralität zu tun. Die Rolle der Schweiz als ehrliche Maklerin gewann an Ansehen, und damit stieg der Wert ihrer unbedingten Neutralität wieder. Umgekehrt war die Schweiz am Transit durch Italien aufs stärkste interessiert. Die Durchfuhr der für sie bestimmten Waren erreichte 1941 einen großen Umfang; in Genua wurden allein während dieses Jahres eine Million Tonnen Waren auf 3300 Züge zu dreißig Wagen verladen.

In den Beziehungen der Schweiz zu Polen wirkte die Macht der Überlieferung. Von Beginn der Gründung Neupolens an unterhielt die Schweiz eine Gesandtschaft in Warschau. Sie versuchte, das frühere freundschaftliche Verhältnis zu beleben, stand auch in zunehmender geschäftlicher Beziehung zur polnischen Republik, in der sie ein hoffnungsvolles Absatzgebiet sah. Als Polen von Deutschland und Rußland erobert worden war, drängte Deutschland, beiderseits die Gesandtschaften aufzuheben, da die polnische Exilregierung weder über ein Gebiet, noch über ein Volk, noch über eine Armee verfüge, der polnische Staat mithin nicht mehr bestehe. Reichsaußenminister Ribbentrop schaltete sich höchstselbst ein und erklärte, es sei eine Beleidigung für Deutschland, wenn der Bundesrat dem Vertreter einer Emigrantenregierung das Agrément erteile. Hitler habe angeordnet, daß, wenn die Schweiz einen neuen polnischen Gesandten anerkenne, er den deutschen Gesandten in Bern abberufen werde. Man gewinnt beim Studium seiner Intervention den Eindruck, Deutschland habe die Angelegenheit zum Prüfstein seines Einflusses im schweizerischen Nachbarland machen wollen. Der Bundesrat widerstand dem konzentrischen deutschen und italienischen Druck und traf eine Kompromißlösung: Er anerkannte den polnischen Gesandten auf dem Berner Posten, zwar mit dem Titel eines bevollmächtigten Ministers, aber nur in der Funktion eines interimistischen Chargé d'Affaires.

Die Haltung der Schweiz gegenüber der Exilregierung Polens hatte grundsätzliche Bedeutung. Immer wieder drängten die Achsenmächte im Verlauf des Krieges die Schweiz dazu, die augenblicklichen Verhältnisse, wie sie durch die militärische Besetzung mehrerer europäischer Staaten geschaffen worden waren, anzuerkennen. Aber die Schweiz widersetzte sich diesem Ansinnen auch weiterhin beharrlich, ignorierte die veränderten Besitzverhältnisse und stellte allein auf die vor dem Kriegsausbruch Ende August 1939 bestehende Rechtslage ab. In diesem Sinn hat sie bis zum Kriegsende ihre diplomatischen Beziehungen zu den von den Achsenländern besetzten Staaten aufrecht erhalten. Demnach konnten die diplomatischen Vertretungen von Polen, Norwegen, Dänemark, Belgien, Holland, Griechenland und Jugoslawien den ganzen Krieg hindurch in Bern bleiben.

Wichtig waren die schweizerischen Beziehungen zu Großbritannien; bei ihrer Betrachtung gewinnt man den Eindruck, es seien den beiden Leitern der schweizerischen Außenpolitik die Verhältnisse auf dem Kontinent sehr viel näher gelegen als die Politik des Inselreiches. Dem Romanen und Katholiken Motta scheint die angelsächsische Welt, geistig und politisch, nie recht vertraut worden zu sein, und er pflegte hier eine gewisse Reserve zu beobachten. Bei seinem Nachfolger Pilet trat zum mangelnden Verständnis zeitweise noch fast etwas wie Ressentiment, das sich in ironischen Randglossen zu den Akten, in mündlichen Bemerkungen zu fremden Gesandten, vor allem aber in seiner Gesamtauffassung äußerte. Dieses Gefühl mochte in den ersten Kriegsjahren von den Neutralitätsverletzungen des schweizerischen Luftraums durch britische Flieger Nahrung bezogen haben, muß aber tiefer verankert gewesen sein. Jedenfalls unterschätzte Pilet die Widerstandskraft Großbritanniens, hielt einen britischen Endsieg kaum für möglich und glaubte eine Zeitlang, das britische Empire sei gleich vielen anderen europäischen Staaten altersmorsch.

Daß sich Motta und später Pilet über die Widerstandskraft Englands so sehr täuschten, ist um so erstaunlicher, als sie von den Schweizer Gesandten in England umfassend und eingehend über Geist, Struktur und Reserven des britischen Commonwealth orientiert wurden. Dem Bundesrat konnte nach diesen Berichten nicht verborgen bleiben, wie tief der Widerstandsgeist im britischen Volke wurzelte und wie er sich verstärkte. Und ebenfalls erfuhr die Landesbehörde von der höheren britischen Warte aus, wie der Schwerpunkt der Macht sich nach Moskau verlagerte, wo Stalin nun die Gewichtssteine der europäischen Gleichgewichtswaage in die Hände bekam.

Von der Schweiz aus verfolgte man mit besonderem Interesse Englands Einstellung zu den Neutralen. Sie lasse sich, so schrieb der Schweizer Gesandte, in der Frage zusammenfassen: «Wollt ihr, daß Deutschland den Krieg gewinnt? Wenn nicht, so laßt uns freie Hand. Dies ist nicht nur unser, sondern auch euer Krieg, und deshalb müßt ihr euren Teil an Entbehrungen auf euch nehmen.»

Mit unverhohlener Befriedigung meldeten die Schweizer Zeitungen, die Nervensubstanz der englischen Bevölkerung sei noch immer völlig unverbraucht. Von der Volksstimmung in der Eidgenossenschaft schrieb ein englischer Beobachter, der einfache Mann sei «nearly always a pro-British enthusiast». Über die nicht nachlassenden Sympathien der Schweizer für England ärgerten sich deutsche Zeitungen. Unter dem Titel «Schweizer Churchill-Knechte kläffen» hieß es: «Und diese Presse nennt sich immer noch neutral.» Ihre unverhüllte Parteinahme für England, nach dessen Flöte die Schweizer Zeitungen kritiklos tanzten, sei unvereinbar mit der Neutralität. Der Glaube an die deutsche These, wonach man das morsche Gebälk im Gebäude des Britischen Reiches ächzen höre, was den nahen Sturz verkündige, wich im Eidgenössischen Politischen Departement der besseren Einsicht in die verjüngte Lebenskraft des Commonwealth. Im Bewußtsein, wie eng das Schicksal der von allen Seiten bedrohten Heimat mit dem Gelingen des britischen Kampfes zusammenhing, richtete sich der Schweizer an den metallenen Widerstandsworten des britischen Steuermanns Churchill auf, schöpfte Zuversicht und Kraft für den eigenen Abwehrkampf.

Der britischen Gesandtschaft stand von 1940 an für zwei Jahre der kluge, scharfsichtige David Kelly vor. Zwar war die englische Kolonie in der Schweiz nicht groß, um so größer die Bedeutung der «belagerten eidgenössischen Festung» in der Mitte Europas als Informationszentrale. König Georg VI. sprach in seinem Telegramm zum 1. August 1941 von den «ties of sympathy so long existing between the Swiss and British peoples».

26. Defaitismus

Verschiedene Zwischenfälle im öffentlichen Leben der Schweiz haben in der geschlossenen Abwehrfront des Volkes Unsicherheit hervorgerufen, so vor allem der berüchtigte Empfang der Frontisten durch den Bundespräsidenten. Auf ihr Gesuch hin lud Pilet drei Männer, die zweifellos von den politischen Gruppen, denen sie angehörten, als Delegierte bezeichnet worden waren, zu einer Besprechung auf den 10. September 1940 ein. Es ist schwierig, aus den sich zum Teil widersprechenden Berichten über die Audienz den tatsächlichen Sachverhalt herauszufinden: Laut Pilet verlangte er von seinen Besuchern zuvörderst eine kategorische Erklärung, wonach die Bewegung, der sie angehörten, kein der Unabhängigkeit und Integrität des Landes entgegengesetztes Ziel verfolge. Das Gespräch habe sich dann um die Wiederzulassung der verbotenen Zeitung gedreht, welche die Ansichten und Tendenzen der Nationalen Bewegung vertrete. Den deutschen Akten ist zu entnehmen, daß die Frontisten verfassungsmäßige Aktionsfreiheit verlangten, um gestützt auf die Bewegung, die allein echtes Vertrauen in Deutschland schaffen könne, die politische Diskussion mit dem Reich zu suchen. Zu diesen Ausführungen habe der Bundespräsident seine zustimmende Auffassung kundgegeben; seine Bemühungen um die Besserung der Situation seien durch Guisans Rütlirede durchkreuzt worden.

Über die Audienz veröffentlichten die Besucher ein kurzes Communiqué. Pilet orientierte den Nationalrat (18. September 1940) und beging den großen Fehler, einen zweiten Besuch des Frontisten Max Leo Keller in seiner Privatwohnung mit keinem Wort zu erwähnen. Laut Urteil des Bundesgerichts von 1948, das hier nicht dem Amtsbericht, sondern der Darstellung Kellers folgte, hat dieser dem Bundespräsidenten mitgeteilt, er werde mit Reichsminister Rudolf Heß, dem Stellvertreter Hitlers, zusammenkommen, worauf ihn Pilet gebeten habe, sich inoffiziell dafür einzusetzen, daß die schweizerischen Behörden mit den deutschen wieder ins Gespräch kommen könnten. Von diesem Wunsche soll Keller dem Stellvertreter des Führers Kenntnis gegeben haben.

Bei den meisten Mitgliedern der nationalrätlichen Vollmachtenkommission stieß der Frontistenempfang auf Empörung, und sie wuschen dem Bundespräsidenten den Kopf. Mit ihrer Mißbilligung der Audienz standen die Regierungsparteien nur wenig hinter den Oppositionsparteien zurück. In der Erklärung des Bundesrates fehlt jedes Wort zur Verteidigung Pilets gegen die erhobenen Angriffe. Die Landesregierung richtete sich ausschließlich an die erregten Gemüter in Bundesversammlung, Presse und weiterer Öffentlichkeit, indem sie das Volk mit der Versicherung zu beruhigen versuchte, ihr Wille zur strengen Wahrung der Neutralität sei unerschütterlich. Um die Konsternation zu verstehen, welche die Audienz in weiten Kreisen der Zivilbevölkerung sowie des Heeres verursachte, muß man sich den historischen Hintergrund vergegenwärtigen: Aufdringliche nationalsozialistische Propaganda, erbitterter Luftkampf zwischen England und Deutschland, von dessen Ausgang so viel für die Schweiz abhing, weitverbreitetes Mißtrauen nach Pilets Rede gegenüber dem bundesrätlichen Kurs. In der Presse schäumte es über: Pilet habe die Gefühle des Volkes verletzt, darum die Entrüstung überall. Daß der Bundespräsident höchst offiziell mit diesen Leuten konferiere, die aus ihrer antidemokratischen und antischweizerischen Gesinnung nie ein Hehl gemacht hätten, sei eine unerhörte Herausforderung des Schweizer Bürgers und zeige, wie groß die Entfremdung zwischen dem Bundesrat und dem Volke schon geworden sei. Und tatsächlich: bei der Betrachtung der ganzen Empfangsaffäre kommt man um die Feststellung nicht herum, daß der Bundespräsident in einer elementaren politischen Taktfrage versagt hat. Der Vertrauensschwund nahm rapid zu.

Verwirrung im öffentlichen Leben drohte namentlich auch die sogenannte Eingabe der 173 an den Bundesrat zu stiften. Sie ist Ende 1940 eingereicht worden und gipfelte in folgenden, hier verkürzt wiedergegebenen Forderungen: 1. Einsatz von Presse und Rundfunk für eine dem Wesen der Eidgenossenschaft dienende Wirksamkeit. 2. Aufforderung zur Ausschaltung gewisser Chefredaktoren. 3. Ausmerzung gewisser Presseorgane. 4. Straffe behördliche Überwachung der Schweizerischen Depeschenagentur. 5. Entfernung bestimmter Personen aus verantwortlichen Staatsstellen. 6. Entgiftung des politischen Lebens durch die Wiedergutmachung aller jener Übergriffe der politischen Polizei, die sich lediglich durch die Verhetzung der öffentlichen Meinung erklären lassen. 7. Sorgfältige Pflege der kulturellen Beziehungen zu allen Nachbarvölkern. 8. Bereinigung der außenpolitischen Stellung durch die Lösung der letzten Bindung an den Völkerbund.

Der Bundesrat lehnte mündlich durch den Vorsteher des Eidgenössischen Justiz- und Polizeidepartements die Forderungen ausdrücklich ab und bezeichnete namentlich Ziffer 6 mit Hinweis auf einen Bericht der Bundesanwaltschaft als unmögliche Zumutung. Auf eine öffentliche Zurückweisung und auf Sanktionen strafrechtlicher oder disziplinarischer Art wurde verzichtet. Im Hinblick auf die unbedingt notwendige Einigkeit des Landes hielt es der Bundesrat nicht für zweckmäßig, eine öffentliche Diskussion über diese Eingabe heraufzubeschwören.

Auch aus der historischen Distanz erscheint die Eingabe mehr als bedenklich. Beim Eindringen in alle Untiefen des gefährlichen Schriftstückes erkennt man, daß hier staatsstreichartige Eingriffe verlangt wurden, wie sie soeben in Europa vor aller Augen stattgefunden und zu katastrophalen Folgen geführt hatten. Ihrem ganzen Charakter nach waren die Forderungen von deutschnationalem Denken geprägt: Ausschaltung von Chefredaktoren, Ausmerzung von bestimmten Presseorganen, Entfernung von gewissen Persönlichkeiten aus verantwortlichen Staatsstellen und schließlich Überprüfung von unparteiischen Gerichtsurteilen, wobei die ehemals Verurteilten in ihrer Ehre wiederhergestellt und die Verantwortlichen zur Rechenschaft gezogen werden sollten. Das alles glich jenem sattsam bekannten und berüchtigten Vorgehen der konstitutionswidrigen Wiederaufnahme gerichtlicher Verfahren durch neue Gerichte, die nicht von der Verfassung vorgesehen waren, und Verfolgung der Richter, die das erste Urteil gefällt hatten. Fraglos mußte sich die Erfüllung dieser undemokratischen, nur mit den Mitteln des totalitären Staates durchführbaren Forderungen im Sinne der Einordnung in die neue weltpolitische Konstellation auswirken. Wenn immer wieder wirkliche Neutralität, eine Politik der «Neutralitätswahrung» verlangt wurde, so gemahnte das fatalerweise an die Vorwürfe der Deutschen, womit sie ihre Angriffe gegen die Kleinstaaten begründeten; die deutschhörigen Bürger dieser Länder hatten sich vor der Invasion der gleichen Phrasen aus dem Vokabular des Nationalsozialismus bedient. Österreichs und der Tschechoslowakei Einverleibung, die Unterwerfung der neutralen Staaten Belgien, Holland, Dänemark und Norwegen wäre nicht so rasch möglich gewesen ohne die langsame Zermürbung der Widerstandskraft von innen her. Diese Taktik lag aller Welt zutage, konnte zudem in den Büchern von Hitler und Rauschning in Ruhe studiert werden. Man darf also den Unterzeichnern der Eingabe nicht die Entschuldigung zubilligen, die Absichten Nazi-Deutschlands gegen seine Nachbarn nicht gekannt zu haben. Über die Unwürdigkeit und Gefährlichkeit der zutiefst undemokratischen Eingabe braucht man auch heute noch kein Wort zu verlieren. Jedoch muß man versuchen, die Episode aus ihrer Zeit heraus zu verstehen und zu erklären. Da ist zunächst daran zu erinnern, wie nach dem Falle Frankreichs die Achsenmächte die kleine neutrale Eidgenossenschaft mit Eisenarmen umklammert hielten. Die militärpolitische und wirtschaftspolitische Lage des Landes war tatsächlich beängstigend. Viele Schweizer, nicht nur die Unterzeichner der Eingabe, fürchteten, daß jede weitere Beleidigung des siegreichen nazistischen Deutschland schlimmste Reaktionen, sogenannte Kurzschlußhandlungen des aufbrausenden, unberechenbaren Hitler zeitigen könnte. Dabei übersah man, daß nicht Gefühlswallungen, sondern nüchterne, strategisch-politische Erwägungen für so wichtige Aktionen wie einen militärischen Angriff auf die Schweiz den Ausschlag gaben. Weite Volksschichten, besonders Militärkreise, wünschten eine Zügelung der Presseäußerungen. Man wußte, daß der General an den Bundesrat das Verlangen nach Vorzensur gerichtet hatte. Viele Soldaten schimpften: Während sie mit ihren Leibern unter Todesgefahr die Grenze schützten, schössen ihnen die Redaktoren mit ihren Hetzartikeln in den Rücken. Alarmierende Gerüchte kamen hinzu, um die Besorgnisse einiger Eingeweihter, die schon Anfang August vom Geheimabkommen Guisans mit den Franzosen vernommen hatten, zu steigern: die schweizerische Armeeleitung steuere einen verhängnisvollen, französenfreundlichen, unneutralen Kurs.

Die Initianten und ihre Mitläufer – Akademiker, Industrielle, Finanzleute, Berufsoffiziere, Bauern, darunter Mitglieder eidgenössischer Räte – waren bestimmt keine Landesverräter, wie eine überbordende Presse 1946 behauptete, sondern anständige, ehrliche Patrioten, die aber eine andere als die geltende politische Auffassung vertraten, eine falsche, ja verhängnisvolle, wie die Nachwelt weiß. Sie glaubten, im Interesse der schweizerischen Unabhängigkeit und Selbständigkeit der Stimmung Deutschlands gegenüber der Schweiz Rechnung tragen zu sollen. Daß sie sich in ihrer politischen Konzeption und Voraussicht irrten, hat der Gang der Weltereignisse unwiderlegbar bewiesen. Warum sie irrten, hat verschiedene Gründe: Befangenheit in einer bestimmten politischen Ideologie, das Bestreben, Schwierigkeiten aus dem Wege zu gehen, Furcht vor der deutschen unberechenbaren Gewalt, vielleicht auch ganz einfach der Wunsch zu überleben, und schließlich – bei einigen Schläulingen – die überkluge Absicht, sich mit den möglichen neuen Machthabern beizeiten gutzustellen. Daß das ganze Unternehmen letztlich auch vom Dritten Reich inspiriert schien, behaftete es mit einem besonderen Makel. Man darf annehmen, außer den Initianten seien viele Unterzeichner ganz einfach Mitläufer gewesen, die, ohne sich den

Schritt recht zu überlegen, unterschrieben, aus Gefälligkeit gegenüber Freunden oder aus einer momentanen Gefühlswallung. Sie kannten die innere Absicht der Initianten, in der Schweiz eine Vertrauenskrise hervorzurufen, wohl kaum. Alle Kategorien von Unterzeichnern in den gleichen Tiegel zu werfen, geht nicht an. Aber alle sind der jahrzehntelangen, intensiven und raffinierten deutschen Propaganda erlegen, wie so viele andere Schweizer Bürger auch, die zwar die gleichen Ansichten wie die 173 hegten, jedoch aus mangelnder Gelegenheit oder aus Klugheitserwägungen nicht unterschrieben.

Im wesentlichen handelte es sich um eine geistig-politische Anpassungsaktion gefährlichster Art. Die erhobenen Forderungen und ihre Motivierung beweisen das zur Genüge. Daß sich die Initianten, nicht ohne Grund, von gewisser amtlicher Seite unterstützt wähnten, ändert nichts an dieser Feststellung. Es ist nicht abzusehen, wie schlimm, ja katastrophal die Entwicklung verlaufen wäre, wenn der von den Urhebern der Eingabe ausgeübte Druck auf den Bundesrat zum Erfolg geführt hätte. Den meisten Unterzeichnern wird die politische Tragweite ihres staatsbürgerlichen Verhaltens in einer äußerst bedrängten Lage ihrer Heimat gar nicht bewußt gewesen sein. Sie erlagen der Verführung durch geschickte Taktik und Formulierungskünste. Ohne auf grundsätzliche Stellungnahme zu verzichten, darf man abschließend an die Erfahrungstatsache erinnern, daß einst heiß umstrittene politische Vorkommnisse aus der historischen Distanz allseitiger erfaßt und damit gerechter beurteilt werden können als unmittelbar nach dem Ereignis. Über Irrende und Unterlegene pflegt der Nachfahr milder zu urteilen als der Zeitgenosse.

Als Spaltpilz des öffentlichen Widerstandes sollte auch die «Nationale Bewegung Schweiz» wirken. Aus ihrem Programm kann geschlossen werden, daß ihr Ziel die Übernahme der Macht und die Umgestaltung zum autoritären Führerstaat war. Die Bewegung erklärte das bestehende Staatssystem für bankrott und behauptete, die angestrebte «Befreiung» von Volk und Wirtschaft lasse sich nur durch die sogenannte nationale Arbeiterrevolution erreichen. Als diese rein nationalsozialistische Vereinigung sich immer dreister gebärdete und an den Bundesrat ein unverschämtes Ultimatum richtete, griff dieser endlich ein und löste die NBS auf (19. November 1940). Er ließ die Fröntlernester ausnehmen, die Räumlichkeiten durchsuchen und schließen. Laut dem beschlagnahmten Material zählte die Bewegung im Zeitpunkt der Auflösung in 162 Städten und Ortschaften 2000 bis 3000 Mitglieder.

Gleichermaßen erleichtert fühlte man sich in weiten Bevölkerungskreisen, als der Bundesrat auch die kommunistischen Organisationen und sämtliche an ihre Stelle tretenden Vereinigungen verbot. Die kommunistische Partei erstrebte wie die NBS mit revolutionären Mitteln die Alleinherrschaft, und beide wurden an internationalen Fäden gezogen. Das zweifache Verbot, gegen die Rechts- und gegen die Linksextremisten, empfand man allgemein als Akte nationalen Selbstbehauptungswillens; es stärkte das Vertrauen in die politische Leitung und hob das gesunkene Ansehen des Bundesrates. Vergeblich versuchten einige Nachzügler der NBS den Frontismus zu beleben und, was ihnen an Zahl abging, durch Unbedenklichkeiten zu ersetzen. Wer von den Anhängern dieser Bewegung die Fehlentwicklung einsah, kehrte reumütig zum bedrohten demokratischen Vaterland zurück, verhielt sich still und vermied so, daß auf das nationale Trauerspiel die Posse folgte. Manch einer der ehedem erregten Frontisten hat später beruhigt in verantwortungsvoller Stellung seine vaterländischen Pflichten erfüllt.

Auch die sogenannte Denkschrift Däniker war darauf angelegt, innenpolitisches Mißtrauen zu säen, um Regierung und Volk oder Armee und Zivilbevölkerung gegeneinander aufzubringen. Oberst im Generalstab Gustav Däniker, ein unbestritten tüchtiger Offizier, hatte sich während fast zwanzig Jahren rückhaltlos für die Verstärkung der Landesverteidigung eingesetzt. Das deutsche Soldatentum bewunderte er grenzenlos. Er legte seine Beobachtungen und Erwägungen im Anschluß an einen zehntägigen Aufenthalt in Deutschland in einer vertraulichen Denkschrift nieder. Darin empfahl er die Kontaktnahme angesehener Schweizer mit Deutschland, die Gründung einer schweizerisch-deutschen Handelskammer und engere Gestaltung der kulturellen Verhältnisse, die offizielle Beschickung eines Kurses in Berlin, wo die Probleme des Neuen Europa behandelt würden.

Als die Denkschrift in der Öffentlichkeit und in der Armee eine weite Verbreitung gefunden hatte, ordnete das Militärdepartement eine administrative Untersuchung an. Im Bundesrat fielen sehr scharfe Worte. Stampfli erklärte, ein Mann von solcher Mentalität sei weder als Offizier noch als Beamter zu halten. Der General verfügte fünfzehn Tage scharfen Arrestes; von einer Wiederwahl Dänikers wurde Umgang genommen.

Däniker erfuhr durch Oberstkorpskommandant Wille nachhaltige Unterstützung. Auch dieser hohe Offizier verfaßte ein Memorial, das er Bundesrat Wetter zuschickte (Juni 1941). Seine Ratschläge liefen alle auf ein weiteres Entgegenkommen gegenüber dem Hitlerreich hinaus, letzten Endes auf Einordnung in das Neue Europa. Bereits im Vorjahr hatte er in der deutschen Gesandtschaft Worte fallen lassen, die als Anregung zur Absetzung des schweizerischen Oberbefehlshabers aufgefaßt werden mußten. Offenbar hat es Wille überhaupt im Verkehr mit den offiziellen Vertretern des nationalsozialistischen Deutschland an Zurückhaltung fehlen lassen. Man wird bei der Lektüre der bisher bekanntgewordenen Dokumente den betrüblichen Eindruck nicht los, es habe bei Willes Auslassungen Mangel an Loyalität gegenüber dem General und Neid auf den erfolgreichen Konkurrenten hineingespielt. Durch unzweifelhafte Meriten als militärischer Erzieher war er zu sehr mit der Schweiz verbunden, als daß man in seiner Handlungsweise landesverräterische Beweggründe sehen dürfte. Aber verärgert darüber, daß er in diesen bedrohten Jahren seiner Heimat nicht an verantwortungsvoller Stelle dienen durfte und im Schatten des öffentlichen Geschehens verbleiben mußte, geriet er in eine gefährlich frondierende Haltung, die seine staatsbürgerliche Loyalität in ein zweideutiges Licht rückte. Der Bundesrat urteilte nach dem Krieg über die Machenschaften Willes: «Auch die Mißbilligung der Entscheide des Generals erlaubte es Wille keineswegs, eine Intervention des deutschen Gesandten anzuregen, damit der General entlassen würde. Auch wenn man annimmt, daß Wille glaubte, im Interesse des Landes zu handeln, war sein Verhalten ‚condamnable'. Wenn es rechtzeitig bekannt geworden wäre, hätte es die Eröffnung einer Untersuchung begründet.»

Über die Bedrohung, welche die Duldung nationalsozialistischer Organisationen auf schweizerischem Staatsgebiet darstellte, konnte niemand mehr im unklaren sein. Denn von Anbeginn an hatte der Nationalsozialismus laut verkündet, er sei entschlossen, sich nicht auf sein Ursprungsland zu beschränken. Nationalrat Feldmann umriß Reichweite und Gefährlichkeit der Bewegung: Die nationalsozialistische Partei entfalte eine konspirative propagandistische Tätigkeit, schüre die inneren Gegensätze in anderen Staaten, um dort die Staatsgewalt zu untergraben und dadurch zur Macht zu gelangen. Man fragte sich, ob ein generelles Verbot dem schweizerischen Staatsinteresse nicht besser entsprochen hätte. Die Erfahrungen in anderen Kleinstaaten sprachen nicht für ein Verbot. Vielleicht hat die weitere Zulassung der deutschen Parteiorganisationen und ihre dadurch mögliche, durchaus nicht unwirksame Kontrolle besser als ein Verbot erlaubt, die der Schweiz von dieser Seite drohenden Gefahren zu bannen.

Eine Freundschaftsgeste gegenüber Deutschland bedeutete die Entsendung von Ärztemissionen an die deutsche Ostfront. Der Schweizer Gesandte Frölicher hatte sie angeregt, und Divisionär Eugen Bircher führte die erste im Oktober 1941 an. Bircher scheint sich in seiner naiven Impetuosität gar nicht Rechenschaft darüber gegeben zu haben, wie sehr seine Verbrüderungen mit den deutschen Siegern diejenigen Missionsteilnehmer verletzen mußten, die gutgläubig dem Ruf eines privaten Hilfskomitees gefolgt und an die Ostfront geeilt waren, um allen Notleidenden, ohne Rücksicht auf nationale Zugehörigkeit, ärztliche Hilfe zu bringen, an der Front aber vernahmen, daß sie nur in Lazaretten mit deutschen Verwundeten tätig sein, auch die russische Bevölkerung nicht ärztlich betreuen dürften. Die Russen nahmen an, die Schweizer Ärzte hielten sich «im Auftrag des eidgenössischen Bundesrates» an der deutschen Ostfront auf. Sie, die ihren Existenzkampf gegen Deutschland auch als Befreiungskrieg für den europäischen Westen auffaßten, empfanden mit größter Bitterkeit die einseitige Hilfsaktion der neutralen Schweiz.

Während die Schweiz sich zu solchen Freundschaftsgesten gegenüber Deutschland bereit zeigte, überrieselte eine Schlammflut deutscher Spione schon von Kriegsbeginn an den eidgenössischen Boden, zur Erkundung politischer Vorgänge, militärischer Maßnahmen und wirtschaftlicher Verhältnisse. Sie wurden, zusammen mit abtrünnigen Schweizern, in einen riesigen, feingegliederten Spitzelapparat eingespannt. Dieser Aufwand Nazideutschlands zur Durchleuchtung der Schweiz allein schon beweist, wie intensiv sich die deutsche Führung mit dem neutralen Nachbarland beschäftigte. In Stuttgart gab es eine Zentralstelle mit einer 20 000 Blätter enthaltenden Kartothek für die Schweiz. Es fällt auf, daß in dem Gespinst landesverräterischer Beziehungen immer wieder Angehörige der deutschen Gesandtschaft und der deutschen Konsulate dokumentarisch festgestellt worden sind. Dieses üble Gelichter drängte sich in das Vertrauen der Schweizer, beroch Heimische und Fremde und richtete oft übertriebene Berichte an seine Auftraggeber, wozu auch der diplomatische Kurier benützt wurde. Die einen Agenten trieben ihr dunkles Gewerbe aus politischer Überzeugung, andere aus Abenteuerlust und noch andere – verschmitzte Berufsspione – einfach aus Gewinnsucht.

Die Schweizer Polizei – zu ihrer Ehre sei es gesagt – war anfangs in den Spitzelkünsten noch nicht so erfahren wie das Ausland. Bei Kriegsbeginn hat nur die kleine Bundespolizei mit Unterstützung kantonaler Polizeiorgane und des Territorialdienstes nach Spionen und Saboteuren gefahndet. Es fiel der Schweiz eben schwer, ihre alten Gewohnheiten aufzugeben. Erst allmählich baute sie eine Abwehrorganisation gegen den ins Ungemessene steigenden Spionageapparat des nationalsozialistischen Deutschland auf und paßte die Mittel des Staatsschutzes der wachsenden Gefahr an. Schließlich, nach einer gewissen Anlaufzeit, gehörte die schweizerische Spionageabwehr zu den erfolgreichsten.

In dem dichtmaschigen Netz, das Hitler-Deutschland der Schweiz übergeworfen hatte, verfingen sich schwache, anfällige Charaktere so sehr, daß sie sich zum Schergendienst für eine Vergewaltigung ihres Vaterlandes bereitfinden ließen. Vielerlei Gründe mochten sie auf die abschüssige Bahn der Untreue an der Heimat gestoßen haben: Die Werbekraft der pangermanischen Ideale, der Wahn, daß, wenn man sich Deutschland unterwerfe, Blutvergießen und Zerstörungen vermieden werden könnten, und der Drang nach Veränderung und Erneuerung. Nachweisbar aber haben in den meisten Fällen weniger ideelle Motive mitgewirkt: Brennender Ehrgeiz, sich hervorzutun in einer politischen Rolle, die zu spielen die Heimat versagte, Streben nach Rückversicherung gegen «Wechselfälle der Weltgeschichte» oder ganz einfach bare Korruption. Erinnerungen steigen auf, beschämende und abstoßende. Eine wirre Reihe von Gestalten zieht im Geiste vorüber: Catilinarische Existenzen, die nichts zu verlieren hatten und deshalb alles wagten, pure Gewinnsüchtige, die ihr Vaterland um ein paar Silberlinge verkauften, politisch Ahnungslose oder ideologisch aufgeputzte Verbrecher – alles entwurzelte Randgestalten des Schweizertums. Sie glaubten an den unausbleiblichen Sieg der neuen deutschen Ordnung und schlossen schon deshalb den Teufelspakt mit dem braunen Verführer. Einige, denen der Boden in der Schweiz zu heiß wurde, flüchteten nach Deutschland und wurden dort, je nach ihrer Veranlagung, verschiedensten Organisationszweigen zugewiesen. Unter ihnen gab es ein paar Schreibgewandte; sie fielen mit der Feder über ihr Vaterland her und gossen ihren Groll in Denkschriften. Diese sind ein Denkmal politisch-ideologischer Verbissenheit und Verlogenheit. Es wurde darin alles zusammengefaßt, was an Vorwürfen gegen die Schweiz im Umlauf war: Das Land von Juden und Freimaurern vergiftet, die Öffentlichkeit durch das Geschmier elender Zeitungsschreiber gegen das deutsche Mutterland aufgehetzt und auf England hoffend, das neudeutsche Wesen von Grund auf hassend und verachtend. Da und dort ein Korn Wahrheit, das Ganze ein Zerrbild von Fanatismus, grell beleuchtet. Andere Landesverräter, die sich der Strafe entziehen konnten und nach Deutschland flohen, endeten auf deutschen Schlachtfeldern.

Von 1939 bis 1945 haben die Militärgerichte im ganzen 110 Personen zu verschiedenen Strafen verurteilt. Da das Strafgesetzbuch die Todesstrafe nicht kannte, führte sie der Bundesrat auf dem Vollmachtenwege ein. 17 Todesurteile wurden vollzogen. Es hat vielen Schweizern im Innersten widerstrebt, Blut fließen zu lassen. Sie schlugen deshalb vor, die Täter zwar zum Tode zu verurteilen, das Urteil aber erst dann zu vollstrecken, wenn das Land von jener Kriegspartei angegriffen werde, an welche sie es verraten hatten. Aber solche Vorschläge gingen in der erregten Volksstimmung unter. Da der Landesverrat fast ausschließlich zugunsten Deutschlands begangen worden war, machten die Todesurteile im Deutschen Reich großen Eindruck. Im Lande selber bewirkte dieses traurige Stück Schweizergeschichte, daß dem letzten Eidgenossen die Augen aufgingen für die Gefahren, die seiner Heimat drohten.

27. Militärische Abwehrbereitschaft

Es ist erwiesen, daß schon einige Zeit vor Kriegsausbruch Henri Guisan, damals Korpskommandant, mit dem französischen Oberkommando inoffizielle Fühlung aufnahm in der Absicht, ein eventuelles Zusammenwirken im Kriegsfall planmäßig vorzubereiten. Das schweizerische und das französische Armeedispositiv sollten genau aufeinander abgestimmt werden; denn im Hinblick auf einen blitzartigen Überfall durch die Deutschen durfte die französisch-schweizerische Zusammenarbeit nicht der Improvisation überlassen bleiben. Zu solcher konditionierter Planung hielt sich Guisan wohl nicht bloß berechtigt, sondern verpflichtet, und dies um so mehr, als ihm Bundesrat Minger vertraulich eröffnet hatte, er werde ihn zum Oberbefehlshaber vorschlagen, wenn die Verhältnisse eine Generalswahl nötig machten. Da Guisan, wie die meisten Schweizer Militärs, einen Überfall in erster Linie von den ungestümen Deutschen erwartete, also im nördlichen Nachbarn den potentiellen Gegner sah, erscheint es natürlich, daß er sich zuerst an die Franzosen wandte, deren Armeeführer er von Manöverbesuchen her persönlich kannte. Er hielt es für möglich, daß die Deutschen versuchen würden, in südlicher Umgehung der Maginotlinie durch Basel und schweizerisches Territorium nach Frankreich einzudringen. Der französische General Georges rechnete ernstlich mit dieser Möglichkeit, und Winston Churchill hielt ein solches Manöver für so wahrscheinlich, daß er noch in den Augusttagen 1939 sehr besorgt die französischen Verteidigungsanlagen zwischen Straßburg und Basel besichtigte. Man konnte schweizerischerseits an die Generalstabsbesprechungen mit General Weygand aus dem Jahr 1917 anknüpfen. Es sollte nur ein provisorisches technisches Abkommen entworfen werden, das in keiner Weise die offizielle Schweiz engagierte. Nahe Mitarbeiter Guisans und auch der Bundesrat, mit Ausnahme des Chefs des Militärdepartements Minger, hatten keine Kenntnis von den Besprechungen, die Major Gonard im Auftrag Guisans direkt mit den Franzosen führte. Einen Monat vor Kriegsausbruch besprach Stabschef Petitpierre, von Guisan mit der nötigen Dokumentation und Instruktion versehen, im Pariser Hauptquartier mit General Gamelin, dem zukünftigen Generalissimus der französisch-britischen Armeen, und mit General Georges, dessen künftigem Generalstabschef, Koordinationsmaßnahmen für den Ernstfall – alles unter der Voraussetzung eines deutschen Angriffes auf die Schweiz. Der Entwurf einer Konvention trug keinen offensiven Charakter gegenüber Deutschland. Bei Beginn einer Invasion der Schweiz durch die Deutschen – also bei einem überlegten Angriff der Wehrmacht, nicht bloß bei einem impulsiven Grenzzwischenfall – und nur auf ausdrückliches Hilfegesuch der Schweiz hin sollte die achte französische Armee die Verbindung mit den Schweizern, die das Gempenplateau hielten, aufnehmen. Es scheint, daß die Schweiz bereits Positionen für gewisse Kaliber der französischen Artillerie auf dem Gempen bereit machte. Kurz vor dem deutschen Angriff auf Norwegen und Dänemark, Ende März 1940, lagen drei fertig ausgearbeitete Schriftstücke über die Modalitäten einer eventuellen schweizerisch-französischen Zusammenwirkung im Kriegsfall vor. Der Zusammenbruch Frankreichs ließ dann den bei einem deutschen Angriff vorgesehenen Sprung französischer Truppen auf das Gempenplateau als illusorisch erscheinen und machte überhaupt allen schweizerisch-französischen Militärkombinationen ein rasches Ende.

Von den Mitgliedern des Bundesrates ist der Vorsteher des Militärdepartements und Freund des Generals ins Geheimnis gezogen worden. Den Bundespräsidenten Pilet, dessen Einmischungstendenzen in das Verteidigungsdispositiv und dessen häufige Unterredungen mit dem deutschen Gesandten ungern gesehen wurden, ließ man in Unkenntnis. Dabei wirkte wohl auch die Idee mit, der Vorsteher des Politischen Departementes solle unbeschwert von solchen völkerrechtlichen Wagnissen bleiben, wie sie das Armeekommando auf sein Gewissen nehmen mußte. Der General wollte allein die Verantwortung tragen und die Konsequenzen seines eigenmächtigen Schrittes auf sich nehmen. Die Erklärung für Guisans einseitiges Vorgehen liegt unter anderem auch darin, daß er gemäß der allgemeinen Anschauung seiner Zeit die Militärkraft der Alliierten überbewertete, die Tatenscheu ihrer Regierungen jedoch unterschätzte. Zum Verständnis der Angelegenheit sei an folgende historische Tatsachen erinnert: Schon acht Jahre vor Ausbruch des Ersten Weltkrieges hat der schweizerische Generalstabschef von Sprecher – ohne Vorwissen des Gesamtbundesrates – mit dem deutschen und dem österreichischen Generalstabschef Abmachungen über militärische Zusammenarbeit getroffen für den Fall, daß die Schweiz von einem andern Nachbar angegriffen werde. Guisan hat als junger Offizier die Generalstabskurse Sprechers besucht. Der bekannteste schweizerische Staats- und Völkerrechtler Carl Hilty, der die offizielle Neutralitätsauffassung um die Jahrhundertwende vertrat, würde dieses Abkommen gebilligt haben, da er der neutralen Schweiz ein bedingtes Allianzrecht zuerkannte.

Man zögert sich auszumalen, wie übel die Dinge sich hätten entwickeln können, wenn der vom General ins Auge gefaßte Fall einer schweizerisch-französischen Kooperation tatsächlich eingetreten wäre. Im Hinblick auf die deutliche Unterlegenheit der französischen Flug- und Panzerwaffe gegenüber der deutschen, angesichts auch der von der «Drôle de guerre» und den deutschen Erfolgen in Polen moralisch geschwächten französischen Truppen, hält es schwer, sich eine wirkungsvolle Hilfeleistung Frankreichs zugunsten der Schweiz vorzustellen. Neutralitätsrechtlich ist Guisans Vorgehen kaum zu beanstanden, neutralitätspolitisch bleiben militärische Eventualabkommen über eine Zusammenarbeit im Krieg, im Frieden abgeschlossen und überdies einseitig, gewagte Grenzfälle. Damit setzte man sich dem Vorwurf der neutralitätswidrigen Haltung aus. Und das hätte von Deutschland gegen die Schweiz ausgewertet, zum Casus belli gemacht und zum Vorwand einer feindlichen Invasion dienen können.

Nach dem raschen Zusammenbruch Frankreichs erkannten alle Einsichtigen, daß man mit einem sehr langen Kriege rechnen mußte. Sie wurden nicht müde, vor weiterer Demobilmachung zu warnen, die einige aus Sparsinn, andere aus politischer Berechnung empfahlen. Natürlich hatte Deutschland mit seinen wiederholten Ratschlägen, das ganze schweizerische Heer zu entlassen, keineswegs, wie es vorgab, wirtschaftliche Vorteile der Schweiz im Auge, sondern verfolgte damit einen politischen Zweck. Denn mit der Schwächung der schweizerischen Verteidigungskraft sollte ihre Fähigkeit schwinden, deutsche Forderungen zurückzuweisen. Darüber hinaus war das Reich gerade im Hinblick auf seine nur mit Gewalt zu behauptende europäische Vorherrschaft aufs lebhafteste daran interessiert, daß unter der militärischen Schockwirkung der französischen Kapitulation mögliche Widerstandsnester in Europa beizeiten ausgeräumt würden.

Eine fühlbare Entlastung brachte erst der am 22. Juni 1942 begonnene deutsche Angriff auf Rußland. Die damit verbundene allgemeine Schwerpunktverlagerung der kriegerischen Handlungen nach dem Osten ließ die Schweiz aufatmen. Man konnte jetzt endlich, wie Guisan sich ausdrückte, von der Besetzung zur Bewachung übergehen, das heißt man durfte ohne allzu großes Risiko die Heeresbestände wesentlich herabsetzen, was wegen der bevorstehenden Ernte überall hochwillkommen war. Ende Juni sank die Zahl der Mobilisierten auf 70000.

Die Sorge des Generals galt nicht nur der Bereitschaft gegen außen, sondern auch gegen innen. Während des etwas ruhigeren Jahres 1942 führte er einen nicht nachlassenden Kampf gegen die Gerüchte. In Armeebefehlen suchte er dem Volk die Notwendigkeit der militärischen Geheimhaltung klar zu machen: «Landesverrat lauert an allen Ecken.» Als wirksamstes und zugleich einfachstes Abwehrmittel sei jedem Angriff auf das militärische Geheimnis eine durch nichts zu brechende Verschwiegenheit entgegenzusetzen. «Wer nicht schweigen kann, schadet der Heimat», lautete das herumgebotene Schlagwort.

Zweifellos stand die Schweiz all die Jahre hindurch unter dem Druck einer dauernden militärischen Bedrohung. Der deutsche Nationalsozialismus und seine scharfe Waffe, das deutsche Heer, hätten, wenn nötig, jedes unabhängige Land im Blitzkrieg überfallen. Es ist bekannt, daß der unberechenbare Hitler auch gegen den nüchternen Rat seiner Generäle, unter Ausschaltung der fachmännisch urteilenden Generalstabsoffiziere, militärische Entschlüsse fassen und ausführen konnte. Wie emotional feindlich er gegen die Schweiz eingestellt war, weiß man ebenfalls. Vor Mussolini und anderen Zeugen bezeichnete er die Schweizer als «das niederträchtigste und erbärmlichste Volk und Staatengebilde», die Schweiz als «Todfeind des neuen Deutschland» (2. Juni 1942). Steigerte sich diese latente Gefahr im Mai 1940 und im März 1943 zu einer akuten, nahm sie die Form konkreter militärischer Vorbereitungen an? Die Frage muß auf Grund der deutschen Militärakten verneint werden. Das schweizerische Armeekommando hat in jenen beiden Phasen die unmittelbare militärische Bedrohung überbewertet, weil es sie nicht als Tarn- und Abwehrmaßnahme durchschaute. Die Bedrohung entbehrte einer realen militärischen Basis. Eine direkte Gefährdung bestand – objektiv gesehen – bloß im Sommer und Frühherbst 1940. Später hätten die Deutschen nur mit Mühe vermocht, die für einen Angriff auf das abwehrkräftige schweizerische Réduit notwendigen Truppen freizumachen. Wenn aber bei Hitler aus politischen Gründen der Entschluß zur Liquidierung des kleinen Nachbarlandes gereift wäre, so hätte er auch ohne lange Anlaufzeit eine militärische Offensive auslösen können. Das bewies die Überrumpelung Jugoslawiens zur Genüge. Als «zu spät» erachtete man im Führerhauptquartier eine Invasion der Schweiz wohl erst seit dem Frühjahr 1943.

Dem Bestreben, einen Überfall auf die Schweiz abzuwenden und die Beziehungen zu Deutschland zu entspannen, diente die geheime und so viel diskutierte Zusammenkunft Guisans mit dem deutschen SS-General Schellenberg. Man muß den ungewöhnlichen Schritt Guisans vor dem veränderten weltpolitischen Hintergrund sehen: wegen des Nachlassens der russischen Winteroffensive bekamen die Deutschen gerade damals Kräfte im Osten frei. Sie erwogen, ob sie ihre Truppen nach Italien werfen sollten, um den zerfallenden Faschismus zu stützen und im Süden eine Abwehrfront gegen die bald zu erwartende Invasion aufzubauen. In dieser Lage konnten sie keine Schweiz dulden, die eventuell die Angelsachsen hereinließ; eine so schwere Gefährdung im Rücken mußte unbedingt vermieden werden. Dem schweizerischen Oberkommandierenden mißtraute man seit der Entdeckung seiner geheimen Absprache mit den Franzosen zutiefst. Bei der Entrevue in Biglen brachte Schellenberg offenbar seine Zweifel hinsichtlich des schweizerischen Neutralitätswillens vor. Der General wies diese Zweifel als Beleidigung zurück und bekräftigte nachdrücklich den vorbehaltlosen Neutralitäts- und Abwehrwillen von Behörden, Volk und Armee. Er hat somit den Deutschen nicht bloß versichert, daß die Schweiz eine durch die Angelsachsen herbeigeführte Neutralitätsverletzung abwehren werde, sondern auch, und das war in der gespannten Situation besonders wichtig: Falls Deutschland eine militärische Aktion gegen die Schweiz auslöse, werde diese sofort ihre Transportwege durch die Alpen zerstören. Auf Wunsch Schellenbergs hat ihm Guisan noch eine schriftliche Erklärung ausgehändigt, worin unter anderem stand: «Wer auch immer in unser Land eindringt, wird automatisch unser Feind. Dieser aber wird eine in höchster Potenz geeinigte Armee und ein von *einem* Willen durchdrungenes Volk finden.» Guisan hat offensichtlich seinen Zweck erreicht: die deutsche Führung in der Ansicht von dem ungeschwächten Widerstandswillen der schweizerischen Armee gegenüber jedem Invasor zu bestärken. In Anbetracht dieses Erfolges kommt dem Vorwurf, daß Guisans Vorgehen außerhalb seiner Kompetenzen lag, weil er nicht berechtigt sei, selbständig Außenpolitik zu treiben, weniger Bedeutung zu.

Der General war durch den Nachrichtendienst über die Vorgänge im Ausland gut unterrichtet. Vor dem Krieg hielt sich dieser Dienstzweig in bescheidenstem Rahmen. Im Laufe des Aktivdienstes stieg die Mitarbeiterzahl von 10 auf 120 Personen, der Jahreskredit von 320 000 Franken auf 750 000 Franken. Dabei wurde der Nachrichtendienst durch private Organisationen nachhaltig unterstützt, besonders durch das Bureau Ha, das Hauptmann Hans Hausamann aus eigenem Antrieb und mit eigenen Mitteln aufgezogen hatte. Die Schweiz als kleiner Neutralstaat mußte ganz besonders wachsam sein, denn infolge des völkerrechtlichen Neutralitätsstatuts durfte sie erst, nachdem sie angegriffen worden war, militärisch vorgehen. Und ferner mußte die Schweiz auch zu verhüten suchen, daß fremde Mächte auf ihrem Territorium Horchposten errichteten, sei es zum Nachteil der Schweiz selbst oder zum Nachteil dritter Staaten. Wegen ihrer zentralen Lage und ihrer kriegerischen Inaktivität eignete sich die Schweiz sehr gut zum Horchposten.

Es erstaunt zunächst, daß dem schweizerischen Nachrichtendienst Informationsmaterial aus höchsten deutschen Armeekreisen zufloß. Das erklärt sich dadurch: Gewisse Deutsche, die aus ideologischen Motiven das herrschende System innerlich ablehnten, benützten jede Möglichkeit, um die verhaßte Gewaltherrschaft zu Fall zu bringen. Ein Mittel hiezu sahen sie in der Weitergabe wichtiger militärischer und politischer Geheimnisse ans Ausland. Informationen aus hohen deutschen Kreisen flossen aber auch privaten Nachrichtenzentralen von Ausländern zu, die ihre deutschen Meldungen an die Alliierten, besonders an Rußland, weitergaben. Es gelang der Bundespolizei, sämtliche Agenten zu verhaften.

Daß in gefahrvollen Zeiten Nachrichtendienst und Neutralität sich in die Quere kommen können, liegt an der Problematik der Neutralitätspolitik im modernen totalitären Kriege. Von zivil oder militärisch verantwortlicher oberer Schweizer Stelle ist keiner der für die eine oder andere Kriegspartei arbeitenden Nachrichtendienste begünstigt worden. Der Staat blieb auch in diesem Bereiche neutral. Er konnte ebenso wenig wie jeder andere Neutralstaat ganz verhindern, daß auf seinem Gebiete der Nachrichtendienst des Auslandes sein dunkles Wesen trieb; er konnte dies nur untersagen und zum Rechten sehen und streng dagegen vorgehen.

Am empfindlichsten wurde die Neutralität durch angelsächsische Flugzeuge verletzt, die auf ihren Raids nach Oberitalien den schweizerischen Luftraum durchflogen. Die schlechtausgerüstete Luftabwehr der Schweiz konnte die in der Nacht sehr hoch fliegenden Bomber nicht treffen, sowenig es die deutsche Luftwaffe in Frankreich, das die englischen Maschinen überflogen, zu tun vermochte. Was man im Bundeshaus besonders bedauerte, war der Umstand, daß die Überfliegungen ganz planmäßig und offenbar in bewußter Mißachtung der vom englischen Kabinett eingegangenen Neutralitätsverpflichtung durchgeführt wurden. Die britische Regierung gab jeweils die vorgekommenen Verletzungen des schweizerischen Flugraums zu, sprach ihr tiefes Bedauern aus und schob die Schuld der ungünstigen Witterung zu. Der Hauptgrund für die Überfliegung der Schweiz war natürlich, was man aber zunächst verschwieg, die Benützung der kürzesten Strecke zur Ersparnis von Zeit und Benzin. Natürlich beutete die deutsche Presse diese Vorkommnisse aus, indem sie die Schweizer zum Bruch mit England aufforderte. Pilet scheint eine Zeitlang daran gedacht zu haben, den Schweizer Gesandten aus London zur Berichterstattung nach Bern zu rufen. Schließlich entschloß sich der General zur Verdunkelung. Als aber die Schweiz wegen der Invasion des Kontinents durch die Alliierten wieder mehr in den Bereich der Kriegsereignisse geriet und der Luftkrieg sich verschärfte, rief man nach Aufhebung der gefährlich gewordenen Maßnahme. Diese Diskussionen waren im Gang, als amerikanische Flugzeuge Schaffhausen überflogen und irrtümlicherweise Brand- und Sprengbomben abwarfen (1. April 1944). Vierzig Personen wurden getötet, hundert verletzt, sechsundsechzig Gebäude zerstört. Die Schaffhauser Katastrophe – einer der größten Kriegsschäden der Schweiz – gab begreiflicherweise dem Wunsche nach Aufhebung der Verdunkelung neuen Auftrieb. Der General verfügte sie im September 1944.

Die Streitigkeiten, die sich aus den Neutralitätsverletzungen in der Luft ergaben, wurden nicht so sehr auf militärischer als vielmehr auf politisch-diplomatischer Ebene ausgetragen. Da beide Kriegsparteien in den schweizerischen Luftraum einflogen und sich die Schweiz gegen beide in gleicher Weise wehrte, konnte sich rechtens keine für benachteiligt oder bevorzugt halten. Die Schweiz bemühte sich, beiden Kriegsparteien in ähnlichem Umfang ihre auf eidgenössischem Gebiet niedergegangenen Maschinen zurückzugeben. Das hielt recht schwer, weil die Zahl der deutschen Maschinen größer war als die der englischen. Das schweizerische Verhalten half mit, den Grundsatz unparteiischer Neutralität auch im Bereiche der Grenzverletzungen durch Flieger zu wahren. Während des ganzen Krieges wurden in der Schweiz 7379 Fliegeralarme ausgelöst, 23 fremde Flugzeuge stürzten ab, wobei 40 Mann den Tod fanden und 1620 interniert wurden. Durch fremde Flugzeuge verloren 84 Schweizer das Leben, und 260 erlitten Verletzungen. Je stärker die Deutschen an allen Fronten beansprucht wurden, desto schwerer wog, daß die Schweiz durch ihre soliden militärischen Vorkehren der deutschen Heeresleitung beträchtliche Streitkräfte auf längere Dauer für anderweitige Verwendung freigab. Die bewaffnete schweizerische Neutralität, von den Deutschen erst noch mit herablassendem Lächeln als durch die Ereignisse völlig überholt und mit der Neuordnung Europas unvereinbar bezeichnet, wandelte sich beim Herannahen der Alliierten in den Augen der Nationalsozialisten zu einer nützlichen Institution. Jetzt bedeutete die Schweiz für die deutsche Führung ein willkommenes südwestliches Bollwerk der inneren Festung und einen wirkungsvollen Wellenbrecher; so sehr hatte die Lage sich verändert.

Als am 6. Juni 1944 die Alliierten in der Normandie landeten, weitere Landungen an den Ufern des Mittelmeeres im Bereiche der Möglichkeit lagen, der General aber trotzdem keine Truppenverminderungen in Süddeutschland wahrnehmen konnte, hielt er eine deutsche Präventivaktion gegen die Schweiz für möglich und verlangte vom Bundesrat die Ermächtigung zum sofortigen Aufgebot des Grenzschutzes. Der Bundesrat jedoch verweigerte sie, woraus sich Zwistigkeiten ergaben, weil die Kompetenzen der zivilen und militärischen Leitung nicht genau gegeneinander abgegrenzt waren. Der Kommandant der französischen Armee, General Lattre de Tassigny, ging im November 1944 zur Offensive über, rückte gegen Karlsruhe und Stuttgart vor, wandte sich hierauf dem Schwarzwald und dem Bodensee zu und schob sich so in die Lücke zwischen der Schweizer Grenze und den zurückflutenden Deutschen. Damit machte er es den Deutschen unmöglich, nach der Schweiz auszuweichen, und gab zugleich den Schweizern Sicherheit gegen die möglicherweise an den Bodensee vorrückenden Russen, zu einer Zeit, da die Schweiz mit der Sowjetunion keine diplomatischen Beziehungen unterhielt. Zu dieser Diversion hatte sich der schweizerfreundliche General Lattre durch eine private Sonderbotschaft Guisans bewegen lassen. Ob es sich mit der Würde der schweizerischen Neutralität vereinbaren ließ, in diesem besonderen Fall fremde Hilfe anzurufen, und ob es opportun war, den Franzosen in Anbetracht der Beziehungen französischer Offiziere zum Kommunismus von der behördlichen Furcht vor dem russischen Anmarsch in Österreich Kenntnis zu geben, sei dahingestellt.

Was die Bedrohung der Schweiz betrifft, der sie während des ganzen Krieges ausgesetzt war, so darf zusammenfassend festgestellt werden, daß in der ersten Zeit die politische Zielsetzung Hitlers eine besondere Gefahr bedeutete: Zunächst die Ideologie eines germanischen Großdeutschen Reiches, später der Plan eines neuen Europa unter deutscher Führung. Die deutschen Absichten, sich das wirtschaftliche Potential der Schweiz mit Waffengewalt anzueignen, waren zu Beginn des Krieges weniger deutlich als in seinen letzten Phasen, wo aber zu einer militärischen Intervention die verfügbaren Kräfte nicht mehr ausreichten. Aus rein militärischen Gründen gegen die Schweiz vorzugehen, konnte sich die deutsche Wehrmacht wiederholt versucht fühlen. Je stärker aber die deutschen Streitkräfte auf weit entfernten Kriegsschauplätzen in Anspruch genommen, verzettelt und gebunden wurden und sich die Reserven verminderten, und je mehr die schweizerischen Abwehrkräfte durch Verstärkung der Rüstung, der Landesbefestigung und der Ausbildung sich erhöhten, desto rascher schwand die Aussicht auf einen Erfolg eines militärischen Angriffs der Achse gegen die Schweiz und damit die imminente militärische Gefahr. Das Zusammenwirken aller schweizerischen Abwehrkräfte, der militärischen, politischen und wirtschaftlichen, ließ den Deutschen den Preis eines Eintrittes in das kleine Nachbarland als zu hoch erscheinen.

Einer alten Tradition folgend, erstattete der General nach Kriegsende seiner Wahlbehörde einen Rechenschaftsbericht über die Erfüllung seines Auftrages. Sogleich erörterte jetzt die des Maulkorbs ledige Presse besonders die subjektiv gehaltenen Partien, wo Guisan an Einrichtungen und Personen offen Kritik übte. Dadurch sah sich der Bundesrat veranlaßt, in einem eigenen Bericht zu den Darlegungen des Generals Stellung zu nehmen. Man darf die beiden Berichte nicht gegeneinander, sondern soll sie nebeneinander stellen. Sie behalten ihren geschichtlichen Wert als Zeugnisse der militärischen und politischen Oberbehörden von einem der wichtigsten Abschnitte schweizerischer Vergangenheit und haben die Entwicklung des Wehrwesens in der Nachkriegszeit entscheidend gefördert.

28. Pressekontrolle und Pressekrieg

Zum Aufgabenkreis der Neutralitätspolitik gehörte auch die Überwachung der Presse als des traditionellen Mittels der Information und Meinungsbildung. In der direkten, volksnahen Demokratie der Eidgenossenschaft kam einer umfassenden und sachgerechten Aufklärung des Bürgers besondere Bedeutung zu. Die bloße Mitteilung von Fakten, die reine Information sollte erläutert, vertieft und in einen größeren Zusammenhang hineingestellt werden, um damit die Vorgänge in der Welt und in der Heimat dem Volke verständlich zu machen. Auch die Möglichkeit, Fehlleistungen und Mißstände offen zu nennen, mußte gewahrt bleiben. Wohl mit Rücksicht auf dieses Wächteramt der Presse widerrief der Bundesrat bei Ausbruch des Krieges die bereits verfügte Vorzensur und begnügte sich mit einer Überwachung im Sinn einer Nachkontrolle, die er der Abteilung Presse und Funkspruch übertrug. Die Weisung lautete, mit den Redaktionen sei direkter Kontakt aufzunehmen und eine loyale Zusammenarbeit anzustreben. Eindeutig wurde die Frage der Verantwortung gelöst, indem sie der Bundesrat der Militärgewalt übertrug. Wozu eine Presseüberwachung nötig sei, erläuterte er in seinem ersten Vollmachtenbericht: würde hier nicht vorgesorgt, so wäre das Land sehr rasch ein Tummelplatz aller verderblichen geistigen Umtriebe und Versuche, die Geschlossenheit von Armee und Volk und den festen, nach allen Seiten gleich starken Abwehrwillen zu untergraben.

Als leichte Maßnahme gegenüber der Presse galt die «Weisung», die der Bundesrat oder die Armeeleitung erließ, und die «Verwarnung», soweit sie nicht öffentlich erfolgte. Gewöhnlich ging ihr die «Beanstandung» voraus; man wollte damit lediglich eine Redaktion darauf hinweisen, daß sie an der Grenze des Zulässigen angelangt sei. Die «Beschlagnahme» einzelner Zeitungen diente vor allem dazu, die Verbreitung von schädlichen Äußerungen zu verhindern. Unter die schweren Maßnahmen fiel die «öffentliche Verwarnung». Sie verfolgte den besonderen Zweck, die beanstandete Publikation als unzulässig zu kennzeichnen. Die «Stellung unter Vorzensur auf beschränkte oder unbeschränkte Zeit» wurde von den Behörden als eines der wirksamsten Mittel gegen widerspenstige Zeitungen gewertet, wobei man aber nicht bedachte, daß das Publikum den Text einer unter Vorzensur stehenden Zeitung als «amtlich bewilligt» und für den Inhalt die Kontrollorgane als mitverantwortlich betrachtete. Das dauernde Verbot des Erscheinens ist während der ganzen Kriegszeit nur gegen wenige Blätter verfügt worden, so gegen die schweizerisch getarnte nationalsozialistische «Neue Basler Zeitung» und gegen die kommunistische «Freiheit».

Die meisten Verstöße der Zeitungen betrafen das komplexe Gebiet der Außenpolitik. Gemäß speziellen Richtlinien sollte die Presse der Landesregierung die Aufrechterhaltung einer strikten Neutralitätspolitik nicht erschweren und doch ihre Leser richtig informieren – eine schwierige Aufgabe, die beiden sich oft widersprechenden Pflichten zu vereinigen. Es handelte sich in erster Linie um Fragen des Taktes, des Tones, des Maßes, die nicht durch Strafbestimmungen entschieden werden konnten. Ein Publizist, der durch das Dickicht der Verbote und Gebote heil hindurchgelangen wollte, brauchte viel Spürsinn und Selbstdisziplin. Der Geschicklichkeit des Redaktors war aufgegeben, sich zum Virtuosen des andeutenden, vielsagenden Wortes auszubilden, während der Leser sich zu seinem Vorteil daran gewöhnte, zwischen den Zeilen zu lesen.

Einen tiefen Zwist zwischen Presse und Armee verursachte unter anderem die besonders in Militärkreisen verfochtene These, die Schweiz habe einen allfälligen Angriff auf ihre Neutralität durch ihre Pressepolitik selber verschuldet. Ein von Offizieren inspirierter Artikel der «Schweizerischen Handelszeitung» verstieg sich zu der Anschuldigung, die Presse müsse wegen einer Anzahl undisziplinierter Skribenten die größte Landesverräterin genannt werden. Diese Behauptung einer Kriegsschuldthese der Presse war außerordentlich gefährlich, weil sie Deutschland ein Argument für die Invasion liefern konnte. Mit Recht erwiderten die Journalisten, daß die Einschüchterung der Presse einen Bestandteil des nationalsozialistischen Nervenkrieges bilde; darauf dürfe man nicht hereinfallen.

Bei der Erteilung seiner Weisungen ging der Armeestab zwar von den festen Richtlinien des Grunderlasses aus, berücksichtigte aber auch die jeweilige Lage. Diese schmiegsame Methode führte zu Schwankungen je nach dem Auf- und Abschwellen der äußeren Gefahr, verfiel indessen nie einem haltlosen Opportunismus. Als die Deutschen Norwegen und Dänemark angriffen, war den Zeitungen durchaus erlaubt, ihre Teilnahme zu äußern: Es gezieme sich, Trauer und Bestürzung zu betonen. Da nahmen die Journalisten kaum mehr ein Blatt vor den Mund: «Es ist Vergewaltigung.» Beim Angriff auf Holland und Belgien durfte die Presse sogar das Wort «Überfall» verwenden. Und sie machte von ihrer Freiheit ausgiebig Gebrauch. Aber während des Kampfes um Frankreich und nach dessen Zusammenbruch, als man das natürliche Bedürfnis empfand, sich mit den grundstürzenden Umwälzungen auseinanderzusetzen, begannen die Überwachungsorgane die Meinungsfreiheit wieder mehr einzuschränken, ja die Pressekontrolle beinahe zu einer Presselenkung zu verschärfen. Glücklicherweise aber erkannten die Behörden noch rechtzeitig, was für schädliche Rückwirkungen allzu einschränkende Vorschriften haben konnten: Damit schlugen sie dem Widerstandsgeist wirkungsvolle Waffen aus der Hand und setzten das Volk fast wehrlos den Stimmungen des Defaitismus aus. Um den Gedankenaustausch zwischen Regierung und Zeitungen enger zu gestalten und Reibungen wenn immer möglich zu vermeiden, wurde die «Verbindungsstelle für das Pressewesen» geschaffen (31. Januar 1940). Aber auch sie konnte einen tiefen Zwist zwischen Pressekontrolle und «Evangelischem Pressedienst» nicht verhindern. Dieser erklärte, mit dem Verbot, über die Geiselerschießungen zu berichten, sei der Tatbestand der Gewissensknebelung erfüllt.

Je mehr sich die Beziehungen zwischen Armeekommando und Presse anspannten, desto stärker empfand der General die Überwachung der Zeitungen nicht als eine militärische, sondern als eine politische Aufgabe, von der er entbunden zu sein wünschte. Der Bundesrat zögerte lange, diesem Wunsche zu willfahren, unterstellte dann aber die Pressekontrolle dem Vorsteher des Eidgenössischen Justiz- und Polizeidepartements (Januar 1942). Dieser Übergang von der militärischen auf die zivile Gewalt änderte nichts an der Organisation der Abteilung Presse und Funkspruch, setzte jedoch die oberste Landesbehörde stärker als bisher den Einwirkungen fremder Mächte aus. Gegen Ende des Krieges liberalisierte sich die Pressekontrolle. Die Mitglieder der Abteilung Presse und Funkspruch konnten ihrem «Métier ingrat» den Rücken kehren. In täglich sich wiederholender Gewissensqual hatten sie die Begriffe der Neutralität stets neu auslegen und in kurzer Zeit entscheiden müssen, was allenfalls zur Veröffentlichung anging und was zu verbieten war.

Während der ganzen Kriegszeit haben demokratische Selbstverantwortung und militärische Presseüberwachung loyal zusammengewirkt. Volk und Presse drängten nach mehr Bewegungsfreiheit in der Verteidigung des eidgenössischen Standpunktes, indessen der Staat bremste und begreiflicherweise gegenüber dem reizbaren potentiellen Gegner eine gewisse Zurückhaltung übte. Dies war besser und in jeder Hinsicht dem Lande dienlicher, als es eine umgekehrte Rollenverteilung hätte sein können. Trotz der Rationierung auch des öffentlichen Wortes, trotz der notrechtlichen Einschränkung ihrer Freiheit hat die Presse in seltener Einmütigkeit ihre Aufgabe erfüllt: die Lebensgrundlagen der schweizerischen Demokratie zu verteidigen, den Neutralitätswillen ungeschwächt zu erhalten und so wesentlich zur geistigen Wehrhaftigkeit des Landes beizutragen.

Die Angriffe des Nationalsozialismus gegen die Schreibweise der Schweizer Presse und die Reaktionen im schweizerischen Blätterwald rückten immer mehr in den Mittelpunkt der politischen Beziehungen zwischen den beiden Ländern. Es konnte schließlich kaum mehr ein Geschäft mit Deutschland behandelt werden, ohne daß die deutsche Diplomatie die Pressefrage einbezog. Die von der Reichsregierung virtuos gehandhabte Zermürbungstaktik diente immer auch dem Zweck, die Schweiz in der Pressefrage zum Einlenken zu bewegen. Aber alles versteckte und offene Werben, um mit der Schweiz zu einem Presseabkommen zu gelangen, scheiterte an der geschlossenen Abneigung von Behörden und Redaktionen. Man hat in der Eidgenossenschaft von Anfang an genau erkannt, zu was für verhängnisvollen Instrumenten der Untergrabung jeden Selbstbehauptungswillens solche Vereinbarungen führten.

Der Hauptunterschied zwischen der Stellung der Presse in den beiden Ländern lag darin, daß sie im straff zentralisierten deutschen Staate zu einer Einheit zusammengefaßt wurde und nur noch das Sprachrohr der Regierung war, während sie in der föderalen und liberalen Schweiz ihre Mannigfaltigkeit bewahrte und der Staatsgewalt frei, selbständig gegenübertrat.

Über Wesen und Ziel nationalsozialistischer Pressepolitik hatte der deutsche Pressechef das Ausland schon in der Vorkriegszeit orientiert: Der Nationalsozialismus habe das individualistische Denken als den geistigen Konstruktionsfehler eines ganzen Zeitalters überwunden. Deshalb komme in Deutschland der Presse die Aufgabe zu, «die Lebensgrundsätze der Gemeinschaft gegenüber dem Einzelnen zur Geltung zu bringen». Die liberalistische Presse jedoch maße sich an, der «Kritik oder Meinung des Einzelnen gegenüber dem Staat und seinen öffentlichen Einrichtungen Raum zu geben». Tatsächlich ist in der Eidgenossenschaft die Presse nie zu einer einheitlichen Institution mit gleicher Marschrichtung umgeformt worden. Jedes Blatt durfte seine individuelle Meinung äußern. Am Verfassungsgrundsatz der Meinungsfreiheit wurde nicht gerüttelt. Wegen dieser Grundverschiedenheit hat Deutschland die schweizerische Pressepolitik immer wieder mißverstanden. Nachdem der Nationalsozialismus die freie Kritik im eigenen Lande völlig unterdrückt hatte, war er gegen Kritik aus der gleichsprachigen Deutschschweiz, womit die Deutschen leicht infiziert werden konnten, doppelt empfindlich. Um sie völlig auszuschalten, benützte er jedes Druckmittel, vor allem die Entfesselung von Pressehetzen. Dabei mußte offenbar die deutsche Agitation das Äußerste zur Aufstachelung des nationalen Fanatismus hergeben, um die Stimmung gegen die Schweiz hochzuhalten, während hier umgekehrt die Presse der Erbitterung des Volkes nicht mehr nachzuhelfen brauchte.

Gereizt durch die Unnachgiebigkeit des kleinen Nachbarn, entfachte Deutschland anfangs Februar 1940 eine publizistische Großoffensive. Reichsminister Goebbels sagte in einer Arbeitstagung vor 500 Reichs- und Stoßtruppenrednern, es lasse sich mit dem Begriffe der Neutralität nicht vereinbaren, einen Unterschied zwischen öffentlicher Meinung und Staatsmeinung zu konstruieren und beispielsweise von Staats wegen Neutralität zuzusichern, gleichzeitig aber der öffentlichen Meinung jeden publizistischen Exzeß gegen das deutsche Volk und seine Führung zu erlauben. Das Protokoll einer Konferenz im Berliner Propagandaministerium lautete: «Der Minister ordnet an, daß die neutralen Staaten ... allmählich unter den Terror des von uns neugebildeten Neutralitätsbegriffs zu bringen seien.» Damit gab der Reichsminister die Parole aus, die nun von der deutschen Presse vielfach variiert wurde. Die gleichen Melodien rauschten mit geringen Abweichungen von Hamburg bis zum Vorarlberg durch den deutschen Blätterwald. Schon die Überschriften und Schlagwörter bezeichneten die Stimmung: «Lächerliche Knirpse in der Schweiz», «Schweizer Kläffer», «Ist das Neutralität?» Der «Völkische Beobachter» erklärte drohend, man verlange nichts als strenge Neutralität; das deutsche Volk werde es niemals und niemandem vergessen, der sich dieser billigen Forderung versage.

Nach den allgemein üblichen und bekannten Mitteln der deutschen Propaganda mußte diese Pressekampagne als eine beabsichtigte, möglicherweise bis in Einzelheiten regulierte «dynamische» Erscheinung gewertet werden. Hiefür sprach schon die Homogenität der Vorwürfe. Auch der Ablauf der Kampagne zeigte die Spuren einer bestimmten Planmäßigkeit: Von der allgemein gehaltenen Anzweiflung der schweizerischen Neutralität ging der Feldzug über die Auswertung von einzelnen Sätzen bis zur Häufung von Drohungen. Dem Bundesrat gelang es nicht, das heftige deutsche Trommelfeuer zum Stillstand zu bringen, auch nicht dadurch, daß er mitten in der Hetze Druck und Verlag eines neuen Buches des ehemaligen Danziger Senatspräsidenten Hermann Rauschning «Gespräche mit Hitler» in der Schweiz sowie die Einfuhr dieses Buches in jeder Sprache verbot. Unbeirrt fuhr die deutsche Presse fort: Zwar nenne sich die Schweizer Regierung neutral, lasse aber ihre Presse tagtäglich die Neutralitätspolitik torpedieren. Eine Neutralität mit doppeltem Boden sei unter Umständen gefährlicher als eine offene Feindschaft. Schließlich verlangte der Presseattaché die Entlassung der Chefredaktoren führender Zeitungen: Willy Bretscher, Albert Oeri, Ernst Schürch. Wenn er sich durchsetze, schrieb man, so werde im ganzen Lande der Eindruck erweckt, daß der Bundesrat nicht mehr Herr im eigenen Hause sei. Obgleich der Schweizer Gesandte in Berlin und andere verängstigte Schweizer die anmaßende deutsche Forderung unterstützten, löste sie, wo sie ruchbar wurde, in der Schweiz helle Empörung aus.

Es gab bald kein Ereignis mehr, dessen Kommentierung durch die Schweizer Presse Deutschland nicht zum Anlaß von Reklamationen in Bern genommen hätte. Aber nach weiteren Stürmen war im Herbst 1942 der Pressekrieg doch im Abflauen, als man in der Schweiz durch eine unerhörte Anpöbelung vonseiten hoher Amtsstellen aufgeschreckt wurde. Anläßlich einer der üblichen Pressekonferenzen vor versammelten Auslandjournalisten in Berlin schleuderte der Sprecher des Auswärtigen Amtes der Schweizer Presse entgegen (15. Oktober 1942), sie beginne langsam in eine unanständige Polemik gegen Deutschland einzutreten. Für die Redaktoren, die gegen das Neue Europa schrieben, werde darin kein Platz sein. Man werde mit ihnen kurzen Prozeß machen. Vielleicht würden sie ihre Heimat in den Steppen Asiens finden; aber vielleicht werde es noch besser sein, wenn man sie ins Jenseits befördere.

Zu so schrillen Dissonanzen ist es später nicht mehr gekommen, wennschon die deutsche Presse fortfuhr, darüber ihrem Ärger freien Lauf zu lassen, daß die Schweizer Zeitungen die neue These, wonach die Deutschen in Rußland selbstlos für die höchsten abendländischen Güter kämpften, nicht übernehmen wollten. Bei den deutschen Reklamationen ging das Eidgenössische Politische Departement auf alle vorgebrachten Argumente sorgfältig ein, wies sie als unbegründet zurück oder versprach in einzelnen

Fällen Remedur. Je größeren Schwierigkeiten Deutschland in seiner Kriegsführung begegnete, desto weniger Lust verspürte es, die Pressepolemik im alten Umfang wieder aufzunehmen. Den Zusammenbruch Deutschlands hat die Schweizer Presse im allgemeinen mit Teilnahme für das tief gedemütigte Nachbarvolk begleitet, ohne moralische Überheblichkeit, ohne erinnerungsschweren, bittern Rückblick auf erlittene Insulte.

29. Beziehungen zum Ausland

Noch im Spätsommer 1940 glaubten einflußreiche eidgenössische Parlamentarier aufgrund ihrer Informationen, die deutsche Reichsführung befasse sich mit Plänen zur Aufteilung der Schweiz. Gegen Ende des ereignisreichen Jahres aber heiterte sich der Horizont der schweizerisch-deutschen Beziehungen auf. Das Ausbleiben der Invasion in England, die enttäuschte Hoffnung auf einen baldigen Frieden und schließlich die italienischen Niederlagen in Albanien sowie Afrika hatten zur Folge, daß sich in Deutschland die Stimmung merklich verschlechterte. Dies wirkte sich auf das Verhältnis zur Schweiz dahin aus, daß nun auch leitende Kreise Deutschlands froh darüber waren, im Süden an einen verläßlichen Nachbarn zu grenzen. Führende Nationalsozialisten behaupteten, im Neuen Europa habe es für alle Länder Platz, die guten Willens seien. Jedoch komme der Neutralität im Neuen Europa keine Bedeutung mehr zu.

Weniger ermutigend, ja geradezu bestürzend lauteten die Ausführungen des Propagandaministers Goebbels: Unter der Voraussetzung, daß ein Volk sich dem neuen kontinentalen System einordne, daß es die Wehrhoheit der Achse annehme, sich ihren wirtschaftlichen Bedürfnissen anpasse und ihr außenpolitisch die Führung überlasse, wolle man den sich so einfügenden Völkern das kulturelle und staatspolitische Eigenleben zugestehen. Diese Auslassungen stießen in der Schweiz auf einhellige Ablehnung: Sowohl das außenpolitische als auch das militärische Programm der Schweiz habe seinen Angelpunkt in der Neutralität und in der Wahrung der Unabhängigkeit. Auf diesen Voraussetzungen beruhe die Zusammenarbeit.

Verschiedentlich wurde in der Schweiz aber auch der Wunsch nach Annäherung an Deutschland laut. Er ging nicht nur von bestimmten Parteien, Berufsgruppen und Gesellschaftsschichten aus. Zivilisten und Militärs, Politiker und Industrielle, Arbeitgeber und Arbeitnehmer befanden sich unter den Deutschlandfreunden. Einsichtige Schweizer zweifelten nach den bisherigen Erfahrungen daran, daß die Mehrzahl der Schweizer Industriellen bereit sein würde, um der politischen Unabhängigkeit willen auf Lieferungen an Deutschland zu verzichten und damit beträchtliche wirtschaftliche Opfer zu bringen. Eine solche Haltung mußte den Abwehrwillen beeinträchtigen, und die Deutschen gedachten daraus Nutzen zu ziehen. Sie sagten offen, daß die Zusammenarbeit mit der schweizerischen Industrie ganz von selbst zu einer engen politischen Kollaboration führen werde. Es ist nicht zu leugnen: Wirtschaftliche Versuchungen konnten unter Umständen für die Schweiz eine größere Gefahr bedeuten als politische Drohungen.

Nun aber geriet die Schweiz glücklicherweise immer mehr in den Windschatten der deutsch-europäischen Stürme. Deutschland befaßte sich nur noch wenig mit dem kleinen Nachbarn, weil seine ganze Aufmerksamkeit der Entwicklung des gestörten Verhältnisses zu Rußland galt. Der deutsche Gesandte sagte zu Pilet, der Krieg gegen Rußland werde der Schweiz große Erleichterung bringen. Ob sie jetzt ganz demobilisieren werde? Es tauchte ein von Frölicher empfohlener Vorschlag auf, wonach die Schweiz durch Bildung eines Freiwilligenkorps gegen den Bolschewismus sich das Wohlwollen Hitlers erwerben möge. Natürlich wurde die Stellung eines Freikorps oder auch nur die stillschweigende Duldung der Ausreise von Schweizern zum Eintritt in eine fremde Wehrmacht im Bundeshaus überhaupt nicht erwogen. Das hätte eine schwerwiegende Neutralitätsverletzung bedeutet und die Schweiz unweigerlich auf der Seite der Achse in den Krieg getrieben. Es blieb dem Landesverräter Franz Burri vorbehalten, von Wien aus zur Bildung eines Freiwilligenkorps aufzurufen.

Als sich die Schwierigkeiten im Osten häuften, erklärte Reichsminister Funk, Deutschland sei mit der Schweiz zufrieden und habe keinen Grund, die deutsch-schweizerische Zusammenarbeit durch die Zeitungen stören zu lassen. Deshalb habe er sich beim Führer selbst für eine Beendigung der deutschen Presseangriffe auf die Schweiz eingesetzt. Es war allzu durchsichtig, daß Funk aus wirtschaftlichen Erwägungen so handelte. Aus den gleichen Gründen erklärte er auch, eine militärische Unternehmung gegen die Schweiz sei kaum mehr zu erwarten. Nach den Niederlagen auf den russischen Schlachtfeldern verflog in Berlin die polemische Hitze gegen die Schweiz; es trat aber kein völliger Wechsel der politischen Haltung ein.

Der Niedergang der deutschen Macht hatte seine Rückwirkung auch auf die Organisation der nationalsozialistisch gesinnten Schweizer im Reich. Ihre verschiedenen bisherigen Bünde wurden im neugegründeten «Bund Schweizer Nationalsozialisten» zusammengelegt. In der SS dienten am 1. September 1944 insgesamt 661 Schweizer, ferner gegen 100 Freiwillige beim Heer und bei der Luftwaffe. Wieviel schweizerische Zivilpersonen die SS im Reich und in der Schweiz zur Verfügung hatte, um ihre Pläne durchzuführen, kann nicht mehr eruiert werden. Schätzungen der allein im Reich sich aufhaltenden Mitarbeiter lauten auf 1500 Personen. Es handelte sich somit um eine verhältnismäßig sehr kleine, aber rührige Gruppe Abtrünniger. Beim Herannahen der Amerikaner dislozierte der Schweizer Gesandte in Berlin nach Südbayern, der Leiter der Schutzmachtabteilung zog sich nach Wudicke zurück. Nach der Kapitulation Berlins boten die Räumlichkeiten der Schweizer Gesandtschaft ein jämmerliches Bild der Zerstörung. Die russischen Offiziere benahmen sich den Schweizern gegenüber zwar mißtrauisch, aber korrekt. Mancher Auslandschweizer, der ursprünglich heimkehren wollte, ließ sich durch allzu optimistische Ratschläge der konsularischen Stellen in Deutschland zum Bleiben bewegen. Erst als es zu spät war, erging von einigen Konsuln an ihre Landsleute die Weisung, mit allen Mitteln die Rückkehr möglich zu machen. Wem jetzt noch die Heimreise gelang, der mußte sie ohne jede Habseligkeiten antreten und konnte froh sein, wenn er sein nacktes Leben rettete. Im allgemeinen ist das Elend, das über das Nachbarvolk der Deutschen hereinbrach, in der Schweiz mit Ergriffenheit und Mitleid aufgenommen worden. Davon zeugen nicht bloß Worte, sondern Taten der Bruderliebe und Versöhnung: die weitverzweigte private Hilfe und die großzügige staatliche Schweizerspende.

Nachdem Minister Rüegger die Schweiz fest, überlegen und klug in den immer schwieriger werdenden Beziehungen zu Italien vertreten und ihrer Neutralität Ansehen verschafft hatte, fiel er bei Mussolini in Ungnade und mußte vom Bundesrat, widerwillig, abberufen werden. Wie schon Rüegger, erkannte auch der neue Gesandte Peter Vieli, daß das faschistische Regime zu wanken begann, signalisierte dem Bundesrat alle Anzeichen, besonders die einsetzenden Streikbewegungen in den norditalienischen Städten. Als leeres Gerücht durchschaute er die Meldung, wonach Hitler bei der Begegnung in Salzburg von Italien die Erlaubnis zur Besetzung der Schweiz bis zum Alpenkamm verlangt habe, ein Ansinnen, dem von Mussolini energischer Widerstand entgegengesetzt worden sei. Auch auf die verheerenden Wirkungen der Bombardierungen, den wachsenden Abscheu des Volkes vor dem Krieg und vor den Deutschen machte Vieli den Bundesrat immer wieder aufmerksam.

Die dramatischen Vorgänge beim Sturze Mussolinis vernahm Vieli am nächsten Tag durch den Hauptakteur, Dino Grandi, selber. Da die Italiener der Schweiz freundlich gesinnt waren, hatten die Schweizerkolonien unter den politischen Ereignissen nicht zu leiden. Vor dem Generalkonsulat in Mailand bildeten sich Menschenansammlungen, aus denen der Ruf drang: «Evviva la Svizzera libera.» Eine Folge des Regierungsumschwunges war, daß man nun allerhand illegalen Finanz-Transaktionen auf die Spur kam. Fluchtkapitalien zugunsten von ehemaligen Faschisten waren in großem Umfang nach der Schweiz geschafft worden, wie die Gesandtschaft in Rom meldete. Sie befaßte sich auch mit den vielen italienischen Juden, die, von den Deutschen arg gepeinigt, hilfesuchend die diplomatischen Vertreter der Schweiz bestürmten. Im Generalkonsulat von Mailand sah man voraus, daß nun viele italienische Juden versuchen würden, über die Schweizer Grenze zu flüchten, und man empfahl deshalb in Bern dringend eine möglichst weitherzige Aufnahmepraxis. Nach der Kapitulation der italienischen Armee erheischten die praktischen Bedürfnisse, daß die Kompetenzen des Generals erweitert würden. So ermächtigte denn der Bundesrat das Armeekommando, ohne vorherige Fühlungnahme mit Bern übertretende fremde Truppenabteilungen bis und mit Bataillonsstärke zu entwaffnen und zu internieren (10. September 1944).

Viel Staub aufgewirbelt hat die illegale Einreise des ehemaligen faschistischen Botschafters Dino Alfieri und der hochpolitischen Edda Ciano-Mussolini. Man konnte sie, weil für sie Lebensgefahr bestand, nicht zurückschicken. Eine Beantwortung der Frage, ob der fliehende Mussolini aufgenommen werde, wenn er sich an der Grenze melde, erübrigte sich, da er mit seinen Getreuen durch eine Patrouille der Widerstandsbewegung am Comersee erschossen wurde. In der Schweiz ging eine weitverbreitete Meinung dahin, die einigermaßen erträglichen Beziehungen zum faschistischen Italien während der letzten zwanzig Jahre seien den persönlichen Sympathien zu verdanken, die Mussolini stets seinem ehemaligen Asylland entgegengebracht habe. Man wähnte, die Schweiz habe es dem Duce zu verdanken, daß ihr ein Angriff Deutschlands erspart geblieben sei – eine Legende, die der genauen Einzelforschung nicht standhält. In allen wichtigen Entscheidungen ließ sich Mussolini einzig von der ragione di stato seines Landes leiten, auch wenn diese sich gegen die Schweiz richtete.

Im ganzen genommen hat das autoritäre faschistische Regime die Schweizerkolonien in Italien schwer geschädigt. Der politische Druck, den der Faschismus auf ihre Angehörigen ausübte, veranlaßte manchen Schweizer, seine Stellung aufzugeben und in die Heimat zurückzukehren. Dadurch, daß für bestimmte Berufe die Parteizugehörigkeit obligatorisch erklärt wurde, verloren zum Beispiel zahlreiche schweizerische Bankbeamte ihre Positionen. Auch in der Industrie sahen sich die Schweizer stets zusätzlichen Schwierigkeiten ausgesetzt, sei es, daß ihnen der Staat keine Aufträge mehr gab oder daß man sie bei der Zuteilung von Rohstoffen benachteiligte. Auf dem politischen Gebiet äußerte sich die Irredenta zeitweise noch dreister als die entsprechende alldeutsche Bewegung. Man mußte in der Schweiz ständig für das Tessin bangen; denn in Italien wollte die Sehnsucht nach dem stammverwandten Ländchen nicht verstummen.

Es war ein Glücksfall für die Schweiz, daß in den hochgespannten Tagen, da sich ihr die Möglichkeit bot, ihre Neutralität wirkungsvoll zu aktivieren, ein Mann von der Tüchtigkeit Walter Stuckis den Gesandtenposten in Frankreich bekleidete. In Vichy, wo er oft ohne jede Instruktion aus Bern blieb, mußte er selbständig und rasch wichtige Entscheide treffen, die er mit überlegenem diplomatischem Geschick, mit persönlicher Tapferkeit und, wo es sein mußte, mit dem Schneid des Artillerieobersten durchführte. Er hatte einen hohen Begriff vom Sinn der Neutralität. Obwohl selber nicht ohne autoritäre Züge, empfand er doch für die selbstherrliche Demokratie Pétains nur wenig Neigung, sondern vertrat nach wie vor seine liberalen Ansichten. Pétain faßte ein unbedingtes Vertrauen zu dem gescheiten, loyalen Vertreter der Schweiz, was ihm Stucki, der die Charaktervornehmheit und Tragik des alten Staatschefs früh erkannte, mit Treue vergalt.

Im August 1944 machte Pétain den Schweizer Gesandten bewußt zum objektiven und intimen Zeugen der Schlußtage seines Régimes: «Ich habe keinerlei Möglichkeiten, den Franzosen und der Welt die Wahrheit zu sagen. Von den bei mir akkreditierten Diplomaten sind Sie der einzige, der nicht nur mein restloses Vertrauen genießt, sondern dazu noch, im Gegensatz zu den andern, die materielle Möglichkeit hat, seine Regierung und damit die Welt zu orientieren.» Seit dem Tage, da Pétain von den Deutschen verhaftet worden war, blieb Stucki stets präsent, stand für Besprechungen mit dem Marschall, den Kabinettsmitgliedern, den Deutschen, dem Maquis, dem diplomatischen Korps zur Verfügung, verhandelte, suchte Härten zu vermeiden, vermittelte erfolgreich. Das böse, verlogene Spiel, das die Deutschen mit Pétain und Laval trieben, durchschaute er. Durch seinen Bericht, den er nach Bern funkte, hat die Welt die Wahrheit über die Vorgänge in Vichy, die Berlin völlig entstellt wiedergab, erfahren.

Nach der gewaltsamen Wegführung Pétains aus Vichy wurde Stucki von allen Seiten beschworen, in Vichy zu bleiben, um als Vermittler zwischen dem diplomatischen Korps einerseits, dem Maquis und den Deutschen andererseits zu fungieren. Die ganze Stadt Vichy befand sich in einem Fieberzustand von Aufregung und Angst vor den Deutschen und namentlich vor dem Maquis. Die Lokalbehörden flehten Stucki an, dafür zu sorgen, daß ihre Stadt vor Unruhen und Blutvergießen bewahrt bleibe. Stucki wollte sich dieser Aufgabe um so weniger entziehen, als er allein ihr gewachsen war und zudem das Generalquartier der Forces Françaises de l'Intérieur (FFI) ihn hatte wissen lassen, daß es für eine Vermittlung dankbar wäre. So fuhr er denn auf abenteuerlicher Fahrt in die Berge des Zentralmassivs und vereinbarte freies Geleite für die Heimkehr der Schweizer Gesandtschaft, Behandlung des diplomatischen Korps nach internationalem Recht und provisorische Zusammenarbeit der FFI mit den Beamten des Regimes Pétain in Vichy. Durch ununterbrochene weitere Verhandlungen konnte Stucki erreichen, daß deutsche Kolonnen auf ihrem Rückzug Vichy vermieden.

Nachdem die letzte SS-Kolonne die Stadt fast fluchtartig verlassen hatte, war die Gefahr, daß sie von den Kommunisten besetzt werde, besonders groß. Auf Stuckis Veranlassung marschierten deshalb unverzüglich die FFI-Truppen ein, und es erfolgte in der schweizerischen Gesandtschaft unter Stuckis Vorsitz in aller Form die Machtübergabe. Stucki hatte während einigen Tagen alle Zügel in der Hand behalten. Es war seinen Bemühungen zu verdanken, daß der Übergang vom alten zum neuen Regime ohne Blutvergießen sich vollzog. In geradezu klassischer Form war die Aufgabe schweizerischer Neutralität – Mediation und Kriegsverhütung – gelöst und das Ansehen der Schweiz gesteigert worden.

Als die Kriegsereignisse sich der Schweizer Grenze näherten und die Fronten sich bei Belfort versteiften, beherbergte die Schweiz vom September bis November 1944 2000 Mütter und 14000 Kinder aus jener Gegend, im folgenden Jahr 10000 Kinder aus Mülhausen, nachdem aus anderen Gebieten Frankreichs schon mehrere Tausend Einwohner das eidgenössische Asyl aufgesucht hatten. Aber nicht nur die politischen und humanitären, auch die kulturellen Beziehungen zwischen den beiden Ländern waren während der ganzen Kriegszeit nicht abgebrochen. Französische Redner, Schauspieler, Autoren verschafften der unterdrückten französischen Stimme in der Schweiz Gehör, der unabhängige französische Gedanke flüchtete in das freie Nachbarland. Schriftsteller und Dichter, die sich der Zensur im besetzten Frankreich nicht beugten, und französische Klassiker fanden in der Schweiz sorgfältige und mutige Herausgeber.

England brachte für die Wirtschaftsbeziehungen der Schweiz zu Deutschland und Italien wenig Verständnis auf. Außenminister Eden setzte dem Schweizer Gesandten auseinander, das Hauptinteresse der Alliierten gehe dahin, den unseligen Krieg sobald als möglich zu beendigen. Ein naher Kriegsschluß liege auch im Interesse der Schweiz. Sie solle daher versuchen, den Transit zwischen Deutschland und Italien herabzusetzen, ihre Kriegslieferungen an Deutschland und deren Finanzierung einzustellen oder gehörig abzuschwächen. Die Schweiz lasse sich offenbar von den deutschen Drohungen beeindrucken. Mit ihrer schlagkräftigen Armee und ihrem gut zu verteidigenden Terrain könnte sie sich energischer zur Wehr setzen. Während Eden gemäßigt sprach, schlug der Amerikaner Dingle Foot härtere Töne an. Er ließ den Schweizer Gesandten nicht im Zweifel darüber, daß man sowohl im Kriegswirtschafts-Ministerium in London als auch in der Parallelinstitution von Washington über das weite Entgegenkommen der Schweiz in den Verhandlungen mit Deutschland sehr verstimmt sei.

Nach der Landung der Alliierten auf dem Kontinent intensivierte sich das Interesse Großbritanniens an der schweizerischen Neutralität. Während die linksgerichtete britische Presse die Schweizer, wie alle übrigen Neutralen, ermahnte, nach dem Beispiel der Portugiesen ihr Beiseitestehen aufzugeben und den Alliierten zu helfen, anerkannten meinungsbildende Organe Englands die Fairneß der schweizerischen Neutralität. Bloß wehrten sie sich dagegen, daß die Schweiz den prominenten faschistischen Flüchtlingen Italiens Aufnahme gewähre.

Immer standen im Verhältnis zu England die ökonomischen Fragen im Vordergrund. Die schweizerische Wirtschaftsdelegation vom Frühjahr 1944 fand in London mehr Entgegenkommen, als sie erwartet hatte. Es schien, England ziehe die Haltung der Schweiz derjenigen anderer Nationen vor und zeige für ihre schwierige Lage besonderes Verständnis. Jedenfalls war die Atmosphäre vertrauensvoller als in Washington. Während die Schweiz vom amerikanischen Schatzamt manchmal mit verächtlicher Härte angepackt wurde, fühlte sie sich von den Engländern als zwar arme, doch anständige Verwandte in den Kreis befreundeter Nationen aufgenommen. Das britische Kabinett sah die Nützlichkeit der schweizerischen Neutralität ein und verlangte keineswegs, daß sie sie aufgebe.

Dieses britische Wohlwollen war auch durch die guten Dienste der Schweiz bedingt. Sie vertrat Großbritannien in Deutschland, Italien, Ungarn, Bulgarien, Rumänien, Indochina, Thailand und den besetzten Gebieten Chinas, später noch im besetzten Frankreich und Japan. Nach langwierigen Verhandlungen und Inspizierungen zahlreicher Interniertenlager führte die Schweiz den von ihr angeregten Austausch und die Heimschaffung von Kriegsgefangenen und Zivilpersonen durch. Noch im letzten Kriegsjahr konnten 2200 verwundete und kranke Kriegsgefangene aus Deutschland nach England und den verschiedenen Teilen des britischen Reiches sowie den Vereinigten Staaten von Amerika zurückkehren. Bei ihrer Fürsorgetätigkeit arbeitete die «Abteilung für fremde Interessen» in engem Einvernehmen mit dem Internationalen Roten Kreuz.

Trotz der vielen Spannungen im englisch-schweizerischen Verhältnis – Verletzung des schweizerischen Luftraumes durch englische Flieger, Härte der britischen Wirtschaftsblockade, schweizerische Belieferung Deutschlands mit Nahrungsmitteln und Kriegsmaterial – traten immer wieder die alten freundschaftlichen Beziehungen in den Vordergrund. Man dachte in der Schweiz jetzt mit besonderer Achtung an die eindrucksvolle Kultur Englands, an seinen Einsatz für die Rettung der menschlichen Würde, an seine Verteidigung der demokratischen Freiheit. Die Engländer ihrerseits wußten, daß sie im Herzen des europäischen Festlandes treue Freunde besaßen. Das hatte auch die Achse erkannt. Mussolini schrieb an Hitler, die Schweiz stelle eine der letzten Positionen Großbritanniens auf dem Kontinent dar. Churchill wehrte sich in Moskau in einer Aussprache mit dem Sowjet-Diktator gegen eine Verletzung der schweizerischen Neutralität (14. Oktober 1944).

Stalin hatte nämlich den Alliierten vorgeschlagen, sie sollten durch die Schweiz marschieren, um die deutsche Siegfriedlinie von hinten aufzubrechen.

In Zusammenhang mit dieser Bedrohung der Schweiz wird Churchill am Vorabend der Konferenz von Jalta an Außenminister Eden das Telegramm gerichtet haben, worin sein Verständnis für die besondere Lage der Schweiz und seine Einsicht in die wertvolle Funktion ihrer Neutralität so schön zum Ausdruck kommt (3. Dezember 1944): «Von allen Neutralen hat die Schweiz das größte Anrecht auf Sonderbehandlung. Sie ist die einzige internationale Kraft, die uns und die grauenhaft entzweiten Nationen verbindet. Was bedeutet es schon, ob sie in der Lage gewesen ist, uns die gewünschten Handelsvorteile zu gewähren, oder ob sie, um sich am Leben zu erhalten, den Deutschen zu viel gewährt hat? Sie ist ein demokratischer Staat gewesen, der in seinen Bergen für seine Freiheit und Selbstverteidigung eingetreten ist, und trotz ihrer völkischen Zugehörigkeit hat sie gesinnungsmäßig größtenteils unsere Partei ergriffen.»

Von allen Vorgängen in der Republik der Vereinigten Staaten von Amerika interessierte den Schweizer am meisten der dramatische und verworrene Kampf um die Neutralität. Als nach dem japanischen Angriff auf Pearl Harbour (7. Dezember 1941) die Vereinigten Staaten und Japan in den Krieg eintraten, schien den Eidgenossen der ersehnte Frieden in unbekannte Fernen zu rücken und die Verproviantierung noch schwerer zu werden. In allen Ländern, mit denen die USA die Beziehungen abgebrochen hatten, beauftragten sie die Schweiz mit der Interessenvertretung: in Deutschland, Frankreich, Italien, Dänemark, Rumänien, Bulgarien, Ungarn und Japan mit den von Japan besetzten Gebieten. Umgekehrt ließen sich auch mehrere kriegführende Staaten in den USA durch die Schweiz vertreten: Deutschland, Frankreich, Italien, Bulgarien und Japan mit den von ihnen besetzten Gebieten. Als Schutzmacht organisierte die Schweiz die Heimschaffung des amtlichen Personals, den Austausch verwundeter Kriegsgefangener und amerikanischer Juden gegen Angehörige der Achsenländer.

Im Verlaufe des Krieges interessierte man sich in der Schweiz besonders für die amerikanischen Pläne hinsichtlich einer künftigen Friedenssicherung. In einem von Roosevelt angeregten Meinungsaustausch erklärte die amerikanische Regierung, sie habe für die besondere, durch die traditionelle Neutralität gegebene Lage der Schweiz Verständnis; in keiner Weise fasse sie Maßnahmen ins Auge, welche diese spezielle Situation der Schweiz beeinträchtigen könnten. Das Ergebnis der Konferenz von Dumbarton Oaks, wo die Schweiz nicht vertreten war, zeigte dann, daß der Weg zu einer Weltorganisation noch recht lang und beschwerlich sein werde. Das Staatsdepartement lehnte jetzt die Vereinbarkeit der schweizerischen Neutralität mit der Mitgliedschaft der Vereinigten Nationen durchaus ab. Man sah nicht ein, wie das Statut der dauernden Neutralität mit den aus der Weltorganisation resultierenden Verpflichtungen in Einklang gebracht werden könne. In der zweiten Hälfte des Krieges sank das Ansehen der schweizerischen Neutralität in Amerika bedenklich. In Schmähartikeln führender Blätter wurde die Schweiz angegriffen, als deutsche Provinz hingestellt. Da erklärte der Leiter der Kriegsinformation vor versammelter Presse, die Schweiz sei der Geburtsort der Demokratie im modernen Europa; ihre Regierung bemühe sich mit Erfolg, eine strikte Neutralität zu bewahren. Und auch einer der bekanntesten Leitartikler sang das Lob der Schweiz: «Die Schweizer sind sich treu geblieben, und zwar auch in den dunkelsten Stunden des Jahres 1940, als nichts außer die Tapferkeit Großbritanniens und der blinde Glaube der freien Männer in der übrigen Welt zwischen Hitler und Europa stand.»

Eine Aufklärung der amerikanischen Öffentlichkeit empfahl sich schon deshalb, weil gegen Ende des Krieges die Haltung der Vereinigten Staaten in bezug auf die Landesversorgung der Schweiz immer lebenswichtiger wurde. Man hatte in amerikanischen Regierungskreisen den bestimmten Eindruck, die Schweiz könne, ohne ihre vitalen Interessen zu gefährden, den Export nach Deutschland einschränken. Wenn sie die Ausfuhr von Waffen und Kriegsmaterial nach den Achsenländern nicht ganz unterbinde, würden die Alliierten ihr auch keine Kontingente von Rohstoffen mehr gewähren. Gegen Ende des Jahres herrschte die Meinung vor, die schweizerischen Exportreduktionen seien befriedigend und man könne ihr als Gegenleistung größere Kontingente einräumen.

30. Gestörtes Verhältnis zur Sowjetunion

Die Stimmung der Schweiz gegenüber Rußland wurde im Winter 1939/40 auf lange hinaus durch den finnisch-sowjetischen Krieg geprägt. Als der kommunistische Koloß seinen kleinen neutralen Nachbarn überfiel, war die Empörung allgemein. Es bildete sich ein «Schweizerisches Hilfswerk» für Finnland, dessen Aufruf auch von Magistratspersonen unterzeichnet wurde und das in kurzer Zeit vier Millionen Franken zur Linderung der Kriegsnot in der finnischen Zivilbevölkerung aufbrachte. Bei zahlreichen Solidaritätskundgebungen in schweizerischen Städten wurden die Finnen als wesensverwandtes Volk empfunden; ihnen flossen die Sympathien des ganzen Landes zu: «Endlich wieder ein David, der gegen einen Goliath erfolgreich kämpft.» Als aber Finnland im Sommer 1941 an der Seite Hitlers gegen Rußland antrat, kühlten sich die Herzen merklich ab, ohne sich deshalb für Rußland zu erwärmen. Nur allmählich und in Überwindung tief eingewurzelter Ressentiments wuchs in der Schweiz die Einsicht in die Bedeutung des russischen Widerstandes und der russischen Siege über den deutschen Nationalsozialismus für die Sache der Freiheit in der ganzen Welt. Jedoch ist diesem Gedanken amtlich gegenüber den Russen nie Ausdruck gegeben worden. Die Haltung des Schweizervolkes, besonders auch der Sozialdemokratie, während des finnischen Krieges haben die Sowjetführer nicht vergessen und sollten es der Eidgenossenschaft bei der Schlußabrechnung des Krieges mit unversöhnlichem Groll vergelten. Und doch hat es die schweizerische Öffentlichkeit entgegen der sie unablässig bearbeitenden deutschen Propaganda entschieden abgelehnt, im Feldzug gegen Rußland einen Schicksalskampf um den Fortbestand der abendländischen Kultur zu sehen. Im allgemeinen wahrte die Schweizerpresse durchaus die Unabhängigkeit des eigenen Urteils. So wenig sie Hitler als modernen Kreuzritter anerkannte, so wenig sah sie in Stalin den Retter der westlichen Zivilisation.

Die Schweizer Behörden hatten sich zunächst fast nur für den ökonomischen Aspekt der Rußlandfrage interessiert, für die Möglichkeit einer Entwicklung ihres Exportes. Nach Ausbruch des Krieges aber, im Stadium dringlichen Bemühens um die Landesversorgung, richtete sich der Blick auf den Bezug von ganz besonders benötigten und anderweitig schwer oder gar nicht zu beschaffenden Rohprodukten sowie ferner auf die in der derzeitigen internationalen Lage relativ günstigen Transportverhältnisse für solche Güter. Rußland war imstande, der Schweiz Getreide, Schmieröle, Baumwolle, Holz und selbst Kohle in beträchtlichen Mengen zu liefern.

Aus derartigen Erwägungen beantragte Bundesrat Minger, in Moskau zu verhandeln (2. Juli 1940). Aber ein neues Mal widersetzte sich Pilet mit der Begründung, die Situation der Schweiz gegenüber Deutschland und Italien sei allzu delikat. Es war, als habe er sich die Abstinenzthese seines Vorgängers völlig zu eigen gemacht, obgleich das Festhalten an der christlich-abendländischen Staatskonzeption für ihn gar nicht jenen unermeßlichen Gefühlswert besaß wie für Motta. Der Jüngere maß zwar Altes und Neues unter realeren Aspekten; aber dennoch verharrte er, wie im Banne einer fixen Idee, auf den Grundpositionen von 1918: eine Wirtschaftsdelegation dürfe nur unter der selbstverständlichen Voraussetzung nach Moskau entsandt werden, daß sie sich ausschließlich mit Wirtschaftsfragen befasse. Eine solche Delegation schloß in Moskau über den Güteraustausch eine Vereinbarung (24. Februar 1941), die jedoch infolge des bald nachher ausgebrochenen deutsch-russischen Krieges nicht zur Wirkung kam.

Es ist verständlich, daß in sozialdemokratischen und linksbürgerlichen Kreisen die Sympathien für Rußland wuchsen, je erfolgreicher dieses in seinem nationalen Kriege Hitler bekämpfte. Ein Zerschlagen der deutschen Macht durch Stalin bedeutete in ihren Augen zunächst eine Befreiung der

Schweiz von schwerem nationalsozialistischem Druck. Um eines solchen Hauptzieles willen war man bereit, die Kluft zwischen den Staatsanschauungen der Sowjetunion und der Schweiz zu überbrücken. Aus dieser politischen Einstellung floß in erster Linie das Streben nach Aussöhnung mit Rußland, wenn auch mitunter wirtschaftliche Gründe vorangestellt wurden. Als Rußland die Comintern auflöste und offiziell die Propaganda der Weltrevolution fallen ließ (Mai 1943), als es schien, es werde sich ohne Vorherrschaftsanspruch in die künftige freie Völkergemeinschaft eingliedern, da übte dieser Akt Stalins seine spürbaren Wirkungen auf die Arbeiterklasse aller Länder aus. Die schweizerische Sozialdemokratie hielt nach Beseitigung dieses kommunistischen Ärgernisses russische Einmischungsversuche nicht mehr für wahrscheinlich und trat rückhaltlos für eine Versöhnung mit der Sowjetunion ein. Aus dem bürgerlichen Lager erhielten die Sozialdemokraten Schützenhilfe: die Schweiz dürfe über die Existenz der UdSSR nicht einfach hinwegsehen.

Pilet mußte spüren, wie jetzt alles darnach drängte, mit Rußland endlich in ein klares Verhältnis zu kommen. Er schickte einen Diplomaten nach England, der durch britische Vermittlung den russischen Botschafter sondierte; doch scheint er nicht gefühlt zu haben, mit welcher Ironie der Kreml der schweizerischen Annäherung begegnete. Obgleich Zeit und Umstände drängten, ließ Pilet noch einige Monate verstreichen, bis er den neuen schweizerischen Minister in London instruierte, den Russen ein vom Gesamtbundesrat genehmigtes Memorandum zu übergeben, das den Wunsch nach Normalisierung des Verhältnisses zwischen den beiden Staaten enthielt. In diesem Dokument kam kaum recht zum Ausdruck, daß die Schweiz die Sowjetunion und ihre Leistungen im Krieg würdige. Unpsychologisch erscheint ferner jener Teil des Aide-Mémoires, der allzu deutlich zeigte, daß die Schweiz die Aufnahme der diplomatischen Beziehungen vor allem deshalb wünschte, um mit Rußland rasch ins Geschäft zu kommen. Durch die weitere Ungeschicklichkeit, sich im Memorandum ausgerechnet den Russen gegenüber auf die «alten demokratischen Überlieferungen» zu berufen, war es der Sowjetunion leicht gemacht, der Schweiz ihre demokratischen Redensarten heimzuzahlen und sich selber mit Berufung auf das jüngste Weltgeschehen als das wahre Bollwerk der Demokratie auszugeben. An warnenden Zeichen fehlte es nicht; aber sie blieben unbeachtet. Unter anderem sagte Rußland eine Weltluftfahrt-Konferenz in Chicago mit der Begründung ab, es seien zu dieser Tagung auch die Schweiz, Portugal und Spanien eingeladen worden. Dieser russische Nasenstüber erwies sich bald als Omen; er war der Vorläufer eines heftigeren Schlages. Am 4. November 1944 verkündeten der Moskauer und der Londoner Rundfunk die Antwort Sowjetrußlands: «Es ist eine wohlbekannte Tatsache, daß die schweizerische Regierung in Verletzung ihrer alten demokratischen Überlieferung gegenüber der Sowjetunion, die gemeinsam mit andern Ländern im Interesse der friedliebenden Völker gegen Hitler-Deutschland konsequent Krieg führt, viele Jahre lang eine profaschistische Politik verfolgt hat.» Demzufolge lehne es die Sowjetregierung ab, Beziehungen mit der Schweiz einzugehen, «da die schweizerische Regierung bis jetzt in keiner Weise ihre frühere feindliche Politik gegenüber der Sowjetunion verleugnet hat».

Mit seinem schroffen Nein bezweckte der Kreml zur Hauptsache eine Demütigung der Schweiz, wenn nicht gar die Erpressung eines Schuldbekenntnisses. Zu dem tiefen, langangestauten Groll gegen die Eidgenossenschaft kamen in jüngster Zeit noch besondere Gravamina hinzu: Die Aufhebung geheimer Privatsender, die Rußland mit wichtigen militärischen Nachrichten belieferten, und dann vor allem die Waffenlieferungen an Deutschland, worüber die Sowjetunion Buch führte. Die in Budapest einrückenden Russen beklagten sich bitter über die von ihren Gegnern verwendete Oerlikoner Munition. Seinen kräftigsten Ausdruck fand der russische Zorn in den Worten Stalins gegenüber Churchill. Er nannte die Schweizer «Schweine; und wenn er solche Worte braucht, ist es ihm stets ernst damit», notierte Churchill gerade damals, kurz nach dem russischen Refus.

Im Bundeshaus wollte man eine Mitschuld an der diplomatischen Niederlage nicht zugeben. Die Parteien schoben sich gegenseitig den Schwarzen Peter zu und verstrickten sich in unfruchtbarem Geplänkel. Aber alle wiesen den Vorwurf profaschistischer Haltung der Schweiz entrüstet zurück. In der Weltpresse fand die grobe russische Rüffelung der Eidgenossenschaft ein lautes Echo, das nicht immer lieblich tönte. Die Sowjetpresse fuhr fort, die Schweiz zu schmähen: Sie treibe unter dem Deckmantel der Neutralität ein unlauteres Doppelspiel. Vom Frühjahr 1945 an richteten sich die russischen Presseangriffe gegen die angeblich schlechte Behandlung der russischen Internierten: «Wer weiß, wie viele Sowjetbürger in einer solchen Hölle zugrunde gegangen sind.» Stalin beharrte noch nach der eingetretenen Waffenruhe in seiner Unversöhnlichkeit gegenüber der Schweiz.

Rußlands Benehmen der Schweiz gegenüber gab zwar den Anlaß zur sogenannten Pilet-Krise; ihre Voraussetzungen aber waren längst gegeben. Der Vorsteher des Politischen Departements hatte schon 1940 den Boden des Volksvertrauens unter den Füßen verloren und seither nicht wiedergewonnen; sonst hätte ihn der russische Schlag nicht aus dem Sattel gehoben. Die Ansicht der Sozialdemokraten, Linksbürgerlichen und sogar eines Teils seiner Parteifreunde faßte Robert Grimm am lapidarsten zusammen: «Herr Pilet – es ist Zeit.» In der selben Sitzung, da Pilet den Bundesrat über die russische Antwort informierte, gab er ihm von seinem Rücktrittsgesuch

Kenntnis. Er hatte ihn nur unter starkem Druck seiner freisinnig-demokratischen Partei gefaßt. Allgemein empfand man Pilets Rücktritt von einem Posten, wo er sich ohnehin nicht mehr lange hätte halten können, als Erleichterung. Man dankte ihm im stillen dafür, daß er so entschieden die Konsequenzen zog und damit die Lage entspannte.

31. Flüchtlings- und Internierungspolitik

Bei Kriegsausbruch hielten sich 7000 bis 8000 Flüchtlinge, wovon etwa 5000 Juden, in der Schweiz auf. Der Bundesrat setzte die Politik, die er in den Vorkriegsjahren verfolgt hatte, in gesteigertem Maße fort: Er führte gegenüber allen Ausländern für die Einreise in die Schweiz und für die Durchreise den allgemeinen Visumzwang ein, verschärfte für alle im Land anwesenden Fremden die Vorschriften über Anmeldung und setzte ein besonderes Statut für die Emigranten fest. Obgleich die Not der Verfolgten erschreckend anwuchs, blieb der Bundesrat bei der grundsätzlichen Anschauung: Mit Rücksicht auf die Ernährungslage, die innere Sicherheit und die Gefahr, daß ausländische Flüchtlinge später einmal den inländischen Arbeitsmarkt belasten könnten, dürfe die Schweiz nicht Flüchtlinge in unbeschränkter Zahl bei sich aufnehmen; denn für die meisten bestünden kaum Möglichkeiten, in absehbarer Zeit die Schweiz legal zu verlassen. Deshalb wurden die Kantone angewiesen, solche Ausländer, die rechtswidrig in die Schweiz kamen, ohne weiteres in das Land «auszuschaffen», aus dem sie gekommen waren oder dem sie angehörten. Das galt aber nicht für Deserteure und politische Flüchtlinge.

Aus den bundesrätlichen Worten tönte nur die kühle Stimme der staatlichen Vernunft. Das Dilemma zwischen Staatsraison und Menschlichkeit war kaum angedeutet. Anders lautete die Sprache des Parlaments und des Volkes. Man empörte sich besonders darüber, daß die Eidgenössische Polizeiabteilung die jüdischen Emigranten nicht wie politische Flüchtlinge behandeln wollte. Bei der Unterbringung der aufgenommenen Flüchtlinge im Landesinnern achtete die Polizei in erster Linie darauf, sie nach Möglichkeit daran zu hindern, eine für die Schweiz in militärischer oder politischer Hinsicht gefährliche Tätigkeit auszuüben. Deshalb verfügte sie gegen nahezu alle Aufgenommenen die Internierung. Diese wurde regelmäßig durch Einweisung in ein besonderes Lager oder durch Zuweisung eines Zwangsaufenthaltsortes unter militärischer Aufsicht vollzogen.

Die Hereingelassenen wurden in ihrer Handlungsfreiheit eingeschränkt. So verboten ihnen die Behörden – eine überaus strenge Maßregel – jede

Erwerbstätigkeit. Von der Heimat verfemt und abgeschnitten, im Gastland von amtlichem Mißtrauen umgeben, schlichen dem Flüchtling die Tage fast unerträglich dahin. Was Wunder, wenn er der Emigrantenpsychose verfiel. Klagten die Flüchtlinge doch schon seit Jahrhunderten, wie salzig der Geschmack fremden Brotes, wie mühsam das Hinauf- und Hinabsteigen auf fremden Treppen sei. Heimweh, äußere Not, vor allem aber erlittenes Unrecht und Aussichtslosigkeit der Lage stießen sie oft in tiefe Depression. Denn sie lebten nicht in der natürlichen Ordnung der Dinge, was nur die wenigsten Menschen auf die Dauer ohne Schaden ertragen. Und doch mußten diese Erbarmungswürdigen froh sein, wenn sie in der Schweiz dauernd versorgt und nicht zurückgewiesen oder gar ausgewiesen wurden.

Da sogenannte politische Flüchtlinge hereingelassen wurden, behaupteten viele, aus mehr oder weniger politischen Gründen ihren bisherigen Wohnstaat verlassen zu haben. Der Begriff «politischer Flüchtling» stammte aus dem 19. Jahrhundert; man verstand darunter Personen, die, wegen politischer Überzeugung bedrängt, bei der Rückkehr in ihr Land arge Verfolgungen zu gewärtigen hatten. Jetzt bedeutete die Verwendung dieses Begriffs ausschließlich in seinem ursprünglichen Sinn einen unverzeihlichen Anachronismus. Als ob die jüdischen Emigranten, denen man die Vorrechte politischer Flüchtlinge verweigerte, bei der Rückkehr nach Deutschland oder von Deutschen besetztem Gebiet nicht auch, und in noch viel ärgerem Maß als früher die politischen Flüchtlinge, verfolgt worden wären.

Das Jahr 1942 brachte die schlimmste Steigerung in der Härte der Flüchtlingspolitik. In den verschärften Weisungen hieß es: Rückweisungen müßten stattfinden, «auch wenn den davon betroffenen Ausländern daraus ernsthafte Nachteile (Gefahren für Leib und Leben) erwachsen könnten». Darob erregte Diskussionen in Presse und weiterer Öffentlichkeit: «Unsere integrale Neutralität verpflichtet uns zur integralen Humanität.» Der Winter 1942/43 und der Sommer 1943 sind als dunkle Punkte in die Geschichte der schweizerischen Asylgewährung eingegangen. Die verschärften Vorschriften erfolgten, obgleich die Behörden über die Massentötungen und Vergasungen von Juden bereits Kunde besaßen und wußten, welches Grauen der Zurückgewiesenen wartete.

Eine Lockerung der strengen fremdenpolizeilichen Verfügungen trat erst ein, als das Kriegsglück die deutschen Waffen zu fliehen begann. Nach dem Abschluß des Waffenstillstandes mit Italien (8. September 1943) suchten Tausende italienischer Wehrpflichtiger und Zivilflüchtlinge vor dem Zugriff der deutschen Besetzungsbehörden Einlaß in die Schweiz. Im Hinblick darauf, daß den Juden in Italien von den SS der Untergang drohte, wurden jüdische Flüchtlinge nicht mehr zurückgewiesen. Auch mehrere Tausend entwichene Kriegsgefangene, vorwiegend Engländer, wurden aufgenommen, so daß am Ende des Jahres 1943 der gesamte Flüchtlingsbestand 73 944 Personen erreichte, inbegriffen 21 316 Militärflüchtlinge aus Italien.

In den Weisungen aus dem Jahr 1944 fehlte die ehemalige Diskriminierung der «Flüchtlinge nur aus Rassegründen». Dagegen wurden nun Ausländer, die wegen verwerflicher Handlungen des Asyls unwürdig erschienen oder die durch ihre bisherige Tätigkeit die schweizerischen Interessen verletzt hatten, also belastete Nationalsozialisten und Faschisten, stets zurückgewiesen. Ein Lichtblick in der eidgenössischen Flüchtlingspolitik des Jahres 1944 war die Rettung von ungefähr 3000 ungarischen Juden und die Betreuung ausländischer Kinder. Gegen Ende des Jahres 1944 erreichte die Zahl der Flüchtlinge 103 161. Das allein beweist, daß das von landesväterlichem Mund ausgesprochene Wort, das «kleine Rettungsboot» Schweiz sei mit 10 000 bis 12 000 Flüchtlingen «schon stark besetzt», nicht stimmte. Der Vorwurf weiter Kreise an die Behörden ging dahin, daß sie aus Ängstlichkeit ihre Maßnahmen über das menschlich Zulässige ausgedehnt hätten. Man darf andrerseits nicht verkennen, unter welchem unermeßlichen Druck von außen die für die Existenz des Staates Verantwortlichen ihre Entscheide trafen. Es gab damals, und zwar in allen Bevölkerungsschichten, viele Schweizer, die in dem Widerstreit zwischen den Geboten der Selbsterhaltung und den Geboten der Menschlichkeit die behördliche Staatsraison guthießen. Ihre Zahl war größer, als man nachträglich, von anderen Voraussetzungen aus urteilend, wahrhaben wollte.

Schließlich darf nicht übersehen werden, was die amtliche und private Schweiz mit ihrer Asylgewährung und Flüchtlingsbetreuung tatsächlich geleistet hat. Während der Kriegszeit lebten für kürzere oder längere Dauer auf dem schützenden Schweizer Boden 295 381 Flüchtlinge. Dazu kamen noch die zahlreichen Emigranten, die die Grenze schwarz passierten, sich bei der Polizei nicht anmeldeten und von Privaten beherbergt wurden. Die Gesamtausgaben der Schweiz betrugen 238 Millionen Franken oder rund 55 Franken pro Kopf der Wohnbevölkerung. Für die Flüchtlingshilfe im Ausland haben Bund und Private in den Jahren 1940 bis 1950 über 1000 Millionen Franken zur Verfügung gestellt – gleichsam Abschlagszahlungen an die ungemeine Gunst des Schicksals, das die Schweiz vom Krieg verschonte, opferbereite Dankbarkeit dafür, daß sie im Weltenungewitter überhaupt bestehen blieb. Ein neues Mal führte das eidgenössische Liebeswerk der Asylgewährung und Flüchtlingsbetreuung nicht nur dem Inland, sondern auch dem Ausland vor Augen, daß die Neutralität mehr sein kann als das bloße Werkzeug eines nationalegoistischen Selbstschutzes, wenn nämlich die aus der Neutralität fließenden Kräfte eine selbstgesetzte ethische Aufgabe erfüllen.

Für die Internierung fremder Militärpersonen war von den Behörden nichts vorbereitet worden. Statt den Ereignissen vorzubeugen, ließ man sich von ihnen überraschen. Im Juni 1940 suchte das vom französischen Kampfverband abgeschnittene 45. Armeekorps Daille Zuflucht in der Schweiz, die ihm gewährt wurde. In der Nacht vom 19./20. erfolgte der Übertritt des Gros. Mit den noch in den folgenden Tagen Übergetretenen betrug am Stichtag 1. August 1940 die Gesamtzahl der Internierten 42 772, wovon 29 507 Franzosen, 12 531 Polen, 639 Belgier, 94 Engländer, 1 Spanier. Dazu kamen noch 5897 Pferde und Maultiere. Also erreichte der Bestand nicht einmal die Hälfte der Bourbakiarmee des Jahres 1870. Direkt an der Grenze wurde der Truppe soweit als möglich die persönliche Waffe samt Munition abgenommen. Die in einem vollständigen Durcheinander von Menschen, Pferden, Fahrgeräten erschienenen französischen und polnischen Truppen ließen die Entwaffnung bedingungslos über sich ergehen und nahmen dankbar von den Schweizern Nahrung entgegen. Von der Bevölkerung wurden sie manchenorts mit dem Rufe empfangen: «Vive les Français! A bas les Boches!»

Nach dem Großübertritt genügte die bisherige Organisation für Internierung nicht mehr. Der General setzte eine spezielle Kommission ein. Diese wies den Internierten als Aufenthaltsort zunächst die Regionen Oberland, Napf und Seeland zu. Ihre Unterkunft erfolgte grundsätzlich nur in Kantonnementen. Sie durften vorläufig bloß zur Besorgung landwirtschaftlicher Arbeit am Standort und in dessen Umgebung verwendet werden. Ihre Bewachung gehörte zu den Neutralitätsaufgaben der Schweiz, da der neutrale Staat mit ihrer Aufnahme die Pflicht einging, sie an einem weiteren Eingreifen in die Kampfhandlungen zu verhindern. Aber trotz ernsten Bemühungen der Aufsichtsorgane ist es während der ganzen Kriegszeit 15 000 Internierten gelungen, die Grenze illegal zu überschreiten und in ihre Heimatländer zurückzugelangen, also ungefähr einem Zehntel aller in der Schweiz untergebrachten fremden Militärpersonen der kriegführenden Mächte.

Der General drängte den Bundesrat, er möge die Heimschaffung der Internierten – Franzosen, Polen, Belgier – sobald wie möglich in die Wege leiten: Ihre Bewachung verlange die ständige Präsenz von zwölf Infanteriebataillonen; im Kriegsfall könne die Anwesenheit von so vielen fremden Truppen für die Landesverteidigung eine Gefahr bedeuten; die Ernährung und Unterbringung von 40000 Mann und nahezu 6000 Pferden begegne, namentlich im Winter, größten Schwierigkeiten. Seinen Antrag wiederholte Guisan in dringendem Ton: Die Moral der Internierten sinke, die Kosten stiegen. Aber Pilet zeigte sich sehr besorgt über den neutralitätspolitischen Aspekt einer Restitution: Er fürchtete, die zurückgegebenen Soldaten, Pferde und Fahrzeuge könnten nach ihrer Rückkehr im Krieg gegen England wieder verwendet werden, was die Haager Konvention von 1907 verbot. Nach langwierigen Verhandlungen kam ein Vertrag zustande. Das Kriegsmaterial ging an Deutschland, die internierten Franzosen kehrten in ihre Heimat zurück, wobei Frankreich versprach, sie bis zum Friedensschluß im Zustande der Demobilmachung zu belassen; der Rücktransport erfolgte zu Beginn des Jahres 1941. Den Polen verweigerte man unter deutschem Druck die Rückkehr, da sie, wie die Deutschen glaubten, alles daran setzen würden, um nach ihrer Rückkehr in irgendwelcher Art am Kriege wieder teilzunehmen. Der Waffen beraubt und wider Willen in der Schweiz zurückgehalten, verfielen sie einer wahren Verzweiflungsstimmung. Einige Schweizer Offiziere haben den Entscheid des Bundesrates mit heftigen Worten getadelt. Sie sahen nicht ein, daß das Vorgehen der Behörden mehr durch korrekte Neutralitätsgesinnung als durch Anpassungsbereitschaft bedingt war.

Im Hinblick auf die prekäre Ernährungslage glaubte man, von jedem das schweizerische Gastrecht in Anspruch nehmenden Internierten verlangen zu dürfen, daß er seine Arbeitskraft in den Dienst von Werken des nationalen Interesses, vorwiegend des Mehranbaus, stelle. Das wurde von vielen Internierten und den meisten ausländischen Gesandtschaften verstanden. Die Arbeit erwies sich auch als wirkungsvollstes Mittel zur Erhaltung der Interniertenmoral, um die es begreiflicherweise oft schlimm stand. Nach der Heimschaffung von Teilen des 45. französischen Armeekorps verblieben in der Schweiz noch etwa 13 000 militärische Internierte, wovon über 12 000 Polen. Später erschienen wegen des Zusammenbruchs des Faschismus 22 000 Italiener und 8000 entwichene alliierte Kriegsgefangene in kleinen Gruppen auf Schweizer Boden. Am 1. August 1944 wurde der höchste Stand an fremden Militärpersonen erreicht: 13 014 Militärinternierte (über 10 000 Polen und 1100 USA-Flieger), 459 Hospitalisierte (Franzosen und Finnen), 18 400 Militärflüchtlinge (Italiener), 9835 entwichene Kriegsgefangene (wovon 8000 Briten, 3000 Jugoslawen und Griechen, 900 Russen) und 486 Deserteure, im ganzen 42 194 Mann. Im Anschluß an den Feldzug de Lattres vom Jahre 1945 flüchteten 11 000 Militärpersonen in die Schweiz, worunter 8000 aus deutschen Lagern entwichene russische Kriegsgefangene.

In den Lagern der Russen (gegen 9000) herrschte nicht nur der auch anderwärts sattsam bekannte «Lagerkoller», sondern gefährliche politische Spannung, wie denn überhaupt die Russen als die stärksten Konfliktgruppen dem Eidgenössischen Kommissariat am meisten zu schaffen machten. Es kam zu teilweise schwerwiegenden Vorfällen von Gehorsamsverweigerung und von Handgemengen mit der Wache, wobei von dieser zwei Russen erschossen wurden. Da erhob das Moskauer Radio gegen die Schweiz den Vorwurf, sie behandle die russischen Internierten schlecht, und kündete Repressalien an. Der Vorsteher des Politischen Departements lud eine russische Militärmission in die Schweiz ein, die hier die Lager besichtigte, mit einer schweizerischen Militärmission konferierte und ein versöhnliches Protokoll unterzeichnete (10. September 1945), worauf die russischen Internierten heimkehrten. Nach eingetretener Waffenruhe entließ die Schweiz alle Internierten und setzte sich kräftig für die Repatriierung ein. Tausende von Kriegsgefangenen und deportierten Angehörigen der Westmächte reisten durch die Schweiz: 519000 demobilisierte britische Wehrmänner vom Süden nach Westen, 94000 Italiener aus Deutschland oder Frankreich nach Italien und 8600 Österreicher aus Frankreich in ihre Heimat.

Mit der Internierung fremder Militärpersonen erfüllte die Schweiz eine direkt aus ihrer Neutralität erfließende Aufgabe. Die Verwaltung und Überwachung mußte sie mit einer improvisierten Organisation durchführen. Mangel an Qualität und Kontinuität des Personals brachten ungeahnte Schwierigkeiten. Unliebsam zutage getretene menschliche Schwächen veranlaßten den Generaladjutanten, eindringliche Weisungen an die Lagerleiter zu erlassen. Man muß zugeben: Eine so große Zahl von internierten fremden Militärpersonen in Lagern zu überwachen und zu pflegen, sie nutzbringend in den Arbeitsprozeß einzufügen, ohne den Arbeitsmarkt zu schädigen, stellte an die Internierungsverwaltung höchste Anforderungen. Die Problematik der Flüchtlingspolitik, wo Ideal und Wirklichkeit auseinanderklafften, soll nicht beschönigt werden. Ängstlichkeit, Vorurteil, Bequemlichkeit übten zeitweise Verrat an einer stolzen Tradition. Aber die Schweiz hat sich doch unter dem Druck stärkster Erpressung nie dazu herabgewürdigt, das Asylrecht preiszugeben.

32. Friedensförderung und Schutzmachttätigkeit

Laut dem Haager Abkommen über die friedliche Erledigung internationaler Streitfälle (1907) darf ein neutraler Staat den Konfliktparteien seine Vermittlung anbieten. Voraussetzung einer Mediation ist aber, daß beide Parteien zustimmen, daß keine sich benachteiligt fühlt. Während im Ersten Weltkrieg der damalige Vorsteher des Eidgenössischen Politischen Departements von der Idee, die Schweiz müsse den Weltfrieden herbeiführen, geradezu besessen war, blieb im Zweiten Weltkrieg dieser Missionsgedanke den Leitern der schweizerischen Außenpolitik eher fremd. Das böse Ende der politischen Laufbahn Bundesrat Hoffmanns (1917) diente als Warnung. Als der Papst bei Kriegsausbruch einen bewegenden Appell erließ, blieb ihm die Schweiz aus Gründen der Neutralität fern. Und als der spanische General Franco an die Großmächte einen beschwörenden Aufruf richtete, es nicht zu einem Weltkrieg kommen zu lassen (4. September 1939), wobei er um die Unterstützung des Bundesrates bat, antwortete Motta sehr reserviert. Später lehnte Pilet es offiziell ab, als Regierungsmitglied eines neutralen Landes die Initiative zu Friedensvermittlungen zu ergreifen. Wohl aber war er bereit, von außen an ihn herantretende Friedensbestrebungen nicht bloß aufzunehmen, sondern auch zu fördern. Was die Schweiz bieten könne, sei vollkommene Unparteilichkeit, erklärte er. Aber allen solchen Friedensbemühungen gehe das nationale Interesse voran.

Verschiedentlich ist Pilet verdächtigt worden, er habe Friedensfühler fremder Mächte unterstützt und sich sogar in deutsche Friedensoffensiven einspannen lassen. Hinter solchen eventuellen Demarchen braucht man durchaus nicht ein Zusammengehen mit Franco-Salazar-Papst oder übergroße Deutschfreundlichkeit zu wittern. Pilets Verhalten kann vielmehr als Ergebnis rein helvetischer Überlegung verstanden werden. Sowohl von einem totalen Triumph der Achsenmächte als auch von einem vollständigen Sieg der Alliierten hatte die neutrale Schweiz nur schädliche Rückwirkungen zu befürchten: erhöhten militärischen, politischen und wirtschaftlichen Druck.

Während des ganzen Krieges war die Schweiz bereit, Friedensverhandlungen zu fördern, wo dies unbeschadet ihres völkerrechtlichen Statuts geschehen konnte. Die Eidgenossenschaft war damals das Luftloch Europas. Auf ihrem vom Kampf verschonten Boden konnten sich die Kriegführenden zu einer ersten Fühlungnahme treffen. Bloß achtete der Bundesrat fast ängstlich darauf, daß er außerhalb solcher Vorbesprechungen gelassen wurde. Es blieb den Schweizer Behörden infolge ihrer Neutralitätsauffassung versagt, selber nach Möglichkeiten der Friedensvermittlung zu suchen, so sehr man sie auch gelegentlich drängte, Friedensinitiativen zu ergreifen. Derartigen Versuchungen gegenüber hat das Eidgenössische Politische Departement immer darauf bestanden, daß die oberste Landesbehörde strikte neutral bleiben müsse. Nur durch völlige Enthaltsamkeit – das war offenbar traditionelle Überzeugung – werde es möglich sein, das Land unversehrt durch den Krieg zu bringen. Man hielt diese Haltung wohl für lebensnotwendig, ohne sich der Problematik ganz bewußt zu sein, die sich für viele Bürger im Dilemma zwischen neutraler Zurückhaltung und aktiver Friedenssuche enthüllte.

Aber den einzelnen Bürger band nicht die gleiche Verpflichtung zur Tatenlosigkeit wie die Behörden. Es brauchte die Initiative, die Verhandlungskunst und den nie erlahmenden persönlichen Mut von Angehörigen verschiedener Nationalität, um eine Aktion erfolgreich durchzuführen, die unzählige Menschenleben und Kulturgüter gerettet hat: die Beendigung des Krieges in Oberitalien. Generalstabsmajor Max Waibel, von einem Freund unterstützt, nahm Fühlung mit dem in der Schweiz weilenden amerikanischen Agenten Dulles und besprach sich dann in tiefstem Geheimnis, ohne Wissen der eigenen Behörden und der Reichsregierung mit dem höchsten SS-Polizeiführer in Italien, Karl Wolff. Die beiden Schweizer nahmen Kontakt mit dem britischen Feldmarschall auf und wurden – nach dramatischen Wechselfällen – mit zwei deutschen bevollmächtigten Parlamentären ins alliierte Hauptquartier nach Caserta geflogen, wo die Kapitulation der Deutschen unterzeichnet wurde (2. Mai 1945). Sie hat nach dem Urteil alliierter Sachverständiger den Krieg in Europa um sechs bis acht Wochen abgekürzt. Die Industrie und die Landwirtschaft Oberitaliens blieben produktionsfähig, wertvollste Kunstschätze wurden der Kulturwelt erhalten, der blutige Säuberungsfeldzug der Deutschen gegen die italienischen Partisanen fand nicht statt. Eine humane Kriegsführung, besonders im Hinblick auf das Schicksal der Kriegsgefangenen, Internierten und Geiseln war gesichert.

Nach dem Krieg hat das Eidgenössische Politische Departement zunächst den völkerrechtlichen Aspekt der Handlungsweise Waibels untersucht und dabei festgestellt, ihm könne ein neutralitätswidriges Verhalten in juristischem Sinne kaum vorgeworfen werden. Im Lichte der Neutralitätspolitik jedoch seien Waibels Bemühungen geeignet gewesen, die Stellung der Schweiz zu kompromittieren und sie außenpolitisch zu gefährden. Der rückschauende Betrachter aber freut sich darüber, daß die schweizerischen Unterhändler in voller Kenntnis der Gefährlichkeit ihres Tuns für ihre Person sich nicht davon abhalten ließen, der Gewissensstimme zu folgen und still eine segensreiche Tat zu vollbringen.

In den Jahren 1939–1945 empfand man besonders intensiv, daß die schweizerische mit der humanitären Idee weitgehend verwandt ist, daß echtes Schweizertum das allgemein Menschliche nicht ausschließt, sondern geradezu verlangt. Denn die nationale Enge der Eidgenossenschaft brauchte als Komplement die übernationale Weite. In diesem Sinne konnte man damals sagen, es sei unschweizerisch, bloß schweizerisch zu sein. Jetzt ergab sich die Möglichkeit, die vom Schicksal überkommene Neutralität schöpferisch und lebensvoll zu machen, ihr einen höheren Sinn einzuhauchen. Neutralität bedeutete jetzt nicht mehr nur ein kaltes Nein der Abkehr gegenüber dem Ausland, sondern ein warmes Ja des Helferwillens. Als besonders segensreiche Auswirkung davon darf man die Tätigkeit des Roten Kreuzes bezeichnen, das ja selber auf dem Boden und im Geiste der neutralen Schweiz entstanden ist und in seiner herkömmlichen Form mit der immerwährenden Neutralität der Schweiz steht und fällt. Was das Internationale Komitee vom Roten Kreuz all die Kriegsjahre hindurch mit seiner Sorge für die Kriegsgefangenen, mit Nachforschungen nach Vermißten, Übermittlung von Post und Zustellung von Liebesgaben geleistet hat, entspricht dem caritativ-humanistischen Geiste der Schweiz.

Auch die sogenannten «Guten Dienste» sind Ausfluß der Neutralität. Sie umspannten einen weiten Kreis von Initiativen und Aktionen, die Behörden und Privatpersonen zur Linderung der Kriegsnot und zur späteren gegenseitigen Verständigung in der zerrissenen Völkergemeinschaft unternommen haben. Wohl der wichtigste unter den guten Diensten der Schweiz war ihre Tätigkeit als Betreuerin fremder Staatsangehöriger. Über das noch nicht hundert Jahre alte Institut der Schutzmacht gibt die völkerrechtliche Doktrin wenig Auskunft. Um so beredter ist ein Rückblick auf die Praxis in den Kriegsjahren. Bei Ausbruch der Feindseligkeiten zwischen zwei Ländern meldete sich fast überall das Bedürfnis, den zwischenstaatlichen Verkehr nicht ganz zu unterbrechen, um den eigenen Staatsangehörigen im Feindesland Schutz angedeihen zu lassen. Auch in Kriegszeiten ist jeder Staat in seinem Verhalten gegenüber den auf seinem Gebiet lebenden Feindangehörigen an Grundsätze des Völkerrechts gebunden. Da nun aber der Heimatstaat diese Rechte nicht direkt geltend machen und sich gegen Übergriffe nicht wehren kann, darf er dies durch einen dritten, neutralen Staat besorgen lassen. Die beauftragte Schutzmacht handelt somit nicht aus eigenem Antrieb, sondern als eine Art Stellvertreterin des Auftraggebers.

Der immerwährend neutralen Schweiz wurde vom Ausland mehr Vertrauen entgegengebracht als den bloß gelegentlich neutralen Staaten, die sich aus Opportunität bald für die Neutralität, bald für die Teilnahme am Krieg entschlossen. Dieses Vertrauen basierte auf der Stabilität des außenpolitischen Prinzips der Schweiz, auf der Annahme, dieses Land werde seine Neutralität bis zum Ende des Krieges aufrechterhalten und damit seine Rolle als Sachwalter ungestört spielen können. Zum allgemeinen Vertrauen mag auch die Tatsache beigetragen haben, daß kein anderer Staat die Technik der Vertretung fremder Interessen im Kriege so sehr ausgebildet hatte wie die Schweiz. Einen Vorrang vor anderen Neutralstaaten genoß die Schweiz ferner infolge ihrer geographischen Mittellage und ihrer Verbundenheit mit verschiedenen Sprachen und Kulturen. So wurde die Eidgenossenschaft im Zweiten Weltkrieg zur bevorzugten Schutzmacht auf der ganzen Welt. Sie erreichte das Maximum von 35 Interessenvertretungen in gleichviel Staaten. Oft kam es vor, was einzig dastehen dürfte, daß beide gegeneinander im Kriege stehenden Länder die Schweiz mit der Interessenvertretung betrauten.

Zur Bewältigung dieser schweren und delikaten Aufgabe brauchte die Schweiz einen größeren und spezielleren Beamtenapparat als bisher. Deshalb gliederte der Bundesrat dem Eidgenössischen Politischen Departement als besonderen Dienstzweige die «Abteilung für Fremde Interessen» an. Um ihren Auftrag zu erfüllen, brauchte sie Ausführungsorgane. Diese Aufgabe wurde den schweizerischen Gesandtschaften überbunden, die vielfach besondere Hilfskräfte einstellen mußten.

Eine erste Aufgabe der Schutzmacht bestand darin, durch Austauschverhandlungen dem im Lande gebliebenen diplomatischen und konsularischen Personal die Heimkehr zu ermöglichen. Diese konnte oft erst nach mehrmonatiger Internierung erreicht werden, während welcher der Schutzmacht die Betreuung der zurückgehaltenen Amtspersonen oblag. Eine weitere Aufgabe war, sich der fremden Staatsangehörigen anzunehmen. Dies schien um so dringender, als der totale Krieg die Bewegungsfreiheit der Ausländer empfindlich einschränkte. Dabei hielt sich die Schweiz an den Grundsatz, für die Ausländer gleichviel zu tun wie für die eigenen Staatsangehörigen. Eines der umfangreichsten und augenfälligsten Gebiete ziviler Fürsorge war das Unterstützungswesen. Viele Ausländer verloren im Feindstaat ihren Erwerb. Zwar hätte gemäß Völkerrecht der Gewahrsamstaat für die Bedürfnisse der Geschädigten aufkommen müssen, tat das aber oft nur höchst ungenügend.

Während des Krieges wurden Angehörige des Feindstaates – nicht nur wehrfähige Männer, sondern oft ganze Familien – interniert. Die Heimschaffung der rückkehrwilligen Internierten lag oft im Interesse des Gewahrsamstaates und des Heimatstaates. Durch Vermittlung der Schweiz wurden zwischen den Ländern der westlichen Hemisphäre einerseits und Deutschland sowie seinen Verbündeten andererseits im Jahre 1942 über 2000 Personen ausgetauscht, anfangs 1945 fast ebenso viele. Der Austausch zwischen Deutschland und Palästina erlaubte in der Zeit von 1942–1944 ungefähr 5000 Juden die Einwanderung nach Palästina. Aber die höchste Zahl von Heimwanderern kam aus Abessinien und Eritrea; die ganze italienische Kolonie, 28 000 Frauen, Kinder, alte und kranke Männer kehrten innert anderthalb Jahren nach Italien zurück. Die Tätigkeit der Schutzmacht in Anwendung der Genfer Konvention betraf vor allem die Behandlung der Kriegsgefangenen. Im internationalen Abkommen des Jahres 1929 ist das Institut der Schutzmacht ausdrücklich genannt. Die in einer ruhigen Friedenszeit zustandegekommene Konvention machte nun im Krieg ihre Bewährungsprobe durch. Es bedeutete für alle Beteiligten eine große Beruhigung, daß sowohl die Schweiz als auch das Internationale Komitee vom Roten Kreuz die Einhaltung der Bestimmungen kontrollierten. Weil die Sowjetunion seinerzeit dem Abkommen nicht beigetreten war, entbehrten die gefangenen Rotarmisten des so wohltätigen Schutzes und wurden dementsprechend behandelt. Trotz unablässiger Überwachung durch die Schutzmacht kam es zu aufsehenerregenden Verletzungen des internationalen Abkommens: Als Strafe für einen Fluchtversuch aus dem Gefangenenlager Sagan wurden in Deutschland auf höhere Weisung 47 britische Offiziere umgebracht (1944), als Vergeltung für die nach dem kanadischen Handstreich auf Dieppe vorgenommene Fesselung deutscher Gefangener – schlimme Verletzungen des Kriegsgefangenenabkommens, deren Wiederholung die Schweiz mit allen Mitteln zu verhindern suchte. Der Schutzmacht oblag es auch, die Gefangenenlager zu besuchen. Während Interniertenlager in Deutschland regelmäßig inspiziert werden konnten, gelang es den schweizerischen Diplomaten und Schutzmachtbeamten nie, Zutritt zu den Konzentrationslagern zu erhalten. Den Rechtsgründen der Schweiz hielt die Reichsregierung Gründe der staatlichen Sicherheit entgegen. Auch der Juden in Deutschland und in den von ihnen besetzten Gebieten nahm sich die schweizerische Schutzmacht an. So konnten Hunderte von deutschen, polnischen und balkanischen Juden gegen Deutsche aus Palästina ausgetauscht werden. Und als 1944 in Ungarn die rechtsextremen Pfeilkreuzler gemeinsam mit den Deutschen die systematische Deportation der Juden ins Auge faßten, konnte die Schweiz Zehntausende durch Vermittlung von Pässen nach Palästina und USA retten. Im August und September 1944 kamen 1870 ungarische Juden in die Schweiz; der an die Nazis zu zahlende Kaufpreis betrug 1000 Dollars pro Person, ferner Nahrungsmittel, Waren, Juwelen.

Während des Krieges arbeiteten in Bern 153 schweizerische Beamte, im Ausland 1108 schweizerische Diplomaten und Funktionäre an der weltumspannenden Aufgabe. Sie begaben sich oft unter Lebensgefahr hinter die Kampffronten, suchten die Opfer des Krieges – Gefangene, Verwundete, Verfolgte, Verschleppte – auf. Im ganzen sind wohl 35 000 Zivilisten ausgetauscht, Zehntausende von Schwerverwundeten heimbefördert, unzählige vom Krieg Mißhandelte unterstützt worden. Bei der Erfüllung ihrer Aufgabe war die Schweiz oft einzig auf ihren politischen Takt und ihre politische Geschicklichkeit angewiesen. Da keine Macht hinter ihr stand, mußte das moralische Ansehen, welches ihr die immerwährende Neutralität verlieh, die fehlenden Machtmittel ersetzen.

Das Komitee vom Internationalen Roten Kreuz kümmerte sich während des Krieges um sieben Millionen Kriegsgefangene und 175 000 Zivilinternierte. Allein seine Zentralagentur für Kriegsgefangene umfaßte 3700 Mitarbeiter. Das Schweizerische Rote Kreuz widmete seine Tätigkeit, neben der Unterstützung der Flüchtlinge im Ausland und Inland, seit 1942 fast ausschließlich der Kinderhilfe. Mehr als 81 000 Kindern ermöglichte es einen Erholungsaufenthalt in der Schweiz. – Im zweitletzten Kriegsjahr trat die Schweizer Spende an die Kriegsgeschädigten ins Leben. Durch einen Beitrag der eidgenössischen Räte und durch eine nationale Sammlung kam eine Summe zusammen, die zwei Prozent des schweizerischen Nationaleinkommens entsprach. Es ging der Nationalspende vorerst um die Rettung von Leben und Gesundheit, sodann aber auch um den geistigen und materiellen Wiederaufbau in der kriegsgeschädigten Welt.

Im großen und ganzen hat die Schweiz in Verbundenheit des Neutralen mit den Kämpfenden der ganzen Welt ihr humanitäres Erbe hochsinnig verwaltet. Man darf in ihrer Tätigkeit als Schutzmacht eine der schönsten weltweiten Ausstrahlungen ihrer immerwährenden Neutralität erblicken. Es war, als ob der alte Satz, die schweizerische Neutralität liege im Interesse Europas, einen neuen Sinn gewänne: Die kriegführenden Mächte bedurften des neutralen Friedensländchens für die Durchführung zwischenstaatlicher und humanitärer Aufgaben. Die schweizerische Neutralität wurde zu einer internationalen Notwendigkeit.

33. Wandel der Neutralitätsauffassung

Die Frage, wieweit der einzelne Bürger durch die Neutralität des Staates in den Äußerungen seiner Sympathien und Antipathien eingeschränkt sei, wurde schon im ersten Kriegswinter infolge gewisser behördlicher Maßnahmen leidenschaftlich besprochen. Zwar klafften die Meinungen über den Grad des Erlaubten weit auseinander. Einhellig aber waren alle in der Ablehnung der von Deutschland schon vor dem Krieg erhobenen und jetzt mit scharfem Nachdruck wiederholten Forderung der Gesinnungsneutralität. Motta ging sehr geschickt vor: Gegen außen kam er nicht entgegen, sondern hielt stets die hergebrachte Doktrin, daß Staatsneutralität und Individualneutralität zweierlei sei, konsequent aufrecht. Gegen innen dagegen sorgte er mit seiner ganzen Autorität für die wünschbare Zügelung der Presse. Die Öffentlichkeit fühlte sich durch die Landesregierung unterstützt, als Motta im Nationalrat erklärte: «Der Schweizer darf seine Meinung über die Vorkommnisse in der Welt grundsätzlich frei äußern.»

Nach den Waffensiegen Deutschlands und der vollständigen Einschließung der Schweiz durch die Achsenmächte begann nun aber der Bundesrat die Meinungsfreiheit immer mehr einzuschränken. Der allgemeinen Beunruhigung hierüber gab der Basler Rechtsprofessor Carl Ludwig Ausdruck, indem er im Sommer 1941 den Vorsteher des Eidgenössischen Justiz- und Polizeidepartements um Auslegung des Neutralitätsbegriffs ersuchte. In seiner Zurückweisung der von Deutschland allzu extensiv interpretierten Neutralität stützte sich Ludwig auch auf die Gedankengänge eines Historikers, die von der Tatsache ausgingen, daß die Anhänger des dynamischen Staatsgedankens gegenüber der Schweiz den Vorwurf erhöben, die jahrhundertelang geübte Neutralität, dieses «feige Abseitsstehen», habe die seelische Haltung des Schweizers ungünstig beeinflußt; die Schweiz sei bloß noch geistiger Umschlagplatz, nicht mehr Schöpferin von Eigenwerten. Dieser Behauptung begegnete der Historiker zunächst mit der Feststellung,

Neutralität sei für den Schweizer kein Prinzip der menschlich-geistigen Grundhaltung, sondern nur ein solches der Außenpolitik; sie wolle den kleinen exponierten Staat möglichst heil durch die Fährnisse der europäischen Konflikte hindurchsteuern und gleichzeitig dem vielstämmigen Volke den Frieden sichern: «Damit aber hat die Schweiz in der Weltgeschichte noch nicht demissioniert. Unsere Neutralität verbietet dem Bürger in keiner Weise, sich über weltpolitisches Geschehen ein Urteil zu bilden, sich mit fremden Ideologien auseinanderzusetzen und einen Standpunkt zu beziehen. Nur legt sie ihm in seiner öffentlichen Meinungsäußerung eine gewisse Zurückhaltung auf. Das ist lediglich eine Frage des Taktes, nicht des Grundsatzes. Mitnichten hat sich die mehrhundertjährige Handhabung staatlicher und militärischer Neutralität so tief in das schweizerische Bewußtsein hinabgesenkt, daß sie dem Einzelnen die Lust genommen hätte, ein freies Gesinnungszeugnis abzulegen. Weder von der eigenen noch gar von einer fremden Regierung ließe sich der Schweizer vorschreiben, was er denken, reden und schreiben soll.»

Die Antwort des Bundesrates von Steiger stellte die Ansicht des Gesamtbundesrates dar: Die Leugnung eines Zusammenhanges zwischen der Neutralität und dem Verhalten des Einzelnen sei politisch nicht ungefährlich. Denn die unablässige Verkündigung, daß nur die Landesregierung neutral zu sein brauche, müsse zwangsläufig der Meinung Vorschub leisten, selbst zügelloseste Antipathie- und Sympathiekundgebungen seien unerheblich und vermöchten doch die Neutralitätspolitik und damit letzten Endes die Neutralität der Schweiz nicht in Frage zu stellen. Demgegenüber müsse betont werden, daß der Bürger durch bestimmte Handlungen die völkerrechtliche Verantwortlichkeit des Staates herbeiführen könne, sofern dessen Organe das betreffende schuldhafte Verhalten zuließen. Deshalb sei es Pflicht der Regierung, auf die schädigenden Folgen und Gefahren solcher Störungen aufmerksam zu machen (16. Oktober 1941).

Das Bedenkliche am Standpunkt des Bundesrates lag darin, daß keinerlei Grenzen des staatlichen Eingriffsrechtes mehr erkennbar waren. Die Frage, um die es ging, lautete: Sollte sich die Schweiz einer Ausdehnung des Neutralitätsbegriffes, die ihre Stellung unzweifelhaft erschwere, nicht energischer widersetzen, als es die Landesregierung für nötig hielt?

Landesregierung und Armeekommando ließen sich in ihrem Kurs nicht beirren: Lege Deutschland auf die Stimme und Haltung der schweizerischen Bevölkerung Gewicht, so könnte es mit der Zeit an der Verankerung der schweizerischen Neutralität im Volkswillen zu zweifeln beginnen. Das könnte zur Annahme führen, daß für den nördlichen Nachbarn der Schweiz auf seiner linken Flanke nicht mehr ein völlig genügender Schutz bestehe und daß er sich diesen Schutz selbst verschaffen müsse. Jedoch verfuhren die Behörden in der Anwendung der Neutralitätsvorschriften zur selben Zeit so weitherzig, daß ohne ihren Einspruch eine Neutralitätsauffassung öffentlich vertreten werden durfte, die derjenigen von 1939 unverändert entsprach: «Die These, daß der einzelne Bürger durch eine völkerrechtliche Verpflichtung direkt nicht gebunden werde, mithin von privaten Einzelpersonen keine völkerrechtswidrige Neutralitätsverletzung begangen werden könne, haben wir auch jetzt nicht den geringsten Anlaß preiszugeben. Gewiß hat sich der Umfang der Neutralität erweitert; wie der Krieg den Lebensbereich des Volkes immer mehr durchdringt, dehnt sich auch der Wirkungsbereich der Neutralität aus. Aber am Verfassungsgrundsatz der Meinungsfreiheit wird nicht gerüttelt. Der Bürger bleibt in seinen Anschauungen und in seinem Urteil frei. Im Gebiet des Sittlichen kennen wir den Begriff der Neutralität nicht. Zwischen Gut und Böse, Recht und Unrecht ist die Entscheidung zu treffen. Wer hier auf Stellungnahme verzichtet und sich um einen sogenannten neutralen Standpunkt bemühen wollte, würde einen Mangel an logischem Unterscheidungsvermögen und darüber hinaus eine seltsame Verhärtung des sittlichen Gefühls bekunden.

Jedoch darf vom Bürger des neutralen Staates verlangt werden, daß er dessen Außenpolitik nicht unnötig Schwierigkeiten in den Weg lege. Er soll vom wilden Parteikampf Distanz halten, gegen rein emotionales Denken ankämpfen, vorschnelles Schlankweg-Urteilen unterlassen. Er soll beherrscht Anteil nehmen. Das ist nicht eine Rechtsforderung des Auslandes, sondern eine freiwillig übernommene Rücksicht, die uns der Anstand diktiert. Eine maßvolle Haltung im Krieg der Mächte einzunehmen, sollte uns um so eher möglich sein, als wir früher dazu doch auch fähig gewesen sind. Freilich, wird man einwenden, handle es sich jetzt auch um einen Kampf der Ideologien. Aber hat denn der Prinzipienstreit in den großen europäischen Auseinandersetzungen je gefehlt? Noch immer ist mit ideellen Zielsetzungen um die Seele des Neutralen gerungen worden.»

Gegen Ende des Krieges sank das Ansehen der Neutralität in der Weltöffentlichkeit auf einen Tiefpunkt hinab. Die Männer, die ihre Länder in hartem Kampfe zum Siege geführt hatten, erblickten im Neutralen fast durchwegs einen Widersacher, jedenfalls keinen Freund. Allgemein verzieh man dem Schweizer seine Vorzugsstellung während des Krieges nicht leicht. Ausländische Völkerrechtler erklärten, Neutralität habe als politisches Konzept ausgedient. Man sah in Bern voraus, daß es sehr vielen Taktes und größter Anstrengungen bedürfen werde, um die Mächtigen der Erde von der Berechtigung der traditionellen schweizerischen Haltung zu überzeugen. Die Verunglimpfungen der Neutralität, woher sie auch kommen mochten, nahm man in der Schweiz kaltblütig auf, ohne sich in seinem Gleichmut stören zu lassen. Daß die Neutralität kein Schlummerkissen darstellte, auf dem die Schweizer, unbekümmert um den Lauf der Welt, sich jeder Kraftleistung entwöhnten, bewiesen ihre militärischen und wirtschaftlichen Anstrengungen. Und daß Neutralität allein noch keine Garantie gegen Bedrohung von außen bedeutete, sondern angespanntes Wachsein aller Bürger erforderte, hatte die jüngste Vergangenheit erneut gelehrt. Der Behauptung, Europa habe der Schweiz die Neutralität gewährt und dürfe sie ihr deshalb auch wieder wegnehmen, begegnete man mit der historischen Feststellung, daß die Neutralität kein Gnadengeschenk der Großmächte, sondern von den Schweizern gewählt und gewollt worden sei. Gerade weil sie ihre Neutralität zu einer immerwährenden erklärt hatten und deshalb in den fließenden Veränderlichkeiten der internationalen Verhältnisse ihre außenpolitische Haltung nicht wechselten, waren sie vor dem Vorwurf geschützt, um des Vorteils willen ihren Mantel nach dem Winde zu hängen.

Auch die sozialdemokratische Presse wertete gegen Kriegsende den außenpolitischen Leitsatz der Schweiz höher denn je: Die bewaffnete Neutralität, die niemandem zulieb und niemandem zuleid die Alpenpässe hüte und auf die jeder kriegführende Nachbar als Flankenschutz zählen könne, habe sich für die Schweiz in so vielen Fällen als Schutz und Schirm erwiesen, daß man über ihre Bedeutung nichts mehr hinzuzufügen brauche. Dagegen hat die von den Antimilitaristen getragene Arbeitsgemeinschaft «Arbeit und Bildung» die Neutralität abgelehnt. Man nannte hier in öffentlichen Vorträgen die Neutralität einen Krebsschaden; die Schweiz werde an ihr zugrundegehen, weil sie ein Hindernis dafür bilde, rückhaltlos für eine internationale Rechts- und Friedensordnung einzutreten. Und in einer Zeitschrift stand, man müsse die Neutralität dem Volk als ein miserables Prinzip hinstellen, damit man sie endlich los werde.

Die internationalen Konferenzen von Bretton Woods, Dumbarton Oaks und San Francisco, die sich mit der Schaffung einer künftigen Friedensorganisation beschäftigten, sahen die Unvereinbarkeit der Mitgliedschaft mit dem Statut der Neutralität vor. Der Bundesrat ließ durch seine Gesandten den einzelnen Mächten vortragen: Sollte es der Schweiz nicht möglich sein, in die neue politische Organisation einzutreten, so würde sie dennoch so aktiv wie möglich mit den andern Völkern im Rahmen der bereits bestehenden oder noch zu schaffenden technischen Organisationen zusammenarbeiten. Dem Bundesrat wurde in einer eidgenössischen Kommission empfohlen, er solle versuchen, dem Ausland klar zu machen, daß sich das Wesen der dauernden und bewaffneten Neutralität mit einer internationalen Rechts- und Friedensorganisation sehr gut vertrage, daß die Neutralität sogar im Verband der Vereinigten Nationen der Schweiz ermögliche, wichtige Funktionen zu übernehmen. So lasse sich zum Beispiel die Tätigkeit des Internationalen Roten Kreuzes, das ja gerade aus der dauernden Neutralität der

Schweiz herausgewachsen sei, kaum anders denken, als getragen von einer neutralen Basis wie der schweizerischen. Hier scheine sich der Weg zu öffnen, um aus der Schwierigkeit, die das Festhalten an der Neutralität für den Beitritt zur Charta der Vereinigten Nationen gegenwärtig bedeute, herauszukommen. Infolge ihrer immerwährenden Neutralität und ihrer Mehrsprachigkeit sei die Schweiz ganz besonders befähigt, zwischenstaatliche Aufgaben zu lösen und einen ernsthaften Beitrag zur allgemeinen Friedensordnung zu leisten, zur Versöhnung der in schweren materiellen und ideologischen Kämpfen aufgerissenen Welt. Nicht obgleich die Schweiz immerwährend neutral sei, sondern weil sie es sei, könne sie internationalen Friedensorganisationen bedeutende Dienste leisten.

Man stand noch mitten in den Diskussionen über die von der Schweiz einzunehmende Haltung zu den Plänen einer internationalen Organisation, als die Nachricht von den Waffenstillständen zwischen den Alliierten und den Deutschen nach Bern drang. Da stellte der Bundesrat fest, er anerkenne keine offizielle Reichsregierung mehr, schloß die schweizerische Gesandtschaft in Deutschland und rief seinen Gesandten zurück. Am Abend des 8. Mai 1945 verkündeten Kirchenglocken den Abbruch der Kriegshandlungen. Die Haltung des Schweizers konnte keine andere sein als schweigende Ergriffenheit, unbedingtes Verstehenwollen, tätige Hilfsbereitschaft. Man wollte sich um eine Versöhnung bemühen, um eine Verständigung und spätere Zusammenarbeit unter den verfeindeten Völkern vorzubereiten.

34. Kriegswirtschaftliche Beziehungen zur Achse

Zu Beginn des Zweiten Weltkrieges war die Schweiz wirtschaftlich besser vorbereitet, als sie es bei Ausbruch des Ersten gewesen war. Man wußte hier wie allerwärts, daß ein Krieg zwischen hochentwickelten Industrieländern nicht nur militärisch, sondern auch wirtschaftlich ausgefochten werde. Ein kleiner Staat wie die Schweiz, dessen nationale Wirtschaft so eng mit der internationalen verflochten war, ja dessen Dasein geradezu von der Außenwirtschaft abhing, mußte sich durch einen modernen Krieg vor neuartige Fragen gestellt sehen. Hermann Obrecht, der Vorsteher des Eidg. Volkswirtschaftsdepartements, hatte aufgrund der Erfahrungen während des Ersten Weltkrieges noch in Friedenszeiten mit Umsicht und Tatkraft einen weitverzweigten kriegswirtschaftlichen Apparat aufgebaut. Diese Schattenorganisation, die von einem Tag auf den andern in Betrieb gesetzt werden konnte, nahm ihre Tätigkeit am 4. September 1939 auf. Sie hatte schweizerischen Milizcharakter: Hier arbeiteten eidgenössische Beamte mit ad hoc herangezogenen Fachleuten aus der Privatwirtschaft zusammen.

Es war vorauszusehen, daß die Großmächte, gleich wie im Ersten Weltkrieg so auch jetzt wieder, mit ihren Machtmitteln auf die Schweiz drücken würden, um sie als unfreiwillige Helferin im Wirtschaftskampfe gegen die andere Partei einzuspannen. Um fremde Überwachungsorgane der Warenausfuhr, wie sie die Schweiz im Ersten Weltkrieg hatte erdulden müssen, zu vermeiden, schuf das Volkswirtschaftsdepartement eine autonome Außenhandelskontrolle.

Der Lebensanspruch der neutralen Schweiz, mit allen Staaten Handel zu treiben, stieß auf den schärfsten Widerstand der Kriegführenden. Sie suchten sich gegenseitig durch Blockaden von der Zufuhr kriegswichtiger Waren abzuschnüren und fürchteten, der Gegner könnte auf dem Umweg über die Neutralen in den Besitz der erstrebten Güter gelangen. Deshalb bemühten sich beide kriegführenden Mächtegruppen, die Schweiz in ihre Blockadefront hineinzuzwingen. Das technische Mittel, sich diesem Würgegriff zu entziehen und sich Viktualien und Rohstoffe zu beschaffen, waren die Wirtschaftsverhandlungen mit den Kriegsparteien. Vom Erfolg dieser wendig und zähe geführten Unterhandlungen hing nicht nur die Wahrung der Neutralität, sondern weitgehend sogar die Existenz des Landes ab.

Die Regelung ihrer Wirtschaftsbeziehungen zum nördlichen Nachbarn hatte für die Schweiz ausschlaggebende Bedeutung, stammte doch ein Viertel ihres gesamten Warenimports aus dem Reich. In Kriegszeiten war die Versorgung durch Deutschland für die Schweiz eine Lebensnotwendigkeit, während Deutschland auf schweizerische Lieferungen verzichten konnte. Schon am 4. September erschien eine deutsche Delegation in Bern. Sie gab sich zunächst noch konziliant, verbarg geschickt den rücksichtslosen Beute- und Machthunger ihrer Auftraggeber: Deutschland stehe in einem Kampf auf Leben und Tod und müsse deshalb bei seinen Einkäufen im Ausland zuerst das Allerdringlichste berücksichtigen. Eine Weiterbelieferung der Schweiz mit deutschen Waren sei nur zu verantworten, wenn als Gegenwert nach Möglichkeit Waren schweizerischen Ursprungs geliefert würden. Da die Schweiz nicht in dem gewünschten Umfang entgegenkam, verhängte Deutschland die für die Schweiz sehr empfindliche Kohlensperre. Seine kontinentale Siegerstellung hochfahrend ausnützend, verlangte es von der Schweiz, daß sie sich ökonomisch ganz nach dem Reich ausrichte.

Nach überaus harzigen Verhandlungen konnte man endlich am 9. August 1940 in Berlin die neuen Wirtschaftsvereinbarungen mit Deutschland unterzeichnen. Die Kohlen- und Transitsperre wurde behoben, indem Deutschland versprach, bis Ende 1940 870 000 Tonnen Koks zu liefern. In der Frage der Kriegsmateriallieferungen gewährte die Schweiz einen Kredit von 150

Millionen Franken. Die politisch gefärbte Blockade fand eine erträgliche Lösung: Gewisse Waren durften nur dann durch Deutschland und Italien geführt und nur dann über die schweizerische Grenze nach Frankreich oder einem dritten Land ausgeführt werden, wenn die Sendungen von einem Geleitschein der deutschen, respektive italienischen Gesandtschaft in Bern begleitet wären. Das neue Verrechnungsabkommen beruhte weiterhin auf dem Grundsatz von Geben und Nehmen.

Immer mehr drängte sich dem Schweizer die Erkenntnis auf, daß das, was ein neutraler Staat in seinem Existenzkampf verlangen mußte, nämlich die Aufrechterhaltung der Wirtschaftsbeziehungen nach allen Seiten, in schroffstem Gegensatz stand zu den Zielen der wirtschaftlichen Kriegsführung beider Parteien. In besonders gearteten Fällen mochte es den Neutralen gelingen, durch das Ausspielen von Gegenleistungen der einen Kriegspartei von der anderen Zugeständnisse zu erzwingen, doch handelte es sich stets um Rückzugsgefechte.

Im Jahr 1941 steigerte sich der deutsche Wirtschaftsdruck. Deutschland wollte infolge zunehmender Kraftanstrengung in Europa die Produktionskraft der Schweiz in vermehrtem Maße für seine Bedürfnisse heranziehen. Es hielt sich nicht mehr an die getroffenen Abmachungen, verlangte einen sehr hohen Kredit und verweigerte zur Verdeutlichung seines Willens allen schweizerischen Transitgesuchen bis auf weiteres die Genehmigung. Das mühsam zustandegekommene Abkommen vom 18. Juli 1941 bestimmte, daß die Schweiz ihren Vorschuß auf 850 Millionen Franken für den Rest des laufenden Jahres erhöhe, und Deutschland versprach dafür, pro Monat 200000 Tonnen Kohle zu liefern. Betreffs der landwirtschaftlichen Produkte verpflichtete sich die Schweiz, Vieh, Obst und Molkereiprodukte im Betrage von ungefähr 50 Millionen Franken zu liefern, und verlangte dafür eine angemessene Gegenleistung in Zucker, Saatgut, Alkohol und Düngemitteln. Im schweizerischen Exportinteresse und im Interesse der Beziehungen zu Großbritannien sowie den Vereinigten Staaten gelang es der Schweiz, eine gewisse Lockerung der Gegenblockade für die schweizerische Ausfuhr nach dem Westen durchzusetzen. Gewiß war der Preis, den die Schweiz zahlte, sehr hoch. Aber es war mit diesem Abkommen gelungen, ihre politische und wohl auch militärische Unversehrtheit zu retten. Der brutale Wirtschaftsdruck erfüllte die Schweizer mit steigendem Ingrimm. Zwar mußten sie die Faust im Sacke machen, gaben aber ihrem angestauten Groll im vertrauten Kreis oft heftigen Ausdruck. In der Auslandorganisation der NSDAP sagte man, die schweizerischen Verhandlungsleiter hätten eine geradezu klebrige Zähigkeit an den Tag gelegt; diese verfluchten Kerle seien einfach nicht krumm zu kriegen.

In den zwei folgenden Jahren steigerte sich der deutsche Wirtschaftsdruck zum Wirtschaftsdiktat. Dadurch, daß Deutschland auch noch das bisher Freie Frankreich besetzte, wurde die Schweiz von den Achsenmächten geradezu hermetisch gegen die Alliierten abgeschlossen. Jeder Import konnte nur über das Gebiet der Achse erfolgen und bedurfte ihrer Genehmigung, während der Export nach wie vor auf die Erlaubnis der die Seewege beherrschenden Alliierten angewiesen war. In stets sich verändernden Verhältnissen mußte die Schweiz auf schwierigem Verhandlungsweg ihr Lebensrecht erkämpfen und froh sein, bei unverrückbarem Festhalten am Grundsatz der Neutralität kurzfristige Vereinbarungen zu treffen.

Obschon man in der Schweiz nun aus Erfahrung wußte, wie wenig Bestand feierliche deutsche Garantien hatten, und weitere Vertragsbrüche nicht für ausgeschlossen hielt, war man doch äußerst peinlich überrascht, als Deutschland schon Mitte des Jahres 1942 unerwartet und vertragswidrig neue massive Forderungen ankündigte. Es leitete sie mit der alten Begründung ein, der gegenwärtige Krieg habe den Charakter einer bewaffneten Auseinandersetzung mit dem Bolschewismus; deshalb liege es auch im Interesse der Schweiz, daß dieser Kampf möglichst bald zu Ende geführt werde. Es sei nicht zu umgehen, daß sich die Schweiz vorübergehend mit einer geringeren Lieferung von Kohle und Eisen abfinde; noch ganz andere Einschränkungen müsse das deutsche Volk auf sich nehmen. Gegen die deutsche Forderung, die Schweiz solle ihre Ausfuhr nach England völlig sperren, wandte die Schweiz ein, daß sie eine solche Maßnahme der Bombardierung aussetze und ihre Kriegsmaterialproduktion für die Achse lähmen, wenn nicht gar stillegen würde. Dieses Argument scheint bei den deutschen Militärs Eindruck gemacht zu haben, so daß sich Deutschland sogar zu einer Lockerung der Gegenblockade herbeiließ.

Wohl noch nie war die Weltwirtschaft in so erheblichem Ausmaß zur Kriegswirtschaft geworden. Deutschland, seine Kräfte weiter anspannend, forderte von der Schweiz ultimativ die Aufnahme neuer Verhandlungen. Sie zerschlugen sich infolge der übersetzten deutschen Forderungen schon zu Beginn des Jahres 1943, mußten jedoch nach einigen Monaten von der Schweiz, die wirtschaftlich einer belagerten Festung glich, wieder aufgenommen werden und gelangten zu einem Teilergebnis. Der Hauptzweck, die Versorgung des Landes sicherzustellen, war nicht erreicht. Aber trotz des vertragslosen Zustandes vom Januar bis Oktober 1943 konnte die Schweiz ihre Bevölkerung voll beschäftigen.

Nach dem Zurückweichen auf fast allen Fronten konnten die Deutschen nicht mehr als herrische Wirtschaftsdiktatoren auftreten. Die Schweiz wollte die neue Situation benützen, um in der Verteilung ihrer Exporte auf die kriegführenden Parteien endlich wieder ein Gleichgewicht herzustellen, und kündigte Kontingentierungen an, worüber die Deutschen ihrer «Erschütterung» Ausdruck gaben. In den Verhandlungen vom März 1944 erzielte die Schweiz eine ansehnliche Lockerung der deutschen Wirtschaftsfesseln. Als sich die Deutschen von der ganzen schweizerischen Westgrenze zurückzogen und damit die einseitige deutsche Aufsicht über die schweizerische Ausfuhr aufhörte, als zudem Deutschland die Schweiz nicht mehr ausreichend mit Kohle, Eisen und Brennöl versorgen konnte, wollte und mußte die Schweiz ihre Lieferungen drastisch kürzen. Das «Schlußprotokoll», wie die Vereinbarung vom 28. Februar 1945 genannt wurde, schuf lediglich eine notdürftige Grundlage für eine sehr beschränkte Weiterführung des Wirtschaftsverkehrs. Offensichtlich legte die deutsche Delegation aus vorwiegend politischen Gründen großes Gewicht auf ununterbrochene Beziehungen; die Schweiz wollte aus grundsätzlichen Erwägungen der Neutralität den Verkehr nicht gänzlich abbrechen, wie es die Alliierten forderten. Da die deutschen Leistungen auf sämtlichen Gebieten stark zusammengeschmolzen waren, wurde es der Schweiz möglich, in der Entwicklung ihrer Wirtschaftsbeziehungen zu Deutschland selbst den Grund für einen sehr weitgehenden Abbau ihrer Leistungen zu finden. Das waren die letzten Wirtschaftsverhandlungen mit Deutschland in der Kriegszeit. Es ist nicht abzusehen, in was für eine Ernährungs- und Wirtschaftskrise eine Verlängerung des Krieges die Schweiz geführt hätte.

Mit dem Achsenpartner Deutschlands, mit Italien, unterhielt die Schweiz wechselvolle Wirtschaftsbeziehungen. Nach Ausbruch des Krieges fanden in Bern Verhandlungen statt über die Regelung des für die schweizerische Landesversorgung so wichtigen Durchgangsverkehrs. Für den schweizerischen Verkehr wurden die Häfen von Genua, Savona, Vado Ligure, Venedig und Triest zur Verfügung gestellt. Italien gestand die Benützung für etwa 200000 Tonnen flüssiger Brennstoffe zu, also für etwa die Hälfte des schweizerischen Gesamtbedarfs. Von sich aus bot die italienische Regierung eine beliebige Menge Schiffsraum für die Dauer des Krieges an. Als gelehriger Schüler seines Achsenpartners forderte Italien hohe Kredite: Ende August 1940 gewährte der Bundesrat der italienischen Regierung einen Kredit von 75 Millionen Franken; gleichzeitig stimmten die schweizerischen Banken einem durch eine Goldhinterlage in Rom gedeckten Vorschuß von 125 Millionen Franken zu. Durch diese Kredite sollte Italien instandgesetzt werden, aus der Schweiz Kriegsmaterial und Werkzeugmaschinen zu beziehen.

Aber schon im folgenden Jahr stellte Italien größere Forderungen und setzte sie in den Vereinbarungen vom 1. Juli 1941 durch: Erhöhung des Vorschusses auf 150 Millionen Franken; Verpflichtung Italiens, für das gelieferte Kriegsmaterial Materialersatz in Form von Eisen, Stahl, Kupfer und Zink zu leisten; Zusicherung der Erteilung von Geleitscheinen. Nach dem

Waffenstillstand mit den Alliierten und der Besetzung eines großen Teils des italienischen Festlandes durch die deutsche Wehrmacht 1943/4 sank der schweizerisch-italienische Warenaustausch auf ein bedeutungsloses Minimum. Beim Wiederaufbau Italiens hat die Schweiz kräftig mitgeholfen.

35. Blockade; Wirtschaftsverhandlungen mit den Alliierten

Weil die Wirtschaft der Schweiz auf den Rohstoffquellen und den Absatzmärkten des Auslandes beruhte, mußte der Bundesrat danach trachten, die Wirtschaftsbeziehungen nach allen Seiten aufrechtzuerhalten. Dieses Ziel jedoch war durch die Blockadepolitik der Westmächte schwer gefährdet. Denn sie wollten der Schweiz, wie überhaupt allen Neutralen, keine Rohstoffe zuführen, die, im Lande verarbeitet, nach der Achse exportiert würden; die Fertigfabrikate sollten nur ihnen selber zugutekommen. Auf Grund der Neutralität jedoch widersetzte sich die Schweiz einem solchen Ansinnen. Art. 7 und 9 der Haager Konvention über die Rechte und Pflichten der neutralen Mächte und Personen im Fall eines Landkrieges machten es der Schweiz zur Pflicht, auch in wirtschaftlicher Hinsicht das Gleichgewicht zwischen den beiden kriegführenden Parteien zu wahren.

Man erkannte in der Schweiz immer deutlicher, daß Großbritannien von Anfang an entschlossen war, seine ganze Kraft für die Kriegsführung einzusetzen. Da seine Stärke besonders auf dem Gebiet der Wirtschaft lag, wurde die Wirtschaftspolitik vollständig den Bedürfnissen der Kriegspolitik untergeordnet. In der Außenhandelspolitik bedeutete das den Einsatz der Kaufkraft für den Erwerb lebenswichtiger und kriegsnotwendiger Güter und damit den Verzicht auf die Zufuhr aller entbehrlichen Waren. Die notwendige Konzentration der britischen Kaufkraft auf das Kriegswichtige drängte alle anderen Motive, etwa die Rücksicht auf die unterschiedlichen Lebensbedingungen der neutralen Länder, ja selbst auf das Prinzip der absoluten Vertragstreue in den Hintergrund. Bei fortschreitendem Krieg kümmerte man sich immer weniger um das Los der Neutralen. «Wollt ihr, daß Deutschland den Krieg gewinnt?» fragte man sie; «wenn nicht, so laßt uns freie Hand, dies ist nicht nur unser, sondern auch euer Krieg, und deshalb müßt ihr euren Teil an Entbehrungen auf euch nehmen.»

In den Verhandlungen mit Großbritannien und Frankreich ließ die Schweizer Delegation keine Gelegenheit unbenützt, um bei maßgebenden Instanzen für die Notwendigkeit schweizerischer Exporte nach Deutschland Verständnis zu wecken. Ihre Hauptaufgabe aber bestand darin, für die Dauer des Krieges den schweizerischen Exporteuren den Zugang auch zum englischen Markt offenzuhalten. Dies gelang nicht in wünschbarem Umfang, da den schweizerischen Einfuhrbegehren der feste britische Wille entgegenstand, die Einfuhr sogenannter Luxuswaren – zu denen wichtige schweizerische Erzeugnisse gezählt wurden – zu verbieten.

Hinsichtlich der Ausfuhr britischer Erzeugnisse nach der Schweiz erklärte sich diese von Anfang an bereit, die Einfuhr britischer Waren im bisherigen Umfang weiterzuführen. Sie versuchte, für einige wichtige Warenkategorien höhere Lieferungen als bisher aus Großbritannien und dem britischen Weltreich zu erhalten. Trotz des oft recht scharfen Windes aus London kam es zum Abschluß des ersten Blockadevertrages, des sogenannten «War-Trade-Agreement». Nach hartnäckigem Ringen war es der Schweiz gelungen, für ihre Bodenprodukte zwar nicht freie Ausfuhr nach Deutschland, aber genügende Exportkontingente zu erhalten. Mit den «certificats de garantie» bot die Schweiz Gewähr, daß die nur für ihr Land bestimmten Waren nicht ausgeführt wurden. Dagegen durfte sie verarbeitete Waren im Umfang der «courants normaux» (Durchschnittsausfuhr der Jahre 1937/38) auch nach den Achsenmächten exportieren, womit der Grundsatz neutraler Wirtschaftspolitik – die Belieferung beider Kriegsparteien – gerettet werden konnte. Fragen, die sich aus der Verwirklichung des Blockadeabkommens ergeben würden, sollten durch eine «commission mixte», bestehend aus Vertretern Frankreichs, Englands, der Schweiz, später auch der USA gelöst werden.

Nach seinen ersten großen Waffensiegen holte Deutschland zum Schlag gegen die Blockade der Westmächte aus, indem es die Gegenblockade schuf. Davon wurde die von den Achsenmächten umklammerte Schweiz schwer betroffen. Deutschland mutete ihr nun die Einstellung jeglichen Handelsverkehrs mit den Westmächten zu. Dennoch gelang es der Schweiz im Handelsvertrag mit Deutschland, drei Viertel ihrer Ausfuhr von der Gegenblockade zu befreien und nach dem System des «courant normal» schweizerischer Aufsicht zu unterstellen (9. August 1940). Das übrige Viertel, meist kriegswichtige Waren, unterlag fortan der Geleitscheinkontrolle Deutschlands, war praktisch von der Ausfuhr nach England ausgeschlossen, was die Engländer stark verstimmte. In ihren Augen hatte sich die Schweiz mit den Krediten und Exporten an die Achse dem Macht- und Wirtschaftsbereich dieser Kriegspartei angeschlossen. Als eine Art Gegenmaßnahme unterband zeitweise die britische Blockadekontrolle die Zufuhren zur See nach der Schweiz fast vollständig. Glücklicherweise gewann aber in London bald eine freundlichere Gesinnung die Oberhand. Man schätzte die gesunde demokratische Staatsorganisation der Schweiz und fand Gefallen an ihrem Wehrwillen. Vor allem aus diesem Grunde zeigte man sich bereit, die wirtschaftliche Existenz der Eidgenossenschaft zu erleichtern und die für sie dringend notwendigen Güter passieren zu lassen. Leider gingen aber die schweizerischen und die englischen Ansichten über das Lebensnotwendige weit auseinander. England wollte erst entgegenkommen, wenn die Schweiz die Errichtung einer direkten Flugverbindung gewährt habe, worauf aber der Bundesrat aus Neutralitätsgründen nicht eintreten konnte. Auf Drängen Deutschlands verbot die Schweiz den Warenversand im Briefpostverkehr mit England (19. Juni 1941). Er hatte den Engländern bisher erlaubt, Uhren- und Decolletagebestandteile bis zu zwei Kilogramm zu beziehen, für die Herstellung von bestimmtem Kriegsmaterial äußerst wichtige, ja unentbehrliche Artikel. Das trieb den britischen Handelsattaché in der Schweiz auf den Schleichweg des Schmuggels, den er geschickt organisierte und während zweier Kriegsjahre mit Erfolg durchführte. So etwas war nur möglich, weil sich in weiten Volkskreisen der Schweiz die Sympathien für England nicht abgekühlt hatten.

Die Wirtschaftsverhandlungen mit Deutschland vom Sommer 1941 spannten die Beziehungen zu Großbritannien in unvorhergesehenem Maße an. Auf das schweizerisch-deutsche Abkommen reagierte die britische Regierung vollkommen ablehnend. Sie ließ wissen, daß sie im Hinblick auf «den wesentlichen schweizerischen Beitrag an die deutsche Kriegsführung» nicht mehr gewillt sei, «die Einfuhr von Rohstoffen und Fertigwaren zu ermöglichen, welche direkt und indirekt ihrem Feinde nützen könnten»; sie werde zur Zeit nur noch die bisherige Zufuhr von Getreide und Futtermitteln gestatten. Diese Verminderung bestimmter Importe durch die britischen Blockadebehörden könne vermieden werden, sofern es der Schweiz gelänge, entweder ihre Lieferungen an die Achsenmächte einzuschränken oder aber die Versorgung Großbritanniens und seiner Alliierten mit kriegswichtigen schweizerischen Erzeugnissen zu steigern. Von der verschärften britischen Blockadepolitik wurden seit dem 9. September 1941 in erster Linie betroffen: Baumwolle, Wolle, Kautschuk, technische Fette und Öle sowie eine Reihe anderer Waren: Eisen, Stahlblech, chemische Grundstoffe.

Die von der Schweiz in London aufgenommenen Verhandlungen zogen sich qualvoll und ergebnislos in die Länge. Es gelang nicht, die Engländer von ihrer Forderung – Herabsetzung der Kriegsmateriallieferung an die Achsenmächte – abzubringen. Da versuchte die Schweiz, einen Teil der alliierten Abbauwünsche in den Verhandlungen mit Deutschland durchzusetzen – vergeblich. Jetzt stellten die Alliierten 1943 die Erteilung neuer Zufuhrbewilligungen selbst für jene Güter ein, die in letzter Zeit immer noch regelmäßig und in beträchtlichen Mengen aus Übersee nach der Schweiz gelangt waren: Brotgetreide, Fettstoffe, eine Reihe von Nahrungs- und Genußmitteln wie Zucker, Kakao, Kaffee, Tee, Malz, Tabak. Zu Beginn des Juni 1943 versiegte die Warenzufuhr vollständig. Den englischen Bombenabwurf bei Oerlikon faßte man in der Schweiz als ernste Warnung vor weiteren Kriegsmateriallieferungen an Deutschland auf. Ein weiteres Mittel, die Ausfuhr der Schweiz nach den Achsenstaaten zu bekämpfen, sahen die Angelsachsen in der Verlängerung der berüchtigten «Schwarzen Listen». Neutrale Firmen wurden durch die Versetzung auf diese Listen aus dem Wirtschaftsverkehr mit den Alliierten ausgestoßen. Diese Methoden bedeuteten einen unerträglichen Eingriff in die schweizerische Souveränität, verleiteten schweizerische Exportfirmen zum Eingehen besonderer Verpflichtungen gegenüber der amerikanischen und britischen Gesandtschaft und hatten häßliche Angebereien unter der Konkurrenz zur Folge.

Wohl gestatteten es die im Lande liegenden Vorräte, eine Zeitlang ohne Zufuhren durchzuhalten. Es lag jedoch im allgemeinen Interesse des Landes, auch mit den Regierungen Großbritanniens und der Vereinigten Staaten wieder ins Gespräch und wenn möglich zu einer vertraglichen Regelung der Wirtschaftsbeziehungen zu kommen. Dies konnte aber nur dann geschehen, wenn die Schweiz auf die alliierten Begehren, den Export nach Deutschland noch weiter einzuschränken, einging. Ihr Ziel erreichte die Schweiz nach intensiv geführten Verhandlungen im Abkommen vom 19. Dezember 1943. Gegen die von ihr zugesicherten Ausfuhrbeschränkungen sagten Großbritannien und die USA die Wiedereröffnung von Zufuhrkontingenten aus Übersee für Nahrungs-, Genuß- und Futtermittel zu. Mit dem Abschluß eines Finanzabkommens verband sich eine Reihe weiterer britischer Zusagen. Die schweizerischen Unterhändler sahen sich in London Vertragspartnern gegenüber, die im Vollgefühl ihrer rasch zunehmenden Macht steigende Forderungen äußerst streng vertraten. Mit ihrer Diplomatie waren die Alliierten ihren Armeen eben stets um einige Monate voraus.

Während bisher die Blockadeverhandlungen meist in London stattgefunden hatten, kamen im Februar 1945 die Unterhändler der Alliierten nach Bern. Die Weltlage hatte sich seit den letzten Londoner Besprechungen vom August 1944 durch die alliierten Landungen auf dem Kontinent und die Befreiung Frankreichs so grundlegend im Sinn eines politisch-wirtschaftlichen Übergewichts der Alliierten gewandelt, daß diese Tatsache den Charakter der Verhandlungen aufs stärkste beeinflussen mußte. An der Spitze der alliierten Delegation standen der Amerikaner Lauchlin Currie, ein persönlicher Mitarbeiter des Präsidenten Roosevelt, der Engländer Dingle Foot und – zum erstenmal wieder seit 1940 – ein Franzose. Psychologisch geschickt war es, daß der Bundesrat drei Tage vor Verhandlungsbeginn den zulässigen Gasverbrauch auf nur ein Viertel des normalen Friedensbedarfs herabsetzte und daß er auf der Lebensmittelkarte für den März die Tagesration des bereits stark mit Kartoffelzusatz gestreckten Brotes von 250 auf 225 Gramm kürzte. Damit wurde den ausländischen Gästen demonstriert, welche

Entbehrungen sich die Schweiz auferlegen mußte und welchen noch größeren sie entgegenging, wenn nicht bald Mehl und Getreide aus Übersee eintraf. In seiner Eröffnungsansprache erläuterte der schweizerische Verhandlungsleiter die schwierige Situation der neutralen Schweiz. Sie sei gezwungen gewesen, mit Deutschland Wirtschaftsbeziehungen zu unterhalten, um drohende Arbeitslosigkeit zu vermeiden; in einer Atmosphäre sozialer Erregtheit hätte die deutsche Propaganda viel gefährlicher gewirkt. Als Tatsache stehe fest, daß die Schweiz von Kriegsbeginn bis Ende 1944 für über 400 Millionen Franken mehr Waren aus Deutschland eingeführt als dorthin ausgeführt habe. Das Wort Neutralität klinge schlecht in manchen Ohren. Aber nur weil die Schweiz streng neutral geblieben sei, habe sie der leidenden Menschheit so viele Dienste erweisen können.

Um den Wünschen der amerikanischen Verhandlungsdelegation besonderen Nachdruck zu verleihen, beschritt Franklin Roosevelt einen ungewöhnlichen Weg. Er wandte sich in einem persönlichen Schreiben direkt an den schweizerischen Bundespräsidenten: «Wir haben die traditionelle Neutralität Ihres Landes respektiert und die Schwierigkeiten Ihrer Lage in der Vergangenheit mitempfunden ... Jetzt hat sich indessen das Kriegsglück gewendet»; er hoffe, die Schweiz werde mithelfen, den Krieg zu verkürzen.

Das am 8. März 1945 unterzeichnete Abkommen mit den Alliierten erweiterte die früheren Vereinbarungen insofern als die Schweiz den Forderungen der Alliierten entgegenkam: Sie erneuerte das am 15. Februar 1945 abgelaufene schweizerisch-deutsche Wirtschaftsabkommen nicht mehr. Zwar erließ sie keine sensationelle Exportsperre, verpflichtete sich aber gegenüber den Alliierten, die Ausfuhr schweizerischer Waren nach Deutschland in zweifacher Hinsicht zu beschränken: Exporte, welche die Schweiz unter der Herrschaft der früheren Abkommen Deutschland zugesichert hatte, wurden auf 3 Millionen Franken, verteilt auf zwei Monate, beschränkt. Ferner setzte die Schweiz gegenüber den Alliierten zwar das Recht zu neuen Geschäften im qualitativen und quantitativen Kompensationsverkehr mit Deutschland durch, kürzte ihn aber auf 1 Million Franken pro Monat. In der Transitfrage wurde ein Ausweg gefunden: Die Schweiz sperrte den Transit Nord–Süd von Kohle, Eisen und Stahl vollständig, da sie diese Waren von den Deutschen nicht mehr bekam; dagegen durfte der übrige Transit im gleichen geringen Umfang wie im Februar 1945 aufrecht erhalten bleiben. In Wirklichkeit hatte das kaum mehr als symbolische Bedeutung. Ferner schränkte der Bundesrat den Transit Süd–Nord stark ein. Dabei ging er von der Erwägung aus, daß das meiste von dem, was Italien durch die Schweiz schickte, nicht als normales Handelsgut betrachtet werden konnte, sondern als Ware, die requiriert worden war und nun den Weg durch den Gotthard finden sollte. Schließlich stellte der Bundesrat die Stromlieferung nach

Deutschland gänzlich ein mit der Begründung, daß die deutschen Kohlenlieferungen vollkommen ausblieben. – Was die Finanzprobleme betraf, so erhob sich die Frage der schweizerischen Mitwirkung bei der Bekämpfung der Hehlerei. Die Schweiz sollte dafür Vorsorge treffen, daß sie nicht zum Finanzzentrum für künftige Kriege werde. Mit einer Vermögens- und Zahlungssperre deutscher Guthaben nahm sie einen einwandfreien Standpunkt ein (16. Februar 1945). Von den blockierten deutschen Guthaben wollte sie ein Inventar aufnehmen.

Durch ihr weites Entgegenkommen fast auf der ganzen Linie hatte die Schweiz das Hauptbegehren der Alliierten erfüllt, daß weder Deutschland noch das deutschbesetzte Italien mit kriegswichtigen Waren versorgt und so der Waffengang verlängert werde. Als Gegenleistung hoben die Alliierten, mit geringen Ausnahmen hinsichtlich der Mangelware, die Einfuhrblockade auf. Nahrungsmittel, Futtermittel und industrielle Rohstoffe konnten wieder ungehindert in die Schweiz gelangen und schweizerische Exportwaren wieder den Weg zu ihren Käufern finden, soweit dies die Kapazität der weithin zerstörten Transportanstalten erlaubte.

Wer die Vereinbarung kritisieren wollte, hatte leichtes Spiel: Die Zahlungssperre schädigte die schweizerischen Gläubiger; die Kohlenlieferungen aus Deutschland blieben nach wie vor aus; der zugewiesene Hafen von Toulon genügte nicht für die Einfuhr, und vor allem: Die Schweiz erhielt nach wie vor keine Kohlen. Diesen Passiven standen aber große Aktiven gegenüber: der Vorwurf der Hehlerei verlor seine Berechtigung; zu einer allgemeinen Export- und Transitsperre, wie Schweden sie hatte auf sich nehmen müssen, hatte die Schweiz sich nicht hergegeben und damit ihre Neutralität bewahrt. Daß sie diese Zugeständnisse in freundlicher Verständigung mit den Alliierten, ohne Bruch mit Deutschland, unter Wahrung ihrer Souveränität und Neutralität hatte erreichen können, bedeutete für sie den größten Erfolg des sogenannten «Currie-Abkommens». Die direkte persönliche Fühlungnahme mit den Alliierten, das Bemühen der Schweiz, Verständnis für ihre Sonderart zu erwecken, hatte sich gelohnt. Der englische Delegationsführer soll gesagt haben, jetzt erst erkenne er die Wichtigkeit der Neutralität; sie bedeute für die Schweiz ebensoviel wie für England die Freiheit der Meere.

36. Mehranbau

Der aufreibende Kampf um die Einfuhr von Nahrungsmitteln und Rohstoffen einerseits und um die Ausfuhr von Industrie-Erzeugnissen und Landwirtschaftsprodukten andererseits hätte nicht genügt, um die Bevölkerung während des Krieges zu ernähren, wenn diese Anstrengungen nicht durch die Umstellung und Intensivierung der landwirtschaftlichen Produktion höchst wirksam ergänzt worden wären. Auch für die landwirtschaftliche Wehrbereitschaft leisteten die Behörden in der Friedenszeit wichtige Vorarbeit. Diese schien um so nötiger, als die schweizerische Landwirtschaft sich in den letzten Jahrzehnten aus Gründen der internationalen Konkurrenz einseitig auf die Vieh- und Milchwirtschaft verlegt hatte. Nur mühsam erhielt sich der Brotgetreidebau auf einer Fläche von 100000 Hektaren. Auch der Futtergetreidebau ging infolge des Angebots an billigem Import stark zurück. Die Behörden wußten, daß die Schweiz bei einer Absperrung vom Ausland vornehmlich an Nährstoffen pflanzlichen Ursprungs Mangel leiden würde. Wollten sie eine solche Notlage vermeiden, so mußten sie schon jetzt mit allem Bedacht die landwirtschaftliche Ertragssteigerung für den Ernstfall organisieren.

So verabschiedeten denn die eidgenössischen Räte bereits am 1. April 1938 ein Bundesgesetz über die Sicherstellung der Landesversorgung mit lebenswichtigen Gütern. Durch dieses Gesetz ermächtigt, legte der Bund für die Armee und für den Zivilbedarf große Lager an Brot- und Futtergetreide an, empfahl den Importeuren lebenswichtiger Nahrungsmittel, seinem Beispiel zu folgen, und forderte die Bevölkerung auf, sich einen Haushaltungsvorrat für zwei Monate zu sichern. Eine Botschaft des Bundesrates postulierte bereits am 12. Dezember 1938 die allmähliche Erweiterung der Ackerbaufläche auf 300000 Hektaren. Und ein Postulat führte im Hinblick auf die steigende Kriegsgefahr zum grundlegenden Bundesbeschluß (6. April 1939), der eine vermehrte Sicherung der Landesversorgung mit Nahrungs- und Futtermitteln durch eine Umstellung in der landwirtschaftlichen Produktion vorsah. Abermals, wie im Ersten Weltkrieg und in der Zwischenkriegszeit, beeinflußte der Staat aktiv die Produktionsgestaltung der Landwirtschaft. Unter dem befeuernden Antrieb von Bundesrat Obrecht gediehen die Maßnahmen zur Durchführung des von ihm entworfenen ökonomischen Kriegsplanes so weit, daß man feststellen darf, die Schweiz sei – mit Ausnahme des in allen Teilen auf die Kriegswirtschaft ausgerichteten Dritten Reiches – das wirtschaftlich am besten auf die kriegerischen Entwicklungen vorbereitete Land Europas gewesen.

Nach der einseitigen Bevorzugung der Graswirtschaft und der Tierhaltung lautete jetzt die Losung: Mehr Ackerbau, weniger Grasland. Im Herbst

1940 legte F. T. Wahlen, Chef der Sektion für landwirtschaftliche Produktion und Hauswirtschaft, einen Anbauplan mit einem Umstellungsprogramm vor, dem die Kriegsernährungskommission zustimmte. Es war der später nach seinem Autor genannte «Plan Wahlen»; schon bei seinem Bekanntwerden wertete man ihn als eine der gewaltigsten Wirtschaftsaktionen des Landes. Der Vater dieses Programms verhehlte sich nicht, daß die geforderten Maßnahmen die Grenzen des Herkömmlichen weit überstiegen und deshalb viele Leute sie als utopisch bezeichnen würden. Aber das Bestreben, das Äußerste zu tun, «um das Volk nicht hungern und die Armee aus Nahrungsmangel nicht auf die Knie zwingen zu lassen», erwies sich trotz aller Bedenken gegen den ungewohnt kühnen Weg als durchschlagskräftig. Der Moment zur Propagierung des Planes war psychologisch überaus günstig. Als nach dem Sturze Frankreichs und der Umklammerung der Schweiz durch die Achsenmächte alle Überseeverbindungen abzureißen drohten, fragte sich die schweizerische Bevölkerung angesichts der schmalen Ernährungsgrundlage tief besorgt, wie sie die nächsten Jahre durchstehen solle. In dieser Situation wirkte der Plan Wahlen wie eine Erlösung von schwerem Alpdruck, zugleich aber auch als Aufruf zur Anspannung aller Produktionskräfte. Hier bot sich dem erstarkenden Selbstbehauptungswillen ein Betätigungsfeld, wo auch der Zivilist sich einsetzen konnte. Solange man vom Schweizer noch kein Blutopfer forderte wie von seinen Brüdern in den Nachbarländern, durfte man von ihm ein Opfer an Arbeitskraft verlangen, und dies um so eher, als ihm die Nahrung reichlicher floß als dem Deutschen oder dem Franzosen.

Dem bisher zu fast fünfzig Prozent auf Nahrungsmittelimporte angewiesenen Lande mutete Wahlen zu, im Hinblick auf die zunehmende Abschnürung von den Zufuhren der ganzen Welt und mit Rücksicht auf eine mutmaßlich lange Dauer des Krieges, sich mit dem Gedanken einer vollständigen Nahrungsmittelautarkie vertraut zu machen. Ihre Verwirklichung verlangte eine sparsame, umfassende Bewirtschaftung aller Vorräte und die Ausnützung aller vorhandenen, auch der bisher nicht oder schlecht genützten Rohstoffquellen. Ferner erheischte die bittere Notwendigkeit der Selbstversorgung einen straff organisierten Einsatz aller vorhandenen materiellen Produktionsmittel an *der* Stelle, wo sie den größten volkswirtschaftlichen Nutzeffekt erzielen konnten, und einen ebenso straff organisierten Einsatz der menschlichen Arbeitskraft. Er hatte vor allem auf dem Gebiete der Lebensmittelproduktion zu erfolgen unter rücksichtsloser Einschränkung aller nicht lebenswichtigen Tätigkeitsgebiete.

Die Arbeit des Mehranbaus war in erster Linie von den landwirtschaftlichen Einzelbetrieben zu leisten. Man schrieb jedem Bauer seinen Anteil am Mehranbau genau vor, zeigte ihm, wie weit in den bislang reinen Grasbaugebieten trotz oft zähen, widerspenstigen Bodens die Vorbereitung für die gesetzlich vorgeschriebene Ackerbaufläche getroffen werden müsse. Das hatte notwendigerweise eine Einschränkung der individuellen Freiheit zur Folge. Aber auch die nichtlandwirtschaftliche Bevölkerung in den Städten und größeren Ortschaften sollte das brachliegende Land unter den Pflug oder die Hacke nehmen. Das Kriegsernährungsamt empfahl, hier besonders intensiv durchzugreifen. Es dürfe keine unbenützten Bau- und Lagerplätze mehr geben. Die Gemeindebehörden sollten berechtigt sein, bei dringendem Bedarf an Pflanzland auch auf Sportplätze und Parkanlagen zu greifen. Industrielle Unternehmen machten es sich zur Ehrenpflicht, ihren Angestellten und Arbeitern Land für den Eigenanbau an Kartoffeln und Gemüse zur Verfügung zu stellen. Neuland mußte gewonnen werden, nicht bloß durch Umbruch von Wiesland, sondern auch durch Bodenverbesserung, durch Rodung und Entwässerung gemäß dem Meliorationsprogramm; Lagerräume für Dauergemüse waren zu errichten. Die ganze nationale Energie, die sich im ersten Teil des Krieges auf die Verteidigung gegen einen möglichen äußeren Feind gerichtet hatte, sollte nun das zivile Werk des Mehranbaus durchdringen.

Aber der Plan Wahlen ließ sich nicht von einem Tag auf den andern verwirklichen. Man durfte nicht das Verhältnis zwischen der viehwirtschaftlichen und der ackerbaulichen Produktion abrupt verändern und dadurch das Gleichgewicht des Bauernbetriebes stören. Und zudem litt die Durchführung des Mehranbaus unter einer Reihe von Erschwerungen wie zum Beispiel der Verknappung der Produktionsmittel, vor allem aber unter einem empfindlichen Mangel an Arbeitskräften. Bei Kriegsausbruch waren die ausländischen Arbeiter in ihre Heimat zurückgekehrt und die inländischen in den Militärdienst eingerückt – in dem Augenblick, da man für die intensivere Bebauung des Bodens 30000 bis 40000 zusätzliche Hilfskräfte benötigt hätte. Als die Appelle an die Freiwilligkeit nicht mehr genügten, ordnete der Bundesrat 1941 und 1942 durch gesetzgeberische Erlasse den zivilen Arbeitseinsatz an. An die Stelle des Fakultativums trat die Pflicht. Mit seinen Erlassen wollte der Bundesrat zunächst verhindern, daß angestammte landwirtschaftliche Kräfte abwanderten. Ferner sollten die arbeitsdienstpflichtigen Personen aus Industrie und Gewerbe für das Anbauwerk gewonnen werden, schließlich auch die über sechzehn Jahre alten Studenten, Schüler, Lehrlinge. Internierte wurden ebenfalls beigezogen, einzeln und in Gruppen. Die Anzahl der im Landdienst Arbeitenden stieg mit der Erweiterung der Anbaufläche. Anno 1942 betrug sie 40 500 Personen über zwanzig Jahre und 22 775 Jugendliche, also total 63 284; anno 1944 erreichte sie bereits die Zahl von 145 300.

Die Zunahme der Anbaufläche betrug von 1934 bis 1944 182 375 Hektaren; bei einem effektiven Anbau von 365 856 im Jahre 1944 machte das 99 % aus, kam also einer Verdoppelung der vorkriegszeitlichen Anbaufläche gleich. Was der Mehranbau leistete, versteht man aber nur, wenn man sich die rasche Abnahme der Einfuhr von Lebens- und Futtermitteln im Kriege vergegenwärtigt. Während im Jahre 1939 die Einfuhr 204 355 Tonnen betragen hatte, sank sie im Jahre 1944 auf 41 869, also auf 20,4 %. Die Einfuhr von Getreide, vor Kriegsausbruch 114 471 Tonnen, machte am Kriegsende nur noch 15 800, also nur noch 13,8 % aus. Ähnlich verhielt es sich mit Früchten, Gemüsen und Kolonialwaren. Diese sehr großen Ausfälle an Importen mußten zuerst mit den Vorräten, dann aber in steigendem Maß mit der Inlandproduktion gedeckt werden. Die Schweiz war das einzige Land auf dem europäischen Kontinent, wo man unbeschränkt Kartoffeln und Gemüse kaufen konnte – ein kaum hoch genug zu wertendes Faktum für die Ernährung des Volkes. Vor dem Kriege produzierte die Schweiz 76 610 Wagen zu 10 Tonnen Kartoffeln, 1944 bereits 182 450 Wagen, also mehr als doppelt so viel. Die Weizenernte betrug 1934 nur 13 262 Wagen zu 10 Tonnen, im Jahr 1944 jedoch 53 055. Daß es gelang, dem Volke das tägliche Brot zu verschaffen, hat sehr viel zur Erhaltung des allgemeinen Vertrauens in die Behörden und zur Vermeidung sozialer Unruhen beigetragen. Das spektakuläre eidgenössische Gemeinwerk wurde, wie die Armee, zum Symbol des Durchhaltens und der nationalen Bewährung. Darüber hinaus vertiefte der Mehranbau das Bewußtsein von der Schicksalsgemeinschaft des ganzen Volkes.

37. Mehrproduktion, Rationierung und Sozialhilfe

Aber nicht bloß durch Mehranbau, sondern auch durch Mehrproduktion und Produktionsumstellungen in Industrie und Gewerbe suchte der Bund die Materiallücken zu schließen. Um dem Rückgang der Rohstoffeinfuhr und dem Schwinden der Vorräte wirkungsvoll zu begegnen, galt es «einheimische Lagerstätten auszuschöpfen, Ersatzstoffe ausfindig zu machen und materialsparende Verfahren zu erproben». Mit finanzieller Unterstützung des Bundes steigerte man die Eisenerzgewinnung am Gonzen sowie im Fricktal. Die hochentwickelte chemische Industrie lieferte für viele Mangelmaterialien brauchbaren Ersatz. Auf diese Weise konnte sie die Armee mit den unentbehrlichen Sprengstoffen und Spezialtreibstoffen versehen, wie sie ja auch der Landwirtschaft die unentbehrlichen Düngemittel zuführte. Von den neuartigen Kunststoffen kam der Zellwolle wohl die größte Bedeutung zu. Sie machte die Schweiz vom Textilstoff des Auslandes unabhängig und versorgte sie mit Kleidern, Wäsche und anderem Gewebe. Auch auf weiteren Gebieten erfanden Techniker Ersatzstoffe und schöpften alle Behelfsmöglichkeiten aus. Bei diesen Umstellungen half der Bund durch Finanzierung der privaten Produktionsanlagen kräftig mit.

Im Hinblick auf den ständigen Rückgang der Einfuhr flüssiger Treibstoffe strengte sich die Schweiz an, inländische Bezugsquellen zu erschließen, so daß «die Räder im Lande nicht stillstanden». Ferner förderte der Bund die Umstellung kriegswirtschaftlich nützlicher Fahrzeuge auf Treibstoffe inländischer Produktion, hauptsächlich auf Holzgas und Holzkohlegas. Damit konnten 17000 Motorfahrzeuge in Betrieb gesetzt werden. Die Importkohle sparte das Kriegs-Industrie- und Arbeitsamt für den lebenswichtigen Bedarf der Wirtschaft, während sich die Raumheizung mit Holz, Torf und Inlandkohle begnügen mußte. Obgleich die Gaswerke auch wertvolle Nebenprodukte für Pharmazeutika, Munition und Kunststoffe abgaben, erhielten sie immer weniger Steinkohle zugeteilt. Die Wasserkräfte wurden so gut ausgenützt, daß im Kriegswinter 1944/45 genügend Elektrizität vorhanden war, um alle Wärmeapparate zu bedienen.

Nicht einmal die Bautätigkeit ging stark zurück, obwohl ein wichtiger Baustoff, der Zement, zu fehlen begann. Man behalf sich auch hier mit Ersatzstoffen, etwa mit dem hydraulischen Kalk, und verwendete in vermehrtem Maße wieder Holz für den Wohnungsbau. Noch anderwärts leistete das Holz wertvolle Aushilfsdienste, so für die Herstellung von Treibstoff, Zellulose, Tierfutter. Während die Schweiz vor dem Krieg in großem Umfang Holz eingeführt hatte, mußten nun die Bäume der eigenen Wälder herhalten. Das führte zu einer vorübergehenden Übernutzung des Waldbestandes. – Eine spezielle Rolle spielte die Verwendung von Altstoffen. Sowohl Privathaushaltungen als auch Großbetriebe und Verwaltungen wurden zur Sammlung und Ablieferung angehalten. Da der Import von Eisen und Stahl sehr zurückging, wurde das ganze Land nach Alteisen durchsucht; man arbeitete es zu vollwertigem Stahl auf. Auch jedes Stückchen Buntmetall wurde eifrig gesammelt und verwertet. Altleder, Altpapier, Altgummi, deren Verwendung man vor dem Kriege für unmöglich gehalten hätte, verwandelte man jetzt in neuartigem Verfahren zu brauchbaren Produkten. Aus alten Putzfäden wurden erstaunlich hohe Mengen von Öl und Fett gewonnen, Knochen entzog man Fette für Seifen, Kerzen, Glyzerin. Daß dies manchmal nicht ohne Qualitätseinbuße und Kostensteigerung vor sich ging, ist verständlich. Aber man nahm die Nachteile in Kauf, sofern das Produkt der Versorgung von Armee und Zivilbevölkerung diente.

Trotz der verstärkten Industrieproduktion und des Mehranbaus hätten sich die Material- und Lebensmittellücken ausgeweitet, wäre die wirtschaftlich schwache Bevölkerung großen Entbehrungen ausgesetzt worden und würden sich dadurch die sozialen Gegensätze verschärft haben, wenn nicht der Staat ordnend in das Spiel der Marktkräfte eingegriffen hätte. Was sich im Auslande während und nach dem Ersten Weltkrieg zugetragen hatte, Teuerung, Inflation, Zusammenbruch des gesellschaftlichen Gefüges – diesem ganzen Teufelskreis suchte der Bund zu wehren, indem er die Kriegswirtschaft regelte. Er verfügte Zuweisungen rarer Rohstoffe aufgrund von Dringlichkeitskategorien, verteilte knappe Gebrauchsgüter nach dem Maßstabe sozialer Gerechtigkeit und hielt das Emporklettern der Preise zurück. Dabei unterstützte er die Zusammenarbeit der kriegswirtschaftlichen Organisationen mit der Privatwirtschaft.

Das radikalste Mittel der Verbrauchsbeschränkung war das Verwendungsverbot. Es sollte die Verarbeitung von raren Materialien zu nichtkriegswirtschaftlichen Zwecken verhindern. Weniger weit ging die Kontingentierung. Sie zielte darauf ab, den Bezügern nur noch einen bestimmten Prozentsatz ihres Bedarfs zu überlassen. Der Kontingentierung unterstanden schließlich fast alle Rohstoffe und Halbfabrikate in Industrie und Landwirtschaft. Zur Einschränkung des Verbrauchs diente auch die Bewilligungspflicht. Erst nach sorgfältiger Prüfung der Pläne, etwa von Bauvorhaben, wurden Bewilligungen zum Bezug von Rohstoffen, zum Beispiel von Baueisen, erteilt.

Auf diesen Wegen der Verbrauchsbeschränkung konnte indessen nur eine sparsame Verwendung, nicht eine sozial gerechte Verteilung der knappen Güter erreicht werden. Um den minderbemittelten gegenüber dem bemittelten Käufer zu stützen und die unbilligen, unsozialen Verhältnisse aus der Zeit von 1914 bis 1918 – Preisaufschlag, Hamsterei – nicht wieder aufleben zu lassen, blieb nur das Mittel der Rationierung, das heißt die planmäßige und gerechte Verteilung der Vorräte an die einzelnen Einwohner. Während noch im Ersten Weltkrieg außer den wichtigsten Nahrungsmitteln und der Kohle sowie dem Gase die meisten Gebrauchsartikel, sogar das Fleisch, frei erhältlich waren, allerdings oft nur zu sehr hohen Preisen, erfaßte die Rationierung jetzt sozusagen alle Mangelwaren und darüber hinaus selbst luxuriöse Genußmittel. Jedoch brauchten, anders als im Ausland, Kartoffeln, Obst, Gemüse sowie Bier und Tabakerzeugnisse nie rationiert zu werden.

Schrittweise, aber nach einheitlichem eidgenössischem Plane, schuf man eine originelle, leistungsfähige Rationierungsordnung durch Ausgabe von Karten mit Abschnitten für Lebensmittel, Textilien, Schuhe. Das dabei angewandte Punktsystem ließ dem Konsumenten eine weitgehende Wahl. Es nahm Rücksicht auf die ernährungsphysiologisch und sozial bedingten Verbrauchsbedürfnisse, unterschied unter anderem zwischen Kindern, Jugendlichen, Schwangeren, Normalverbrauchern, Mittelschwerarbeitern,

Schwerarbeitern und Schwerstarbeitern. Statt der normalen Lebensmittelkarte konnte man Mahlzeitencoupons beziehen und sich damit in Gaststätten verpflegen – eine originelle Einrichtung rein schweizerischen Ursprungs. Die behördliche Kontrolle war infolge des geschlossenen Kreislaufes von Importeuren oder Produzenten bis zum Endverbraucher auf jeder Stufe möglich, so daß Schwarzhandel und andere Verstöße gegen die Verbrauchslenkung im Vergleich zum Auslande selten vorkamen.

Durch eine elastische Preiskontrolle, welche den Marktmechanismus nie ganz beseitigte, ließ sich auch eine üble Nebenerscheinung des Kriegswirtschaftslebens, die spekulative Auftriebstendenz, verhüten oder zum mindesten eindämmen. Wie sehr dies gelang, zeigt ein Vergleich mit den Verhältnissen im Ersten Weltkrieg. Von 1914 bis 1918, im Verlauf von vier Jahren, stiegen die Lebenshaltungskosten um 104 Prozent, von 1939 bis 1945, innerhalb von beinahe sechs Jahren, nur um 52 Prozent. Jetzt ließ sich auch dem Gedanken der sozialen Gerechtigkeit viel gewissenhafter nachleben als früher.

Aber nicht nur bei der Rationierung wurde der soziale Aspekt berücksichtigt; er zog sich als Leitgedanke durch die ganze Kriegswirtschaft und hat in einigen besonderen Maßnahmen kräftigen Ausdruck gefunden, vor allem im Wehrmannsschutz. Man ließ dem Wehrmann in seinem Anstellungsverhältnis – Sicherung des Arbeitsplatzes – und in seiner Eigenschaft als Mieter oder Pächter Rechtsschutz angedeihen. Ferner entschädigte man ihn für ausfallendes Arbeitseinkommen. Auf Grund der im Dezember 1939 getroffenen «Lohnersatzordnung» und der im Juni 1940 errichteten «Verdienstersatzordnung» wurden die Leistungen an militärdiensttuende Arbeitnehmer einige Male erhöht. Von 1940 bis 1945 ist an aktiv diensttuende Wehrmänner und Frauen des FHD die Summe von 1,23 Milliarden Franken ausgerichtet worden.

Des weiteren bemühte man sich, die Stundenlöhne, Tagesverdienste und Monatsgehälter aller Arbeitnehmer der Teuerung anzupassen. Eine eidgenössische Lohnbegutachtungskommission beriet Arbeitnehmer und Arbeitgeber bei ihren Verhandlungen und stellte sich ihnen als Treuhänder zur Verfügung. Der Reallohn der Industriearbeiter vom Sommer 1939, welcher in der ersten Kriegshälfte um fast 14 Punkte sank, war bei Kriegsende vollkommen wieder hergestellt. Ein bereits in der Vorkriegszeit bestehender Mieterschutz wurde mit Vollmachtenbeschluß durch eine Beschränkung des Kündigungsrechtes der Vermieter verstärkt. Ferner subventionierte der Bund den sozialen Wohnungsbau, was den wirtschaftlich schwächeren und kinderreichen Familien zugute kam. Für die Minderbemittelten führte er auch Notstands- und Verbilligungsaktionen durch, in der Form von Geldbeiträgen und von Gutscheinen zum unentgeltlichen oder verbilligten Bezug von Lebensmitteln, Brennstoffen und Textilien. Unter finanzieller Beteiligung der Kantone und der Gemeinden organisierte er zusätzlich besondere Verbilligungs- und Naturalaktionen. Das Eidg. Kriegs-Fürsorge-Amt betreute Flüchtlinge sowie Auslandschweizer und kümmerte sich auch um die ärztliche Versorgung der Zivilbevölkerung.

Mit der überlegen und elastisch geführten Kriegswirtschaft wurde es möglich, trotz zeitweiliger Mangellage eine geregelte Marktordnung von anderswo kaum erreichter Vollendung und großem Nutzeffekt zu sichern und so einen wesentlichen Beitrag zum Durchhalten zu leisten.

38. Wirtschaftliche Landesverteidigung und Neutralität

Die kriegsbedingte Neuorientierung im Außenhandel der Schweiz führte allenthalben zu vertiefter Besinnung auf die Grundsätze eidgenössischer Neutralitätspolitik. Es galt, wie bisher so auch jetzt an dem lebensnotwendigen und in der Vergangenheit tiefverwurzelten Prinzip gegenüber allen Widerständen festzuhalten und es in die Zukunft hinüber zu retten. Nachdem die Schweiz zu Beginn und im Verlaufe des Krieges wiederholt die arroganten Forderungen der Achsenmächte zurückgewiesen hatte, widerstand sie gegen Ende des Krieges auch dem Drucke der Alliierten. Ebenso wie 1940 trotz der Übermacht Deutschlands mit den Alliierten ein Wirtschaftsabkommen geschlossen worden war, führte man 1945 trotz der dominierenden Stellung der Alliierten die Wirtschaftsbeziehungen mit dem sehr geschwächten Deutschland weiter.

Zur Aufrechterhaltung der Neutralität gehörte unbedingte Vertragstreue. Verträge betrachtete die Schweiz als zweiseitige Akte; sie durften nicht einseitig gelöst werden. Für das siegestrunkene Deutschland aber handelte es sich im Wirtschaftsverkehr mit der Schweiz nicht mehr um Fragen des Rechtes, sondern der Macht. Einseitige Aufkündigung von Abkommen begründete das Dritte Reich mit dem Gebot der geschichtlichen Stunde, was dazu führte, über unterzeichnete Kontrakte hinauszugreifen. Oder es behauptete, die Erfüllung der sich steigernden deutschen Forderungen, welche gegen eben erst abgeschlossene Vereinbarungen verstießen, sei der Beitrag, den jedes Land auf dem Kontinent in der einen oder anderen Weise an den Aufbau des Neuen Europa leisten müsse. Solche Abfertigungen mußte der Bundesrat hinnehmen. Er zahlte sie dem Dritten Reich selbst dann nicht heim, als es auf allen Fronten geschlagen wurde, sondern hielt sich an die rechtlichen Normen. Die Schweiz mißachtete weder die in der Haager Konvention niedergelegten Rechtspflichten der Neutralen, noch brach sie den Gotthardvertrag oder andere Übereinkommen.

Am alteidgenössischen Neutralitätsgrundsatz der möglichst gleichmäßigen Behandlung aller Kriegsparteien ließ die Schweiz ebenfalls nicht rütteln, wenn es ihr auch infolge ihrer geographischen Lage und der Einkreisung durch die Achsenmächte manchmal unmöglich gemacht wurde, von beiden Kriegsparteien gleichviel zu beziehen und ihnen gleichviel zu liefern. Sie scheute zäheste Verhandlungen und Opfer nicht, um die Parität im Prinzip durchzusetzen; und dabei wäre es oft einträglicher gewesen, hätte sichern Gewinn versprochen, sich zu beugen und mitzumachen. Andere Neutrale gaben das redliche Abseitsstehen teilweise preis, ließen Einbrüche in ihre Neutralität zu, indem sie der einen Kriegspartei vorübergehend oder dauernd zu Gefallen waren und dafür durch wirtschaftliche Begünstigung belohnt wurden. Das unerbittliche Festhalten des Bundesrates an der Neutralität nach beiden Seiten führte einige Male zum Abbruch der Verhandlungen und trug dem Land empfindliche ökonomische Einbußen ein. Da die Schweiz mitten im Feuerring einer einzigen Mächtegruppe lag, aus dem sie nicht gewaltsam ausbrechen konnte, mußte sie sich von der Achse lebenswichtige Rohstoffe für ihre Industrie und Landwirtschaft teuer erkaufen. Die Wirtschafts- und Zahlungsabkommen mit Deutschland sowie Italien waren kostspielig und sollten sie in der Gestalt der Clearingverschuldung noch lange belasten. Ferner mußte sie sich zu weitgehenden Warenlieferungen herbeilassen. Für diese Leistungen an das Dritte Reich erhielt sie die Stoffe, mit denen sie das Anbauwerk durchführen, ihrer Industrie und ihrem Gewerbe Arbeit sichern und ihre militärische Ausrüstung auf den Stand absoluter Abwehrbereitschaft bringen konnte. Ein weiterer großer Erfolg der schweizerischen Unterhändler lag darin, daß sie die angelsächsische Blockade und die deutsche Gegenblockade zu durchbrechen vermochte. Die Schweiz führte mit alliierter Zustimmung kriegswichtige Waren nach Deutschland aus und exportierte mit deutschem Einverständnis ebenfalls kriegswichtige Güter durch deutschbesetztes Gebiet nach England und den Vereinigten Staaten, womit der Lebensmittelzufuhr aus Übersee der Weg bereitet wurde.

Sowohl die Überwindung der Blockade als auch die Durchbrechung der Gegenblockade bewiesen aller Welt sinnfällig, daß die Schweiz ihre Souveränität aufrecht hielt und ihre Pflichten als Neutralstaat erfüllte. Es gelang ihr, im Verhältnis zu beiden Kriegsparteien eine Art Gleichgewicht zwischen Geben und Nehmen herzustellen und damit sich selber treu zu bleiben. Daß die Schweizer in ihrer Mehrzahl für Deutschland gearbeitet hätten, ist eine böswillige Entstellung der Tatsachen; nach genauen Berechnungen machten die für das Dritte Reich Beschäftigten kaum drei Prozent der gesamten Bevölkerung aus. Zwar mußte die schweizerische Wirtschaftsenklave ihre

Exportquote wiederholt nach den Gemütswallungen des Auslandes hinaufoder hinunterschrauben. Nie aber wich sie dem Druck der einen Partei so weit, daß sie den Wirtschaftsverkehr mit der anderen aufgab. Daß sie es fertigbrachte, trotz der Peripetien im europäischen Kriegsgeschehen ihre Handelsbeziehungen nicht mit dem jeweils Stärkeren, sondern ebenfalls mit dem momentan Schwächeren der beiden Kriegsgegner, wenn auch in ungleichem Umfang, aufrecht zu erhalten, war ein schönes Ergebnis ihrer neutralen Außenhandelspolitik.

Gewiß, die Schweiz paßte sich den Situationen an. Während sie militärisch und politisch strikteste Neutralität wahrte, machte sie wirtschaftliche Konzessionen. In den Künsten der Einschüchterungstaktik auf und nieder bewandert, unternahmen die deutschen Wirtschaftsdelegierten einen Erpressungsversuch nach dem anderen, mußten aber erfahren, wie schwer den Schweizern beizukommen war. In ihrer Equipe riß nie Mutlosigkeit ein, die sie zermürbt hätte. Sie wußten, daß im Bereich der auswärtigen Beziehungen Politik und Wirtschaft zusammenhingen und daß die Hauptgefahr für die Schweiz jetzt in der wirtschaftlichen Bedrohung lag. Schon recht früh gingen ihnen in den Verhandlungen die Augen über die wahre Lage Deutschlands auf, erkannten sie, wie gering die Handlungsfreiheit der Achsenmächte in Wirklichkeit war. Durch die allgemeine Kriegslage begünstigt, durfte die Schweiz es oft wagen, Berlin zu trotzen; und sie setzte mehrmals ihren Willen durch. Damit, daß es der Schweiz gelang, in der überaus schwierigen Situation mit beiden Mächtegruppen Verträge über die wirtschaftliche Versorgung des Landes abzuschließen, löste sie fast die Quadratur des Zirkels. Die Chefbeamten des Volkswirtschaftsdepartements und hauptsächlich die Mitglieder der Ständigen Verhandlungsdelegation lenkten im Namen des Bundesrates während der sechs Vollmachtenjahre die schweizerische Wirtschaftspolitik fast autoritär. Dem mit massiven Drohungen und allen Mitteln einer raffinierten Verhandlungsstrategie arbeitenden Partner gegenüber blieben die schweizerischen Unterhändler fest. Und dabei wußten sie, daß im Lande selbst einflußreiche Männer für ein Nachgeben plädierten. Während die Armee an der Grenze Wache stand und das Land vor einem Einfall schützte, ohne aber in einen Waffengang verwickelt zu werden, standen die Unterhändler als kriegswirtschaftliche Miliz an der Wirtschaftsfront in einem andauernden Kampf und lieferten, von der Öffentlichkeit kaum bemerkt, am grünen Tisch eine Abwehrschlacht nach der anderen. Mit ihrem in aller Stille unerbittlich geführten Kampfe verschafften sie dem Heer und der Zivilbevölkerung die materielle Grundlage für ihr Durchhalten. Um diese Leistung zu vollbringen, brauchte es nicht bloß gediegenes Fachwissen, angespannte Wachsamkeit und Einfallsreichtum zur Bekämpfung der stets neuen Finten eines wendigen Gegners, sondern es gehörten dazu außer Gaben des Geistes auch Kräfte des Charakters: Opferwille für das Gemeinwesen und Zivilcourage.

Alle Teile der Landesversorgung – Beschaffung von Nahrungsmitteln und Rohstoffimporten, industrielle Mehrproduktion, Organisation des Transports, der Finanzen, der sozialen Fürsorge, Mehranbau – waren eng miteinander verflochten und mußten bei den sich stets verändernden Verhältnissen immer wieder aufeinander abgestimmt werden. Es ist müßig, ihre Leistungen zur Bewältigung der Hauptaufgabe, der wirtschaftlichen Landesverteidigung, in eine Rangfolge zu stellen. Walther Stampfli, der nur ungern Bundesrat geworden war, dann aber in schwierigster Zeit durchhielt, erreichte das Ziel als überlegener Organisator in steter Koordinierung der Einzelaufgaben, in Fühlung mit den Behörden von Kanton und Gemeinde, den Fachverbänden und Wirtschaftsgruppen. General und Generalstabschef in einer Person, wußte er die wichtigsten Wirtschaftsführer um sich zu scharen. Mit dem nüchternen Verstande des harten, gegenwartsnahen Rechners und dem phantasievollen Blick für das Kommende führte er selbständig weiter, was Obrecht vorbereitet hatte. Er trieb die Staatsmaschine unermüdlich an, ohne sie zu überdrehen, und zog wertvolle freiwillige Hilfskräfte bei. In den schweren Jahren, da ein doppelter Blockadering sich um die Schweiz legte und sie stets fester einschnürte, wankte er nicht, dachte nie ans Nachgeben und stärkte seinen Kollegen den Rücken. Er kämpfte mit den beiden letzten Waffen, die dem eingeschlossenen Kleinstaat geblieben waren, der unversehrten Wirtschafts- und Finanzkraft und den leistungsfähigen Nord–Südverbindungen durch die Alpen, so mutig und geschickt, daß es ihm gelang, die Aushungerung zu vermeiden, die Versorgung sicherzustellen und die Gegensätze im Innern des Landes auszugleichen. Dadurch vor allem hat er als einer der bedeutendsten schweizerischen Staatsmänner der Kriegszeit die Volksgemeinschaft festigen und den sozialen Frieden erhalten helfen.

Der Gesamtbundesrat hat auch mit seiner Wirtschaftspolitik das Land durch die Jahre stärkster Bedrohung seit Bestehen des Bundesstaates heil hindurchgeführt, ohne daß es einen Blutzoll zu zahlen hatte. Das ist – obgleich die letzten Gründe dieses Wunders außerhalb der Staatsführung liegen – eine hohe Leistung. Als der Waffenlärm verstummte, gab sich die Schweiz davon Rechenschaft, daß sie ihre internationale Selbständigkeit und ihre Freiheiten, die als Inbegriff eidgenössischer Staatlichkeit gelten, ohne Neutralität kaum hätte bewahren können. Dem Auslande gegenüber durfte sie darauf hinweisen, daß sie das ihm verpfändete Neutralitätswort eingelöst habe. Aus der ihr aufgezwungenen Vereinzelung konnte sie allmählich wieder in die ihrer Natur gemäße engere Verbindung mit der freien Welt zurückkehren.

39. Ausbruch aus der Isolierung

Am Ende des Zweiten Weltkriegs teilte die Schweiz das übliche Schicksal der Neutralen: Beide Kriegsparteien, überzeugt, mit ihrem Blut Frieden und relatives wirtschaftliches Wohlergehen der Neutralen erstritten zu haben, verdachten es ihnen, daß sie sich nicht auf ihre Seite gestellt hatten, und beneideten sie um ihre Unversehrtheit. Sie warfen ihnen vor, sie hätten sich auf Kosten der alliierten Opfer bereichert. Noch nie war das Ansehen der schweizerischen Neutralität auf einen solchen Tiefpunkt herabgesunken.

Amerikaner und Engländer hielten die Schweiz für dasjenige Land Europas, in dem die Nazis wahrscheinlich am meisten Geld angelegt und Beutegut versteckt hätten, und gedachten die deutschen Guthaben in der Schweiz für Reparationszwecke zu verwenden. Um den westlichen Alliierten entgegenzukommen, aber auch mit der Absicht, die deutschen Vermögenswerte wenn möglich mit den schweizerischen Guthaben auf deutsche Schuldner zu verrechnen, blockierte der Bundesrat alle deutschen Vermögenswerte in der Schweiz (16. Februar 1945) und versprach im Berner Abkommen (8. März 1945), die Sperre ohne das Einverständnis der Alliierten weder zu mildern noch gar aufzuheben. Damit konnte er jedoch den Groll der Besatzungsmächte Deutschlands nicht mehr verscheuchen. Diese erklärten, daß sie das Besitzrecht oder die Kontrolle über die deutschen Guthaben in der Schweiz beanspruchten (4. August 1945). Demgegenüber vertrat der Bundesrat die Auffassung, die tatsächliche Besetzung deutschen Gebietes durch die Alliierten könne nicht über die Grenzen Deutschlands hinaus rechtsverbindlich wirken. Er werde aber keinesfalls den Besitz derjenigen Deutschen schützen, die während der Feindseligkeiten Verbrechen gegen das Völkerrecht oder gegen das Kriegsrecht begangen hätten, und in jedem einzelnen Fall die Forderungen der Alliierten prüfen. Jene, die Tausende unglücklich gemacht hätten, sollten nicht straflos ausgehen.

Die Alliierten jedoch wollten eine Partizipation der Schweiz am deutschen Flucht- und Raubgeld unter keinen Umständen gestatten. In Finanzfragen sei die Schweiz das schlimmste aller neutralen Länder, meinten sie: Die Schweizer untersuchten alle Probleme mit dem legalistischen Mikroskop und forschten minuziös darnach, ob nicht irgendwie ihre Souveränität tangiert werde. Am 30. Oktober 1945 erließ der alliierte Kontrollrat ein Gesetz, womit er eine Kommission für die deutschen Vermögenswerte im Ausland einsetzte und ihr alle Rechte daran übertrug. Dieser Schritt wurde mit der Absicht begründet, den Guthaben ihren Charakter als deutschen Besitz zu nehmen und den internationalen Frieden durch die Ausmerzung jedes möglichen Kriegspotentials zu festigen. Der Kommission, so hieß es, stehe die alleinige Verwaltung der Guthaben zu. Der Erlös solle dazu dienen, die von den Deutschen verwüsteten Länder aufbauen zu helfen.

Auf alle Beteuerungen des Bundesrates, er werde die Safes deutscher Staatsangehöriger in Schweizer Banken öffnen und inspizieren lassen, erhielt er keine Antwort mehr. Im Bundeshaus vernahm man, die Verhandlungen über die Deblockierung der schweizerischen Guthaben in den USA und über die Aufhebung der Schwarzen Listen kämen deshalb nicht vom Fleck, weil die Frage der deutschen Guthaben in der Schweiz immer noch nicht im Sinne der Alliierten geregelt sei. Um die Sache voranzutreiben, beriefen die Alliierten auf den 18. März 1946 eine Konferenz nach Washington ein. Aus der Eröffnungsrede des Amerikaners sprach der harte Sieger: Die Vereinigten Staaten anerkennten durchaus das Recht auf Neutralität; sie hätten es ja selber mehrfach in Anspruch genommen. Aber dieses Prinzip dürfe nicht dazu dienen, den Aggressor und seine Güter zu schützen. Man verlange von den Neutralen keine Zahlungen an den Sieg, der zwar auch für sie erstritten worden sei, wohl aber ihre Mitarbeit beim Wiederaufbau. In zwei Punkten würden die Alliierten unerschütterlich bleiben: Sicherung des Weltfriedens und Verwendung der deutschen Guthaben zum Nutzen derjenigen, die so viel durch die Deutschen gelitten hätten.

Die Eröffnungsansprache des schweizerischen Delegationsleiters, Walter Stucki, wirft ein Schlaglicht auf die damalige Situation der politisch-wirtschaftlich isolierten, von Mißtrauen, ja von Verachtung umgebenen Schweiz. Ihre Guthaben in den USA, die vier Milliarden überschritten, waren eingefroren. Die im Krieg von den Angelsachsen erlassenen Schwarzen Listen bestanden in voller Härte fort und lasteten auf dem schweizerischen Wirtschaftsleben. Die Zufuhr von dringend benötigten Nahrungsmitteln und Rohstoffen konnte nur durch das Gebiet der Alliierten erfolgen; somit war die Schweiz von den großen Siegermächten fast ganz abhängig. Der massive Druck mit dem drohenden Hunger setzte in einem Moment ein, da in der Schweiz die letzten Vorräte beinahe erschöpft waren. Man muß sich diesen historischen Hintergrund vergegenwärtigen, wenn man Stuckis Rede richtig verstehen will: «Wir waren während langer Jahre vollkommen von Deutschland und seinen Satelliten umschlossen. Wir waren wirtschaftlich vollständig von ihm abhängig, wir waren militärisch von ihm aufs höchste bedroht. Und trotzdem hat sich unser Volk und hat sich unsere Presse diesen Drohungen nie gebeugt und die Gefahr ernsthafter Spannungen mutig auf sich genommen. Sie haben gewiß die Möglichkeit, uns auf die Knie zu zwingen, wie Hitler dies während des Krieges hätte tun können. Wir vermögen aber nicht zu glauben, daß eine der schönsten und wichtigsten Erklärungen Ihres verstorbenen großen Präsidenten vergessen sein sollte: ‚Die Rechte jeder Nation, ob groß oder klein, müssen respektiert werden. Die Lehre, daß der Starke den Schwachen beherrschen soll, ist die Lehre unserer Feinde, und wir lehnen sie ab'.»

Die über zwei Monate währenden Verhandlungen mündeten in einen Kompromiß. Alle Guthaben deutscher Staatsangehöriger, die entweder in der Schweiz oder im Drittausland wohnten, wurden von Zwangsmaßnahmen befreit. Der Erlös aus den andern, liquidierten Guthaben sollte je zur Hälfte den Alliierten und der Schweiz zufallen. Von dem Raubgeld zahlte die Schweiz ohne Anerkennung einer Rechtspflicht den Alliierten 250 Millionen Franken. Nun wurden die schweizerischen Guthaben in den Vereinigten Staaten deblockiert, die Schwarzen Listen aufgehoben. Die Durchführung dieser Abmachungen hat sich qualvoll bis ins Jahr 1960 hingezogen.

Ausdruck der Isolierung der Schweiz war auch der Mangel an normalen Beziehungen zur Sowjetunion. Als nach dem Ausbruch des Krieges von kommunistischer Seite die sofortige Aufnahme der diplomatischen Beziehungen zu Rußland verlangt wurde, verwies der Vorsteher des Politischen Departementes auf die gefährliche Verbindung der Sowjetregierung mit der III. Internationalen: Die Zulassung einer offiziellen russischen Vertretung in der Schweiz würde zu unterirdischen Wühlereien führen. Dabei tauchte in der Argumentation ein neues Motiv auf: der üble Eindruck, den eine Aussöhnung mit der Sowjetunion auf die Achsenmächte machen würde. Das blieb die Haltung der Schweiz bis weit in die Kriegsjahre hinein. Aber in der eidgenössischen Bevölkerung meldete sich der Wunsch nach Normalisierung immer stärker. Er ging von den Linkskreisen und von der Großindustrie aus. Ein Motionär im Nationalrat begründete das Anliegen unter anderem mit dem neutralitätspolitischen Grundsatz der gleichmäßigen Behandlung.

Als sich dann der Bundesrat endlich zur Fühlungnahme mit der Sowjetregierung entschloß und ihm hierauf Moskau die weithin hallende Ohrfeige versetzte, wurde die Isolierung der Schweiz auch gegenüber dem Osten weltbekannt. Moskaus Zeitungen steigerten ihre Hetze gegen Bern: «Jedermann weiß, daß die Schweiz während des ganzen Krieges eine ausgesprochen profaschistische Politik betrieb, daß dieses Land dem Hitler-Regiment außerordentlich wertvolle Dienste leistete, politische und wirtschaftliche, indem es ihm Maschinen und Waffen aller Art verschaffte und ihm elektrische Energie verkaufte; trotz dem von den Alliierten ausgeübten Druck setzte die Schweiz auch nach dem Krieg ihre skandalöse Politik fort.»

Das Verhältnis zu Rußland wurde zudem besonders durch die Angelegenheit der aus der deutschen Kriegsgefangenschaft in die Schweiz geflohenen Russen belastet. Mit dem Vorrücken der alliierten Armeen in Deutschland schwoll ihre Zahl auf 10000 Mann an. Nun behauptete das Moskauer Radio, die Schweiz behandle die russischen Internierten schlecht und lasse in den russischen Lagern antisowjetische Propaganda zu. Auf Einladung des Bundesrates kam eine russische Kommission in die Schweiz (Juli 1946), besichtigte die Lager, erklärte sich für befriedigt und einigte sich mit der Schweiz in einem Schlußprotokoll (10. September 1946) über die Rückkehr der russischen Internierten. Diese Einigung erleichterte auch die Heimschaffung jener Schweizer, die in dem von den Russen besetzten Gebiet wohnten und deren Lage immer unhaltbarer geworden war. Ihrer 6000 wurden von Schweizerbevollmächtigten an der russischen Demarkationslinie abgeholt.

Das Abkommen über die Rückkehr der russischen Internierten wirkte in Moskau Wunder. Nun hörten die Presseangriffe auf, und die russischen Diplomaten benahmen sich gegenüber den offiziellen Vertretern der Schweiz auffallend freundlich. Russische Armeeangehörige wünschten dringend die sofortige Normalisierung des Verhältnisses zur Eidgenossenschaft, um mit der Schweizer Industrie die Beziehungen aus der Zeit von 1914 wieder aufnehmen zu können. Der erste Schritt ging von der Schweiz aus, von ihrer diplomatischen Vertretung in Belgrad. Sie bekam zu hören, der Bundesrat müsse klipp und klar erklären, daß er von der alten Politik abrücke und sie bedaure; vorher sei keine Annäherung möglich, da das frühere Mißtrauen den Russen noch tief im Blute sitze. Nach einigem Hin und Her gab der Bundesrat nach und verstand sich zu einem sehr entgegenkommenden Schreiben, worauf die beiden Regierungen ihre diplomatischen Vertretungen ernannten (Ende April 1946).

Die Normalisierung des Verhältnisses zu Rußland war ein sich aufdrängender Akt der Staatsklugheit. Während man bisher im Bundeshaus stets erklärt hatte, es gezieme sich für einen neutralen Kleinstaat nicht, «ideologische Außenpolitik» zu treiben, und deshalb mit den nationalsozialistisch-faschistischen Diktaturstaaten Beziehungen unterhielt, gefiel man sich gegenüber der Sowjetunion in einer Haltung moralischer Entrüstung und weigerte sich, mit diesem kommunistischen Diktaturstaat in normale Verbindung zu treten. Zugleich aber schielte man nach Verstärkung der Wirtschaftsbeziehungen, was die schweizerische Neutralitätspolitik schillernd und damit unglaubwürdig erscheinen ließ. Ohne den Personenwechsel an der Spitze des Eidgenössischen Politischen Departements – Ersetzung Pilets durch Petitpierre (1945) – wäre die Normalisierung des Verhältnisses zu Rußland kaum möglich gewesen. Eine außenpolitische Hauptfrage der Nachkriegszeit war geregelt, ein Schlußstrich unter Vergangenes gezogen worden. Damit schloß sich nach einem Unterbruch von 28 Jahren die größte Lücke in den außenpolitischen Beziehungen der Schweiz. Sie kehrte zu ihrer traditionellen Haltung zurück, «mit allen Ländern korrekte und, wenn möglich, freundschaftliche Beziehungen unterhalten». Die bisher von Moskau und von Washington geübte Kritik ließ nach; die aus dem Krieg übel beleumdet hervorgegangene Neutralität gewann ihr früheres Ansehen zurück. Die Großmächte erkannten, daß die von ihnen immer mehr als starr empfundene Neutralitätspolitik durchaus fähig war, sich zu regenerieren und die Beziehungen der Schweiz zum Ausland aus eigener Kraft zu regeln.

In der schweizerischen Öffentlichkeit aller politischen Schattierungen wurde der Ausgleich mit Rußland begrüßt. Man begriff ihn als staatspolitisch notwendigen Akt: gegenüber der Sowjetunion dürfe die Schweiz den Boden der Sachlichkeit nicht mehr verlassen. Allerdings werde man sich trotz der Wiederaufnahme diplomatischer Beziehungen die Freiheit nehmen, die Sowjetpolitik, soweit sie schweizerischen Auffassungen und Zielen zuwiderlaufe, in aller Offenheit abzulehnen, wie man ja auch während des Krieges trotz normalen Beziehungen zu Deutschland und Italien die Politik der Nationalsozialisten und Faschisten nicht unbesehen hingenommen, sondern heftig kritisiert habe. Länder verschiedener politischer Systeme könnten durchaus normale Beziehungen miteinander unterhalten. Ein friedliches Zusammenleben der Völker beruhe gerade auf der Voraussetzung, daß jedes die Eigenart des andern respektiere.

40. Neutralität und Vereinigte Nationen

Mit der Wiederaufnahme normaler Beziehungen zu Rußland war die Möglichkeit eines eventuellen Eintritts der Schweiz in die Vereinigten Nationen gegeben; immer dringender stellte sich die Schicksalsfrage, ob man sie nutzen solle. Die Situation war ähnlich wie 1920, als es um den Beitritt der Schweiz zum Völkerbund ging. Aber es bestanden doch auch charakteristische Unterschiede. Am Ende des Ersten Weltkrieges gab es in Europa mehr Neutralstaaten als am Ende des Zweiten, wo Europa nur noch drei – Schweden, Finnland und die Schweiz – aufwies. Damals war die Schweiz zu den Vorarbeiten, aus denen der Völkerbund hervorging, eingeladen worden und hatte selber ein vielbeachtetes Projekt vorgelegt. Jetzt war sie sorgfältig von der Konferenz von San Franzisco ferngehalten worden; und noch hatte niemand sie zu einem Anschluß aufgefordert. Der Völkerbund war aus spezifisch europäischem Geist entstanden, unter Führung Englands und Frankreichs, während jetzt die beiden Groß-Staaten USA und Rußland, die sich vormals zurückgehalten hatten, den Ton angaben. Jetzt herrschte keine so enthusiastisch-euphoristische Stimmung mehr wie am Ende des Ersten Weltkrieges; die Sympathien, die die Schweiz damals genoßen hatte, waren verflogen.

Um das Verhältnis der Schweiz zur neuerrichteten Weltorganisation klären zu helfen, berief der Bundesrat am 14./15. November 1945 eine Konsultativkommission nach Bern. Im Mittelpunkt ihrer Besprechungen stand die rechtliche Frage, ob sich die immerwährende Neutralität der Schweiz mit gewissen satzungsmäßigen Verpflichtungen der UNO vereinbaren lasse, und die politische Frage, ob es für die Schweiz zweckmäßig sei, der UNO beizutreten. Aus den Diskussionen kristallisierte sich bald einmal der einhellige Wille heraus, an der Neutralität, die man erst kurz vor Ausbruch des Krieges unter den größten Schwierigkeiten zurückerlangt hatte, unbedingt festzuhalten, da sich dieses außenpolitische Axiom für die Schweiz als nützlich erwiesen habe. Während fast vier Jahrhunderten habe der außenpolitische Grundsatz der Neutralität die Eidgenossenschaft durch alle so verschiedenartigen und schweren europäischen Konflagrationen unversehrt hindurch gerettet, unter Wahrung der Unabhängigkeit. Diesem Umstand vor allem sei es zuzuschreiben, daß sich das Bewußtsein von der Richtigkeit der traditionellen außenpolitischen Maxime tief ins Volksbewußtsein hinabgesenkt habe. Es sei kaum zu erwarten, daß das Schweizervolk, das so viel auf Wertbeständigkeit halte, dazu gebracht werden könnte, die Neutralität oder Teile derselben fahren zu lassen. Man vergegenwärtige sich im allgemeinen zu wenig, daß die Schweiz ihr ererbtes außenpolitisches Prinzip nicht aufgeben oder ändern könne, ohne in der Folge starke Rückwirkungen auf die Struktur des eidgenössischen Staates befürchten zu müssen, besonders auf den Föderalismus. Seit alters habe die Schweiz das große Glück genossen, ihre Außenpolitik der Innenpolitik unterordnen zu können, während die Großmächte ihre Innenpolitik nach den Bedürfnissen der Außenpolitik einrichten müßten. Eine Preisgabe der umfassenden Neutralität würde auch dieses Verhältnis empfindlich stören. Wer könne voraussehen, ob sich anstelle des verschwundenen europäischen Gleichgewichts bald ein planetarisches Gleichgewicht bilden werde, in welchem die schweizerische Neutralität durchaus ihren Platz fände? Man solle sie dem Ausland gegenüber nicht immer humanitär und caritativ verbrämen, sondern in aller Ehrlichkeit und Ungeschminktheit schildern, auf was für Gegebenheiten sie beruhe. Außerhalb und innerhalb der etwa aufzunehmenden Verhandlungen möge man das Ausland über ihren organischen Charakter aufklären, zeigen, daß die Neutralität ein Teil des nationalen und staatlichen Wesens der Schweiz sei und darum nicht beliebig abgelegt werden könne, daß sie zur komplizierten Struktur der Schweiz gehöre wie etwa zur Insellage Englands die Freiheit der Meere.

In den möglicherweise bald beginnenden Verhandlungen müsse man den Gesprächspartnern klar machen, daß sich das Wesen schweizerischer Neutralität mit einer internationalen Rechts- und Friedensorganisation sehr gut vertrage, daß die Neutralität der Schweiz sogar im Verband der Vereinigten

Nationen wichtige Funktionen übernehmen könne. So lasse sich zum Beispiel die Tätigkeit des Internationalen Roten Kreuzes, das ja gerade aus der immerwährenden Neutralität der Schweiz herausgewachsen sei, kaum anders denken, als getragen von einer nationalen Basis wie der schweizerischen. Hier scheine sich ein Weg zu öffnen, um aus der Schwierigkeit, welche das Festhalten an der Neutralität für den Beitritt zur Charta der Nationen gegenwärtig darstelle, hinauszukommen. Die Behörden sollten in der Weise dem Ausland klar machen, daß die Schweiz der UNO nicht beitreten wolle, obgleich sie neutral sei, sondern weil sie es sei. Auf Grund der regen Diskussion in ihrem Schoße einigte sich die Kommission in ihrem Schlußbericht an den Bundesrat dahin, «daß die Schweiz sich nicht von einer weltumfassenden Organisation fernhalten dürfe, die, wie die Vereinigten Nationen, darauf abziele, einen Zustand dauernden Friedens zu schaffen, daß indessen die sich für die Eidgenossenschaft aus ihrer dauernden Neutralität ergebende besondere Lage gewahrt werden sollte».

Der Bundesrat hatte inzwischen aus leitenden Kreisen der Vereinigten Nationen vernommen, man halte dort eine Mitgliedschaft für unvereinbar mit dauernder Neutralität; infolgedessen sah er davon ab, Verhandlungen einzuleiten. Durch den Vorsteher des Politischen Departements ließ er im Nationalrat erklären (2. April 1946), die Schweiz könne auf ihre Neutralität nicht verzichten, ohne sich selber unzumutbaren Schaden zuzufügen, und könne deshalb einen Beitritt zu den Vereinigten Nationen nur unter der Voraussetzung ins Auge fassen, daß diese die Neutralität ausdrücklich anerkennten. Mit der Beibehaltung der Neutralität könne die Schweiz größere Dienste leisten als mit der Teilnahme an Sanktionen gegen andere Staaten. Für die Haltung der Schweiz in bezug auf die Vereinigten Nationen stellte der Bundesrat im Bericht über seine Geschäftsführung im Jahre 1946 folgende Richtlinien auf: Genaue Verfolgung der Tätigkeit der Vereinigten Nationen, Beitritt zu ihren Spezialorganisationen und zum Internationalen Gerichtshof, Erleichterung der Niederlassung der Vereinigten Nationen in der Schweiz.

Auf dieses Programm stellte die Schweiz in den folgenden Jahren ihre Politik gegenüber den Vereinigten Nationen ein. Sie akkreditierte 1948 beim Generalsekretariat in Washington einen ständigen Beobachter, der die Vorrechte und Immunitäten eines Diplomaten genoß. In seinen Tätigkeitsbereich gehörte es, Auge und Ohr seiner Landesregierung in der UNO zu sein, das heißt den Bundesrat über die Tätigkeit der Vereinigten Nationen in allen ihren Zweigen laufend zu informieren, die Schweiz in den Nebenorganisationen, wo sie mitmachte, zu vertreten und ständig Kontakte mit den Repräsentanten der Mitgliedstaaten zu pflegen. Ferner gewährte die Schweiz dem zweiten Sitz der Vereinigten Nationen in Genf, dem besonders die Behandlung wirtschaftlicher und sozialer Fragen oblag, weitgehende Erleichterungen: sie anerkannte die Rechtspersönlichkeit der UNO, befreite ihr Vermögen von Steuern und ordnete für sie Verkehrserleichterungen an. In ähnlicher Weise kam sie den etwa 200 mit der UNO verbundenen internationalen Organisationen entgegen, indem sie ihnen die gleichen Erleichterungen gewährte: unter anderen der Internationalen Arbeitsorganisation, der Weltgesundheitsorganisation, dem Allgemeinen Zoll- und Handelsabkommen, ferner auch den europäischen Organisationen wie derjenigen für kernphysikalische Forschung oder der europäischen Freihandelsassoziation. Wie sehr der Tätigkeitsbereich der vielen internationalen Organisationen sich ständig ausdehnt, zeigt allein schon die Zunahme der jährlich durchgeführten Tagungen – anno 1967 waren es 4119 – und der dort anwesenden Delegierten und Experten – anno 1967 war ihre Zahl auf 22 500 angestiegen. Um ihnen genügend Verwaltungs- und Konferenzgebäude zur Verfügung zu stellen, wurden die bereits bestehenden Völkerbundsbauten erweitert. Der stets wachsenden Bedeutung Genfs als Mittelpunkt internationaler Zusammenarbeit Rechnung tragend, erreichte die Schweiz 1966 bei den Vereinigten Nationen in Genf eine Ständige Vertretung.

Einer Tradition aus der Völkerbundszeit folgend, stellte die Schweiz den Vereinigten Nationen Schweizer Persönlichkeiten als hohe Funktionäre zur Verfügung. Und ferner beteiligte sie sich an friedenserhaltenden Aktionen der UNO, soweit diese mit den Friedenszielen der Neutralitätspolitik übereinstimmten.

Einige Hemmungen hatte die Schweiz zeitweise zu überwinden, um ihre Beziehungen zu einzelnen Organen und zu den Spezialorganisationen der Vereinigten Nationen zu regeln. Nachdem sie anfänglich gefürchtet hatte, daß der Beitritt zum Statut des Internationalen Gerichtshofs zu Abweichungen von der traditionellen Neutralitätspolitik führen könnte, zerstreuten sich mit der Zeit ihre Bedenken, so daß die Bundesversammlung den Beitritt empfahl und der Bundesrat ihn ausführte (28. Juli 1948). Die Schweiz wurde Mitglied des Kinderhilfsfonds der UNO, nahm am Welternährungsprogramm teil und leistete an manche andere Institutionen der Vereinigten Nationen finanzielle Beihilfe. Die Arbeiten des Wirtschafts- und Sozialrates ließ sie durch Beobachter verfolgen, konnte sich jedoch nicht entschließen, dem Währungsfonds beizutreten, da sie davon Behinderung ihrer wirtschaftlichen Handlungsfreiheit befürchtete. Aber sowohl dem Währungsfonds als auch der Weltbank gewährte sie Anleihen. Auch vom Allgemeinen Zoll- und Handelsabkommen hielt sie zunächst Distanz, trat ihm erst 1966 als Vollmitglied bei. Dagegen konnte sie sich allen überwiegend technischen Organisationen ohne Gefährdung der Neutralität anschließen, wie unter anderem der Organisation für Ernährung und Landwirtschaft. Daß die Schweiz als Nichtmitglied der UNO von der Völkerrechtskommission, wo an der Weiterbildung des Völkerrechts gearbeitet wird, ausgeschlossen war, empfand sie als Verlust, da sie sich als Neutralstaat für die Kodifizierung des Völkerrechts sehr interessiert.

Einen starken Anreiz für eine weitere Annäherung an die Vereinigten Nationen hat in der Schweiz der 1955 erfolgte Eintritt des neutralen Österreich in die UNO bewirkt. Zwar bestehen zwischen der schweizerischen und der österreichischen Neutralität Unterschiede traditioneller und emotioneller Art. Die Wertvorstellung vom gemeinsamen außenpolitischen Prinzip ist in den beiden Ländern nicht die gleiche, was sich historisch erklärt; bloße Gegenwartsanalysen führen hier nicht zum Verständnis. Österreichs Neutralität ist nicht wie diejenige der Schweiz durch eine mehrhundertjährige Geschichte mit dem Nationalbewußtsein verschmolzen und zu einem Mittel des Zusammenhalts verschiedenartiger Volksteile geworden. Aber neutralitätsrechtlich besteht kaum ein Unterschied zwischen der «immerwährenden» Neutralität der Schweiz und der «dauernden» Neutralität Österreichs. Deshalb verfolgt man in der Schweiz mit großem Interesse, ob Österreichs Neutralität durch den Anschluß an die UNO Schaden nimmt. Daß das in keiner Weise der Fall zu sein scheint, wirkt beruhigend. Die Erfahrungen Schwedens in den Vereinigten Nationen bedeuten für die Schweiz weniger, weil Schwedens Neutralität nicht auf einem völkerrechtlichen Statut beruht, sondern, früher wenigstens, mehr gelegentlicher Natur war.

41. Aktivierung der Neutralität

Die abwartende Einstellung weiter Kreise der schweizerischen Öffentlichkeit zu den gegen Ende des Zweiten Weltkrieges in Erscheinung tretenden Vereinigten Nationen erhärtet die Annahme, man habe das Ideal der schweizerischen Außenpolitik immer noch in der vollkommenen Enthaltung von allen politischen Verbindungen mit dem Ausland gesehen. Ein zeitgenössischer Beobachter schrieb damals kritisch-ironisch, anscheinend sei die Neutralität, ursprünglich und eigentlich ein Mittel zum Zweck der Erhaltung der Unabhängigkeit, zu einem nationalen Mythos von fast religiöser Weihe geworden. Da setzte, von behördlicher Seite aus, recht eigentlich eine Wende in der Interpretation und Adaptation der Neutralität ein. Das läßt sich aus zahlreichen Verlautbarungen des Bundesrates schließen. Dem bisher negativ und restriktiv gehandhabten Neutralitätsprinzip, das zur Kontaktarmut und zum Immobilismus geführt hatte, stellte man die Begriffe der Solidarität, Disponibilität, Universalität zur Seite. Alle diese Tendenzen gipfelten in der Forderung, die Schweiz dürfe sich gegen außen nicht abkapseln, sondern müsse sich der Außenwelt wieder öffnen und eine aktive Außenpolitik treiben. Den neuen Forderungen entsprach ein neues Verhalten und Vorgehen in der Außenpolitik: Die diplomatische Vertretung im Ausland wurde ausgebaut, besonders die Wirtschaftsdiplomatie belebt. Man stärkte allmählich die Präsenz der Schweiz sowohl in bilateralen als auch in multilateralen Beziehungen, intensivierte ihre konstruktive Mitarbeit in internationalen Konferenzen und Organisationen. Während zum Beispiel der Bundesrat 1951 noch geglaubt hatte, eine Einladung in den Europarat ablehnen zu müssen, und noch 1957 einen Beitritt für inopportun hielt, erklärte er 1961 einen solchen Schritt für neutralitätsrechtlich vertretbar und wagte ihn. All das dokumentiert die Bereitschaft, auf internationaler Ebene mehr Verantwortung zu übernehmen. Die für die Kriegszeit berechtigte Réduithaltung machte der Weltoffenheit Platz. Allein im Jahr 1948 fanden mehr als 300 internationale Anlässe in der Schweiz statt.

Im Bundesbericht zum Jahr 1963 umriß die Landesregierung das neue Ziel ihrer Neutralitätspolitik: Die zwischenstaatlichen Beziehungen seien im modernen technischen Zeitalter durch rasch zunehmende gegenseitige Abhängigkeit der Staaten geprägt. Wollte die Schweiz ihre Sorge nur den internen Problemen zuwenden, so würde sie bald in eine gefährliche Isolierung geraten. Gerade um ihre Eigenständigkeit zu bewahren, müsse sie an der Zusammenarbeit über die Grenzen hinaus teilnehmen: «Wir können nicht mit dem Verständnis der anderen Völker für unsere Besonderheiten rechnen, wenn wir nicht unsererseits Verständnis für ihre Probleme haben.» Ein besonderes Solidaritätsgefühl erfülle die junge Generation und sei das geistige Gegenstück zur wachsenden Abhängigkeit auf technisch-materiellem Gebiet. Der Neutralitätspolitik dürften nicht zu enge Grenzen gezogen werden. Es bestünden viele Möglichkeiten für Aktionen der internationalen Solidarität und für Maßnahmen zur Wahrung spezifisch schweizerischer Interessen.

Wie weit sollte die Schweiz an den friedenserhaltenden und friedensfördernden Aktionen der UNO teilnehmen? Ein erster wichtiger Schritt war der Eintritt in die beiden neutralen Kommissionen, welche die Durchführung des Waffenstillstandes und den Austausch der Kriegsgefangenen in Korea zu überwachen hatten (1953). Der Entschluß zum Mitmachen, vom Präsidenten der USA angeregt, war erst nach schweren Auseinandersetzungen innerhalb der Landesregierung gefaßt worden. Ein Bundesratsmitglied warnte angesichts der nicht ganz durchschaubaren Verhältnisse vor allzu intensivem Engagement, bezweifelte die Wirksamkeit der Kontrollkommission und kritisierte ihre Zusammensetzung; sie sei mit dem wirklichen Begriff der Neutralität unvereinbar. Aber der eine andere Meinung vertretende Vorsteher des Politischen Departements setzte sich durch, und der Gesamtbundesrat rechtfertigte die Teilnahme hinterher: Die Neutralität der Schweiz könne nicht rein passiver Natur sein, sie müsse vielmehr in den Dienst des Friedens gestellt werden. Dabei präzisierte der Bundesrat, daß die schweizerischen Delegierten in den beiden Kommissionen in voller Unabhängigkeit handeln sollten, also nicht etwa als Beauftragte einer Partei, sondern im gemeinsamen Interesse beider Parteien und als vollständig Unparteiische. Schon nach zwei Jahren konnte die Zahl der schweizerischen Mitglieder der neutralen Kommissionen von über 70 auf 40, später auf 9 herabgesetzt werden.

In der Suez-Krise (1956/57) transportierte die Swissair mit Zustimmung des Eidgenössischen Politischen Departements 3800 Mann der internationalen Polizeitruppe von Neapel nach Ägypten, wobei die Schweiz die Kosten des Transports (1,68 Millionen Franken) übernahm. Ferner erlaubte der Bundesrat den Staaten Dänemark, Norwegen, Schweden, die Schweiz zu überfliegen und auf Schweizerboden zu landen, um ihre der UNO zur Verfügung gestellten, im Nahen Osten stehenden Truppen zu versorgen.

In den Kongo(Zaire)-Wirren (1960/61) übernahm die Schweiz wiederum Transporte von Waren und Menschen von Europa nach dem Kongo und innerhalb dieses Landes. Sie entsandte ferner eine zivile Ärzteequipe nach Kinshasa, die dort bis 1969 verblieb, und steuerte an Lebensmittel- sowie Medikamenten-Aktionen namhafte Zuschüsse bei. Als die UNO zur Deckung der aus der Kongo-Hilfe erwachsenen hohen Kosten eine Anleihe aufnehmen mußte, zeichnete die Schweiz eine Summe von 8,2 Millionen Franken.

An dem Unterhalt der 1964 nach Zypern entsandten Friedenstruppe beteiligte sich die Schweiz bis 1976 mit insgesamt 6,4 Millionen Franken. Ferner stellte sie der UNO-Waffenstillstands-Überwachungskommission in Palästina 1967 auf eigene Kosten zwei Flugzeuge zur Verfügung.

Mehr Kopfzerbrechen bereitete den Behörden die Frage, ob die Schweiz zur Bildung einer internationalen Friedenstruppe (Blauhelme) Mannschaften stellen solle (1965). Zwar meinte eine zum Studium dieser Sache eingesetzte interdepartementale Kommission, eine Beteiligung mit einem eigenen Mannschaftskontingent wäre mit der Neutralität vereinbar, aber nur unter bestimmten Voraussetzungen, die von Fall zu Fall untersucht werden müßten. Deshalb verzichtete die Schweiz auf eine generelle Einwilligung. Sie fürchtete unter anderem, der Sicherheitsrat könnte in die Lage kommen, die Aufgabe der bewaffneten Friedenstruppe in die Aufgabe einer Sanktionstruppe umzuwandeln. Oder es könnte sich eine Partei der Intervention der Friedenstruppe mit den Waffen widersetzen, woraus sich der Neutralität gefährliche Komplikationen ergeben könnten.

Eine UNO-freundliche Haltung nahm die Schweiz im Rhodesien-Konflikt (1966) ein, im Zwist zwischen Großbritannien und Rhodesien mit den gegen dieses Land von den Vereinigten Nationen verhängten wirtschaftlichen Zwangsmaßnahmen. Obgleich sie als Nichtmitgliedstaat der UNO zur Beteiligung rechtlich nicht verpflichtet war, wollte sie doch durch ihr Beiseitestehen das Sanktionssystem nicht durchlöchern, verbot deshalb freiwillig die Waffenausfuhr nach Rhodesien und beschränkte den Import auf den Courant normal, das heißt auf den durchschnittlichen Umfang der Jahre 1964–66. Damit vermied sie die Gefahr, zu einer Drehscheibe für den Rhodesienhandel zu werden.

Neben der politischen führte die Schweiz auch eine wirtschaftliche Außenpolitik im Sinne der Friedenswahrung; beide liefen einander parallel und harmonierten so gut, daß sie nach außen als einheitliche Kraft wirkten. Die Neutralitätspolitik sei die beste Voraussetzung für die ungehinderte Entfaltung einer allseitigen Handelspolitik, hieß es im Volkswirtschaftsdepartement. Da sich die Schweiz ihre Produktionskapazität fast unversehrt erhalten hatte, konnte sie an der allgemeinen wirtschaftlichen Integration kräftig mitwirken. Infolge ihrer engen Verflechtung mit der europäischen bekam die schweizerische Volkswirtschaft die zunehmende Spannung zwischen den Westmächten des Nordatlantik-Paktes und dem Osteuropa Sowjetrußlands mit seinen Satelliten besonders deutlich zu spüren. Sie sah ihr Ziel in einem Handelsaustausch nach vielen Seiten hin, der aber nur möglich war, wenn sie mit allen Staaten normale Beziehungen unterhielt. Der Bundesrat vertrat die programmatische Ansicht, «ein wirtschaftliches Wirken über Europas Grenzen hinaus» auf dem Weltmarkt stimme mit den Interessen und Traditionen der Schweiz ebensosehr überein wie die innereuropäische Zusammenarbeit.

Wie sehr sich für die Schweiz die internationale Zusammenarbeit aufdrängte, zeigten allein schon die rasch ansteigenden Exporte und Importe. Der internationale Dienstleistungsbetrieb nahm weniger rasch zu als der Warenaustausch, was zu einer Überbelastung des schweizerischen Transportwesens führte. In den Kapitalmarkt strömte Fremdkapital ein, der Arbeitsmarkt war in hohem Maße auf die Gastarbeiter angewiesen. Die faktische Integration mit dem Ausland stieg, und damit vergrößerte sich die Abhängigkeit von Faktoren, die außerhalb der schweizerischen Beeinflussungsmöglichkeiten lagen; dadurch vermehrten sich die Probleme, die nur international gelöst werden konnten.

Als sechs europäische Staaten, die Bundesrepublik Deutschland, Frankreich, Italien und die Benelux-Staaten sich zur Europäischen Wirtschaftsgemeinschaft (EWG) zusammenschlossen, sahen sie darin einen Weg zum Fernziel der politischen Einigung Europas. Die Schweiz jedoch lehnte ein so weitgehendes Integrationskonzept ab, das sich mit ihrer Neutralitätspolitik nicht vereinbaren ließ; sie wollte es bei einer wirtschaftlichen Integration bewenden lassen. Und so schloß sie zusammen mit Großbritannien, Dänemark, Norwegen, Schweden, Österreich, Portugal die Europäische Wirtschaftsassoziation (EFTA, 1959/60). Diese Mitgliedschaft ließ sie an einem umfassenden Handel mit Westeuropa teilnehmen, ohne daß sie ihre außenhandelspolitische Eigenständigkeit aufzugeben brauchte. Sie war aber dauernd bestrebt, eine Annäherung der EFTA an die EWG zu fördern, und traf auf Spezialgebieten der Wirtschaft bilaterale Abkommen, was alles in der Richtung einer vermehrten Einigung Europas lag. Nachdem die Schweiz in Brüssel ein Verhandlungsgesuch mit dem Zweck einer möglichen Assoziierung an die EWG eingereicht (1961), dort aber keine Bereitschaft gefunden hatte, wurde das Gesuch pendent gehalten. Damit verfolgte die Schweiz das Ziel, wie der Bundesrat ausführte, «eine Regelung zu finden, die es der Schweiz ermöglicht, am weiteren Ausbau eines integrierten europäischen Marktes mitzuwirken, unter voller Aufrechterhaltung der ständigen Neutralität». Die Bemühungen der Schweiz zur Überbrückung des Gegensatzes zwischen den beiden Wirtschaftsgemeinschaften intensivierten sich 1971/72, als sich die EWG zu Verhandlungen bereit erklärte. Nachdem sie sich anfänglich Neutralitätsvorbehalten wenig zugänglich gezeigt hatte, kam sie nun infolge der verschärften West-Ostspannung den Sonderwünschen der Neutralen entgegen. Mit dem Abschluß des Freihandelsabkommens (1972) besaß jetzt die Schweiz die Möglichkeit, weiterhin mit dem Westen zusammenzuarbeiten, ohne eine institutionelle Bindung, wie sie ihr bei einem Eintritt in die EWG gedroht hätte. Es ging ihr darum, die wichtigsten Handelshindernisse für den Austausch besonders von Industrieprodukten zu beseitigen.

Eine Neutralität der Gesinnung aber kannte die Schweiz in der Nachkriegszeit ebensowenig wie während des Krieges. Die Meinung der Behörden und der Bevölkerung äußerte sich besonders dann ungehemmt, wenn sie durch ausländische Vorgänge in ihrem Rechtsgefühl beleidigt wurde. So erscholl bei der Niederschlagung der Aufstände in Ungarn (1956) und in der Tschechoslowakei (1968) durch Invasionstruppen die Stimme des empörten Volkes besonders laut. Der Bundespräsident, selber tief erschüttert von der Unterdrückung eines Volkes durch brutale militärische Macht, ließ absichtlich dem Aufschrei der Bevölkerung freien Lauf. Gewisse Kreise verlangten sogar die Sistierung des Wirtschaftsverkehrs mit dem Osten, worauf der Bundesrat aber nicht einging, sondern an der friedlichen Koexistenz mit Rußland festhielt. Er war bald nach dem Krieg mit den Oststaaten und mit China in Wirtschaftsverhandlungen eingetreten, was zu einem bescheidenen Wirtschaftsverkehr geführt hatte. Auf diese Weise konnte die

Schweiz auch zur Schaffung eines wirtschaftlichen Weltgleichgewichts beitragen.

Immer mehr gewann die Ansicht Oberhand, die Neutralität sei nicht nur ein überaus zeitgemäßes Prinzip für ein Land wie die Schweiz mit ihrer komplizierten innerstaatlichen Struktur, sondern gebe ihr zudem die Möglichkeit, als Anwalt der Menschlichkeit ihre Hilfsbereitschaft zu betätigen. Das kam auch in ihrem Verhältnis zur Dritten Welt zum Ausdruck. Die sogenannte Entwicklungspolitik gehört zur aktivierten schweizerischen Neutralitätspolitik. In bezug auf ihr Fernziel macht sie einen Teil der friedenerhaltenden Politik aus; denn sie ist getragen vom Bewußtsein der Mitverantwortung für die Wohlfahrt der internationalen Völkergemeinschaft. Echte Entwicklungshilfe kann aber nur gedeihen, wenn sie sich von jedem kommerziellen Nebengedanken freihält. Von der Katastrophenhilfe und von humanitären Aktionen unterscheidet sie sich dadurch, daß sie nicht in ungewöhnlichen Situationen Not lindert, sondern konsequent den Ursachen der Unterentwicklung zu Leibe rücken will. Das ist nicht nur und nicht einmal vorwiegend eine moralische Verpflichtung, sondern liegt im ureigensten Interesse der Schweiz, sofern sie an der Weltpolitik teilhaben will.

Die schweizerische Entwicklungshilfe äußert sich in verschiedenen eigenen Aktionen sowie in der Unterstützung mehrerer Unternehmungen der UNO, welche für diese Tätigkeit im «Dienst für technische Zusammenarbeit» eine eigene Abteilung schuf. Man versuchte, die Verbesserung der Lebensbedingungen in den Entwicklungsländern durch Kräfte der Eingeborenen selber zu fördern. So finanzierte man Stipendien für Studienaufenthalte in der Schweiz, schickte Fachleute als Experten in verschiedene Entwicklungsländer, beteiligte sich mit Geldspenden an Unternehmungen der UNO, zum Beispiel an der Organisation für Ernährung und Landwirtschaft, für Erziehungswesen, für Weltgesundheit, für industrielle Entwicklung. Daneben arbeiteten auch zahlreiche private Organisationen an der Entwicklungshilfe mit: so das Werk Brot für Brüder, das Fastenopfer, die Swissaid, die Helvetas, das Hilfswerk der evangelischen Kirchen, die Stiftung für Entwicklungshilfe u.a. mehr. Daß man in der Schweiz in weiten Kreisen die verpflichtende Notwendigkeit der Entwicklungshilfe noch nicht eingesehen hat, beweist der geringe Umfang der öffentlichen Leistungen; sie beliefen sich 1975 auf 267 Millionen Franken, das heißt auf bloß 0,18% des Brutto-Sozialproduktes. Die privaten Hilfswerke für technische Zusammenarbeit und humanitäre Hilfe steuerten 83 Millionen Franken bei, was 0,6% des Brutto-Sozialproduktes ausmachte. Mit den staatlichen Aufwendungen zusammen ergab es 0,24%. Wenn man zur öffentlichen und privaten Hilfe die privatwirtschaftlichen Investitionen und Kredite hinzurechnet, so entsprechen die 1099 Millionen Franken einem Brutto-Sozialprodukt von

0,76%. Das Abkommen über die Zusammenarbeit mit internationalen Hilfswerken (19. März 1976) umschreibt, wie die Schweiz ihre Anstrengungen den vielfältigen Bedürfnissen der einzelnen Entwicklungsländer anpassen kann. Man steht heute im Begriff, Ziel und Praxis der solidarischen Entwicklungshilfe neu zu überdenken, um möglichst sinnvoll an ihrem Ausbau mitwirken zu können. Einsichtige sind sich jetzt bewußt, daß die Entwicklungshilfe eine staatliche Daueraufgabe geworden ist, die stets größere Mittel erfordert.

Die Außenpolitik der neutralen Schweiz erobert sich immer weitere Felder der Forschung und Wissenschaft. Da dem kleinen Land die Voraussetzungen fehlen, um auf lange Sicht anspruchsvolle Programme der Großforschung zu verwirklichen, sieht es sich auch auf diesen Gebieten zur internationalen Zusammenarbeit gedrängt: in der Hochenergiephysik (Cern) sowie in der wissenschaftlichen Erforschung und friedlichen Nutzung des Weltraums (ESRO), wo ihre Beiträge ins Gewicht fallen.

Ein weiterer Zweig der Neutralitätspolitik, die Flüchtlings- und Asylpolitik, baute man nach den Erfahrungen im Zweiten Weltkrieg ebenfalls weiter aus. Die Schweiz trat 1951 dem Internationalen Abkommen über die Rechtsstellung der Flüchtlinge bei, wonach kein Vertragspartner «einen Flüchtling auf irgend eine Weise über die Grenzen von Gebieten ausweisen oder zurückweisen» darf, «in denen sein Leben oder seine Freiheit... bedroht sein würde». Als Flüchtling gilt laut diesem Abkommen eine Person, «die aus der begründeten Furcht vor Verfolgung wegen ihrer Rasse, Religion, Nationalität, Zugehörigkeit zu einer bestimmten sozialen Gruppe, oder wegen ihrer politischen Überzeugung sich außerhalb ihres Landes befindet». Aber das Asylrecht bleibt nach wie vor ein Recht des Staates, wird nicht etwa zu einem Recht des Flüchtlings. Gemäß den neuen Grundsätzen für die Handhabung des Asylrechts wurden seit dem Kriegsende jedes Jahr etwa tausend Personen aufgenommen. Nicht nur größere Flüchtlingsgruppen wie aus Uganda vertriebene Asiaten (1972), durch Militärgerichte bedrohte Chilenen (1973), oder vor der chinesischen Okkupation geflohene Tibeter (1974) fanden in der Schweiz Aufnahme, sondern wahre Flüchtlingsströme wie 11000 infolge des unterdrückten Aufstandes nach Österreich geflüchtete Ungarn (1956) und ebenso viele infolge fremder Invasion aus ihrer Heimat geflohene Tschechoslowaken (1968). Ende des Jahres weilten noch gegen 8000 tschechoslowakische Angehörige in der Schweiz. Sie erhielten das Recht zur Wohnsitznahme und Ausübung einer Erwerbstätigkeit. Unter ihnen waren die gehobenen Berufe auffallend stark vertreten. Der Asylgewährung folgte eine im großen und ganzen erfolgreiche Eingliederung in den schweizerischen Volkskörper.

Der nach dem Zweiten Weltkrieg begonnene Prozeß der Auflockerung,

Erweiterung, Aktivierung der Neutralitätspolitik hält heute noch an und wird konsequent fortgesetzt. Da die Weltgeschichte in der Richtung einer sich immer intensivierenden Zusammenarbeit zu verlaufen scheint, verstärkt sich der Zug der schweizerischen Außenpolitik zu aktiverer Kooperation. Größere außenpolitische Beweglichkeit bedeutet mehr Spielraum für Bindungen über die Grenzen hinaus. Damit öffnet sich die Schweiz nach einer Epoche der Abstinenz und Untätigkeit neuen Möglichkeiten zu außenpolitischer Betätigung in vertragsartigen Zusammenschlüssen, zwar nicht zu traditionellen Bündnissen partikulärer Art, wohl aber zu bündnisartigen Zusammenschlüssen universellen Charakters, zu kollektiven planetarischen Wohlfahrts- und Friedenssystemen. In einem Zeitalter weltweiter Verflechtung und völkerrechtlicher Verantwortlichkeit können sich sowohl in Behörden als auch im Volk verankerte Wertvorstellungen verändern. Offenbar verlieren Begriffe wie totale Souveränität und totale Neutralität einiges von ihrem ehemals festumrissenen Inhalt und Sinn. Unsere Zeit verlangt ein neues Gleichgewicht zwischen zwei legitimen Forderungen: der Neutralität und der Universalität unserer Außenpolitik.

Personenregister

Die Jahreszahlen beziehen sich auf Amtszeiten

Ador Gustave, Bundesrat 1917–1920 83
Alexander I., Zar von Rußland 1801–1825 34
Alfieri Dino O., italienischer Botschafter in Berlin 160
Arnold von Brescia 19

Bachmann Niklaus Franz, General 38 f.
Barth Karl, Professor der Theologie 128
Bibra Hans Sigismund, Freiherr von 88
Bircher Eugen, Chirurg, Oberstdivisionär 141
Bismarck Otto von, deutscher Reichskanzler 1871–1890 13, 68–70
Bockhoff E. H., deutscher Publizist 90
Bourbaki Charles Denis, französischer General 1870/71 67, 172
Bourbon, Fürstenhaus 13, 44
Bretscher Willy, Chefredakteur der «Neuen Zürcher Zeitung» 156
Bruno Giordano 19
Burckhardt Carl J., Hochkommissär des Völkerbundes in Danzig, dann Präsident des IKRK 129
Burri Franz 158

Canning Stratford, englischer Gesandter in der Schweiz 1814–1820 45, 55
Cavour, Graf Camillo Benso di, Ministerpräsident in Piemont 1852–1861 62
Churchill Winston Spencer, britischer Premierminister 1940–1945 134 f., 144, 163 f., 168
Ciano-Mussolini Edda 160
Cromwell Oliver 12
Currie Laughlin, Chef der amerikanischen Wirtschaftsdelegation 192, 194
Custine Adam Philippe, französischer General 28

Däniker Gustav, Oberst 140
Daille, französischer General 172

Dinichert Paul, schweizerischer Gesandter in Deutschland 1933–1938 85
Droz Numa, Bundesrat 1876–1892 69 f.
Dubs Jakob, Bundesrat 1861–1872 66
Dufour Guillaume Henri, General 60, 62
Dulles Allen W., Delegierter des amerikanischen Office of Strategic Service 176

Eden Anthony, britischer Außenminister 1940 bis 1945 162, 164
Ernst Alfred, Hauptmann i. Gst., nachmals Oberstkorpskdt. 127
Etter Philipp, Bundesrat 1934–1959 114, 117

Feldmann Markus, Nationalrat, Bundesrat 1952–1959 94, 141
Flüe Niklaus von 8
Foot, Sir Dingle, britischer Kriegswirtschaftsminister 162, 192
Franco Francisco, Staatschef Spaniens 1936–1975 96–98, 174 f.
Frankfurter David 88
Franz I., König von Frankreich 1515–1547 10, 13
Franz I., Kaiser von Österreich 1806–1848 34
Franz II., König beider Sizilien 1859–1861 63
Friedrich II. der Große, König von Preußen 1740–1786 25, 45
Friedrich Wilhelm IV., König von Preußen 1840–1861 61 f.
Frölicher Hans, schweizerischer Gesandter in Berlin 1938–1945 108, 129 f., 141, 158
Funk Walther, deutscher Reichspressechef 120, 158
Furrer Jonas, Bundesrat 1848–1861 56

Gamelin Maurice-Gustave, bis 1940 Oberbefehlshaber der Alliierten im Westen 144
Georg VI., König von Großbritannien 1936–1952 135

Georges A. Joseph, französischer General 144
Goebbels Joseph, Reichsminister 155, 157
Göring Hermann, Reichsminister, Oberbefehlshaber der Luftwaffe 121
Gonard Samuel 144
Grandi Dino, Präsident der faschistischen Kammer 159
Grimm Robert, Nationalrat 168
Grotius Hugo 15–17
Guisan Henri, General 118–120, 122, 124, 135, 138, 144–148, 150 f., 172
Guizot Guillaume, französischer Staatsmann 53 f.
Gustav II. Adolf, König von Schweden 1611–1632 9
Gustloff Wilhelm, Landesleiter der NSDAP in der Schweiz 87
Gut Theodor, Nationalrat 122

Habsburg, Fürstenhaus 11, 21
Hacha Emil, tschechischer Staatspräsident 1938 110
Hausammann Hans, Nachrichtenoffizier 148
Heß Rudolf, Reichsminister, Stellvertreter des Führers 136
Hilty Carl 65, 70, 145
Hitler Adolf, deutscher Reichskanzler 1933–45 13, 83, 86, 89–91, 98 f., 101–103, 105, 109 f., 120 f., 123, 125 f., 128 f., 133, 136–138, 140, 142, 146 f., 150, 156, 158 f., 163, 165 f., 168, 207 f.
Hoffmann Arthur, Bundesrat 1911–1917 174
Hutten Ulrich von 19

Jacob Salomon Berthold 85 f.
Jomini Antoine-Henri, General 45
Joseph II., deutscher Kaiser 1765–1790 25 f.

Karl V., deutscher Kaiser 1519–1556 13
Karl VI., deutscher Kaiser 1711–1740 24
Karl Albert, König von Sardinien 1831–1849 57
Keller Gottfried 66
Keller Max Leo 136

Kelly David, englischer Gesandter in Bern 1940–1942 135

Laharpe César de 45
Lattre de Tassigny J. J. M. de, französischer General 150, 173
Laval Pierre, französischer Ministerpräsident 1942–1944 161
Louis-Philippe, König der Franzosen 1830–1848 51
Ludwig XIV., König von Frankreich 1643–1715 12 f., 21, 64
Ludwig XVIII., König von Frankreich 1814/15–1824 39
Ludwig Carl, Regierungsrat von Basel-Stadt 180

Marlborough John Churchill, Herzog von 18
Mazzini Giuseppe 49 f., 58
Metternich K. L. W., Fürst von 34, 42, 44, 47, 50 f., 53, 56
Minger Rudolf, Bundesrat 1930–1940 114, 144, 146
Morus Thomas 15
Motta Giuseppe, Bundesrat 1911–1940 79 f., 82, 86, 89, 92–97, 100–102, 110–113, 116, 118, 129, 131, 134, 166, 175, 180
Müller Johannes von 26
Mussolini Benito, Regierungschef von Italien 1922–1943 92, 94–96, 98, 101, 110, 131 f., 147, 159 f., 163

Napoleon I. Bonaparte, Kaiser der Franzosen 1804–1815 13, 25, 29–32, 35, 37–39, 42 f., 64
Napoleon III. (Charles Louis), Kaiser der Franzosen 1852–1870 13, 51, 62, 64 f.

Obrecht Hermann, Bundesrat 1935–1940 110, 184, 195, 205
Ochsenbein Ulrich, Bundesrat 1848–1854 53 f.
Oeri Albert, Nationalrat, Chefredaktor der «Basler Nachrichten» 156
Oranien, Fürstenhaus 44

Palmerston Henry John Temple Viscount 53–55
Pétain Philippe, französischer Marschall, Staatschef von Vichy-Frankreich 161
Petitpierre Edouard, Oberst i. Gst. 144
Petitpierre Max, Bundesrat 1945–1961 209
Pictet de Rochemont Charles 39 f., 42, 45
Pilet-Golaz Marcel, Bundesrat 1929–1944 122, 126 f., 134–136, 145, 149, 158, 166–169, 172, 175, 209
Pitt William, der Jüngere, englischer Premierminister 29

Radetzky Josef von, österreichischer Generalfeldmarschall 58
Raeder Erich, deutscher Großadmiral 110
Rauschning Hermann, Senatspräsident der Freien Stadt Danzig 1933–1934 137, 156
Reding Theodor von 13
Reinhard Hans von, Landammann 32
Ribbentrop Joachim von, Reichsminister des Auswärtigen 133
Rive William de la 65
Robespierre Maximilien 28
Rochat Charles, Generalsekretär im französischen Außenministerium 131
Roosevelt Franklin D., Präsident der USA 1933–1945 110, 164, 192 f.
Rossi Cesare 106
Rothmund Heinrich, Chef der Polizeiabteilung des EJPD 108
Rüegger Paul, schweizerischer Gesandter in Rom 1936–1941, in London 1945–1947 132, 159

Salazar Antonio Oliveira, Ministerpräsident Portugals 1932–1968 175
Schaffner Jakob, Dichter 124
Schellenberg Walter, SS-General 147 f.
Scheurer Karl, Bundesrat 1919–1929 82
Schultheß Edmund, Bundesrat 1912–1935 89
Schürch Ernst, Chefredakteur des «Bund» 156

Schuschnigg Kurt von, österreichischer Bundeskanzler 1934–1938 110
Sebastiani François H. B., französischer Marschall 45
Spitteler Carl 76
Sprecher von Bernegg Theophil, Generalstabschef 1914–1918 73, 145
Stalin Josef, sowjetrussischer Machthaber 1924–1953 134, 164, 166–168
Stampfli Walter, Bundesrat 1940–1947 140, 205
Steiger Eduard von, Bundesrat 1940–1951 181
Steiger Niklaus Friedrich von 28
Stucki Walter, schweizerischer Gesandter in Paris und Vichy 1938–1944 130 f., 161, 207

Talleyrand-Périgord Charles-Maurice, französischer Außenminister 34
Tell Wilhelm 33

Vattel Emer de 15, 20
Vieli Peter, schweizerischer Gesandter in Rom 1943–1944 159

Wahlen Friedrich Traugott, Ständerat, Bundesrat 1958–1965 196 f.
Waibel Max, Oberstdivisionär 175 f.
Waldersee Alfred, Graf von, deutscher Generalstabschef 70
Wattenwyl Niklaus Rudolf von 34
Weiß Franz Rudolf von 30
Wetter Ernst, Bundesrat 1939–1943 140
Weygand Maxime de, französischer General 144
Wickham William, englischer Gesandter in der Schweiz 1795–1797 29
Wieland Johannes, Oberst 45
Wilhelm III. von Oranien, König von England 1689–1702 12 f.
Wille Ulrich, General 73
Wille Ulrich, Oberstkorpskdt. 140 f.
Wolff Karl, SS-General 176

Zwingli Ulrich 15, 18